武汉大学 | 两岸及港澳法制研究书系

两岸关系研究的知识图谱

——中国大陆学术期刊涉台论文热点追踪报告（2014—2016）

祝 捷 段 磊 | 主编

九州出版社 JIUZHOUPRESS | 全国百佳图书出版单位

图书在版编目（CIP）数据

两岸关系研究的知识图谱：中国大陆学术期刊涉台论文热点追踪报告：2014—2016 / 祝捷，段磊主编. -- 北京：九州出版社，2018.4
ISBN 978 - 7 - 5108 - 6814 - 6

Ⅰ.①两… Ⅱ.①祝… ②段… Ⅲ.①海峡两岸 - 关系 - 文集 Ⅳ.①D618 - 53

中国版本图书馆 CIP 数据核字（2018）第 060212 号

两岸关系研究的知识图谱

作 者	祝捷 段磊 主编
出版发行	九州出版社
地 址	北京市西城区阜外大街甲 35 号（100037）
发行电话	（010）68992190/3/5/6
网 址	www. jiuzhoupress. com
电子信箱	jiuzhou@ jiuzhoupress. com
印 刷	三河市九洲财鑫印刷有限公司
开 本	720 毫米×1020 毫米　16 开
印 张	19.5
字 数	332 千字
版 次	2018 年 5 月第 1 版
印 次	2018 年 5 月第 1 次印刷
书 号	ISBN 978 - 7 - 5108 - 6814 - 6
定 价	58.00 元

本书科研项目资助：

1. 教育部哲学社会科学重大攻关项目"采取反分裂国家必要措施的相关法律问题研究"（17JZD030）

2. 中央高校基本科研业务费专项项目"两岸关系视野下台湾地区现行'宪法'的政治功能研究"（2017QN012）

导　　言

　　自 20 世纪 60 年代开始,以对文献进行定量化研究为主要研究方法的文献计量学成为一门独立的学科。文献计量学的核心理论工具是基于数学和统计学的文献定量分析方法。它是以各种科学文献的外部特征为研究对象,以输出量必定是量化的信息内容为主要特点,采用数学与统计方法来描述、评价和预测科学技术的现状与发展趋势的图书情报学分支学科。[①] 运用文献计量分析法对特定范围内的文献进行分析的目的在于,通过研究文献情报的分布结构、数量关系、变化规律,探讨研究对象的某些结构、特征和规律;通过分析得出在我们分析之前所不知道的或无法确证的某个隐含事实,例如某学科文献信息量近若干年来的增长趋势、某学科文献若干年来的研究热点等。这些信息不可能事先以显性文本的方式表达出来,而只能通过对大量文献群的定量分析予以事后揭示。[②]

　　解决台湾问题,实现祖国完全统一,是全体中华儿女的共同心愿,也是中华民族的根本利益所在。半个多世纪以来,为解决国家统一问题,促进两岸关系发展,来自政治学、历史学、经济学、法学等多个学科的学者形成一大批与台湾问题和两岸关系相关的研究成果。可以说,中国大陆已经初步形成一个由多学科学者共同参与的涉台研究学术共同体。然而,除个别学者为进行特定问题的研究而进行过相关问题的文献综述外,台湾研究学术共同体尚未展开对大陆涉台研究成果的系统化梳理和分析。这种对既有文献研究的缺失,不得不说是大陆涉台研究的一种缺憾。

　　基于这一现状,本书试图将文献计量的研究方法与中国大陆涉台研究相结合,以 CSSCI 来源期刊(2014—2016)数据库和《台湾研究》《现代台湾研究》《台海研究》等三本中国大陆涉台专业期刊中涉及政治、经济、法学

---

　　① 邱均平、王曰芬等:《文献计量内容分析法》,国家图书馆出版社 2008 年版,第 1 页。

　　② 参见邱均平、王曰芬等:《文献计量内容分析法》,国家图书馆出版社 2008 年版,第 123、192 页。

和历史四个与传统意义上两岸关系和台湾问题密切相关学科的 1488 篇文献为样本，利用文献计量学的研究方法，绘制大陆涉台学术研究的知识图谱，追踪大陆涉台学术研究的热点主题。本书期望借助文献计量分析法对大陆涉台研究已有的研究成果进行数理统计、逻辑分析，追踪 2014—2016 年大陆涉台研究学术热点，为当下和未来大陆方面继续开展涉台研究提供可供比照的有效数据和结论。

本书分为总报告和分报告两部分，其中总报告是对本书选取的全部样本展开的分析，分报告则分别以时间（2014 年、2015 年、2016 年）和学科（政治学、法学、历史学、经济学）两条线索展开对部分样本的分析。其中，总报告认为，就研究主体而言，大陆涉台研究的繁荣程度与政治、经济、文化发展水平存在一定的契合关系；就研究学科的差异性和年度分布而言，大陆涉台研究以政治学和经济学为主，在 2014 至 2016 三年间，大陆涉台研究的波动性不大，学者对台湾问题的关注度基本保持在一个均衡的水平；就研究成果的载文期刊而言，大陆涉台研究成果主要集中在四种涉台专业期刊，也即《台湾研究集刊》《台湾研究》《现代台湾研究》《台海研究》；就研究热点而言，大陆涉台研究深受时政热点影响，当前大陆涉台研究的热点主要集中在关于两岸关系问题的直接研究，关于台湾地区内部的政治、法律制度、经济发展状况、历史理论的研究，关于各学科基础理论的研究等三个方面。

三份年度报告以时间线索为标准，分别对 2014 年、2015 年、2016 年发表在样本期刊的涉台学术论文展开计量分析。2014 年度报告认为，当年度大陆涉台期刊论文学术研究热点涵盖了狭义的两岸关系研究、台湾地区内部相关问题的研究、两岸有关理论及制度的比较研究等三大领域。2015 年度报告认为，受 2014 年两岸关系发展中出现的若干重大政治事件影响，当年度大陆涉台期刊论文学术研究热点集中分布在政治领域。在宏观层面，集中于对基础理论进行研究，其中，海峡两岸、和平发展、"九二共识"是基础理论研究的重点；在微观层面，侧重于对具体问题的研究，其中，"九合一"选举、民进党、大国关系是研究者常常加以关照的主题。2016 年度报告认为，受台湾地区新一轮政党轮替这一重大事件影响，当年度大陆涉台期刊论文学术研究热点集中于四个层面：一是关于两岸关系与"九二共识"的研究；二是关于蔡英文上台后两岸关系的对策研究；三是关于政党轮替态势下两岸经贸关系与台湾经济走向的研究；四是关于 2016 年台湾地区政党轮替的研究。

　　四份学科报告以学科划分为标准，以样本文献的中图分类号为依据，分别对样本文献中的政治学、法学、历史学、经济学等学科的涉台学术论文展开计量分析。政治学科报告认为，两岸关系的政治基础、两岸关系的具体对策、台湾地区的政党政治、台湾社会的发展变迁以及两岸关系的国际空间是2014—2016 年大陆涉台政治学研究的热点主题。法律学科分报告认为，2014—2016 年间，涉台比较研究与台湾具体法律制度引介类文献仍占法学界涉台研究的半壁江山，受研究区间内两岸关系与周边局势的影响，涉台宪法学与国际法学研究文献数量日渐增多，但由于统计口径因素，部分主题、方法均属法学学科的文献被纳入政治学学科，使得相关结论颇受影响。经济学科分报告认为，两岸政治关系变化对两岸经济关系的影响研究、"一带一路"战略对台湾的影响研究、两岸经贸制度化和机制化合作尤其是 ECFA 的实施对台湾多个领域的发展影响及其今后的经济定位研究等三个方面构成2014—2016 年大陆涉台经济学研究的热点主题。历史学科分报告认为，一个中国框架的历史基础研究，台湾与美国、日本等国在历史上的关系研究，台湾问题相关具体历史事件研究等三个方面构成 2014—2016 年大陆涉台历史学研究的热点主题。

目　　录

总报告：大陆期刊体系中涉台文献的计量学研究（2014—2016）

一、测度指标、统计方法与样本筛选综述

关于本次研究的测度指标，结合本次研究样本的特性和研究目的，在本次研究中，拟设置"研究主体基本属性""研究样本基本属性""中国大陆涉台研究学术热点追踪"三个一级指标。在每个一级指标项下，根据一级指标所需，分别设置各类二级指标。"研究主体基本属性"项下囊括了作者分布情况、作者个人学术影响力、研究机构分布与机构影响力等二级指标。"研究样本基本属性"项下则设置了研究样本影响力关联指标、样本文献年度分布情况、样本文献学科分布情况、样本文献发文期刊分布情况等二级指标。而"中国大陆涉台研究学术热点追踪"项下则对样本文献关键词分布情况做了概述并对高频关键词进行共现分析，据此总结大陆涉台研究的研究规律和研究热点等情报。

关于本次研究的统计方法，一般而言，文献计量分析法围绕样本文献的数据，沿纵、横、浅、深四大主线展开分析。所谓纵主线，主要关注样本文献的年度分布情况，把研究议题的关注度变化与时政热点紧密结合，从而把握大陆涉台研究的发展趋势。所谓横主线，主要关注样本文献的地域分布情况、研究机构分布情况以及样本文献学科分布情况和发文期刊分布情况等指标，进而判断大陆涉台研究的基本格局。所谓浅主线，主要关注研究主体基本属性所涉及的各类指标，判断大陆涉台研究主体的基本结构及其对大陆涉台研究产生的影响。所谓深主线，主要关注样本文献影响力的关联指标，例如文献被下载量、被引频次等，分析大陆涉台研究的主流群落与文献影响力的变化情况；在本次研究的深主线分析中，同时观测样本文献关键词分布情况和高频关键词的共现数据，以此对中国大陆涉台研究学术热点展开追踪。在样本文献数据分析纵、横、浅、深四大主线的指引下，本次研究涉及的统

计学规律包含有普赖斯定律、布拉德福定律、齐普夫第二定律、箱线图表法、高频关键词共现分析法等。在各类测度指标和统计方法基本确定之后，拟运用 OFFICE 办公软件（EXCEL 软件、SMART ART 软件）和 SPSS 等软件，对从数据库中抓取和筛选之后的样本文献做各类统计和可视化处理。这就避免了单纯样本数据罗列的枯燥，使各类统计结果能够更加清晰可见。

关于本次研究的样本筛选，为避免样本缺陷，所筛选到的样本能最大程度地代表、最为忠实地反映整体，必须采用科学合理的方法。① 本次研究拟从中国知网 CSSCI 来源期刊（2014—2015）② 和大陆涉台研究专业期刊中筛选样本，立基于现有大陆涉台研究文献，建构大陆涉台研究的知识图谱。之所以采用 CSSCI 来源期刊和大陆涉台研究专业期刊，是因为：第一，CSSCI 来源期刊遵循文献计量学的规律，采取定量与定性评价相结合的方法从全国 2700 余种人文社会科学学术性期刊中精选出学术性强、编辑规范的期刊作为来源期刊。据统计，CSSCI 来源期刊（2014—2015）已收录法学、管理学、经济学、历史学、政治学等 25 大类的 533 种学术期刊。③ 从 CSSCI 来源期刊中筛选样本文献，有学术性、规范性和科学性。第二，大陆涉台研究专业期刊刊发了一定数量的涉台研究高质量学术论文，如《台湾研究》《现代台湾研究》《台海研究》等。但这些专业期刊并未被 CSSCI 来源期刊（2014—2015）收录。本次研究通过对大陆涉台研究专业期刊"复合影响因子""综合影响因子""总下载次数""总被引次数"等指数的对比分析，拟确定中国社会科学院台湾研究所主办的《台湾研究》、福建省社会科学院现代台湾研究所主办的《现代台湾研究》以及上海台湾研究所和上海社会科学院出版社有限公司主办的《台海研究》为本次研究样本筛选的基础数据库之一。

确定基础数据库之后，以主题词为"台湾"或者"两岸"、时间范围为

① 参见［美］戴维·波普诺：《社会学（第十一版）》，李强等译，中国人民大学出版社 2007 年版，第 49 页。

② 中文社会科学引文索引（Chinese Social Sciences Citation Index）是由南京大学投资建设、中国社会科学研究评价中心开发研制的人文社会科学引文数据库，用来检索中文人文社会科学领域的论文收录和被引用情况。CSSCI 来源期刊在 2014 年 1 月 1 日至 2016 年 12 月 31 日期间，只更新一次目录，为《CSSCI（2014—2015）来源期刊目录》，共 533 种。参见《中文社会科学引文索引（CSSCI）简介》，资料来源：http：//cssrac.nju.edu.cn/a/cpzx/zwshkxwsy/sjkjj/20160226/1141.html，最后访问日期：2017 年 4 月 15 日。

③ 参见《中文社会科学引文索引（CSSCI）简介》，资料来源：http：//cssrac.nju.edu.cn/a/cpzx/zwshkxwsy/sjkjj/20160226/1141.html，最后访问日期：2017 年 3 月 30 日。

"2014 年 1 月 1 日到 2016 年 12 月 31 日"、来源数据库限定为"CSSCI 来源期刊（2014—2015）"和《台湾研究》《现代台湾研究》《台海研究》进行检索，最后时间结点为 2017 年 3 月 18 日。初次检索结果显示有 3306 篇相关文献。经过多轮人工排查和筛选，对 3306 篇初选样本中不符合本次研究的样本予以剔除，剔除对象包含会议通知、会议综述、会议讲话稿、人物专访、文献摘编、新闻宣传类短文、书讯、重复文献、非相关文献等，最后总共剔除文献 958 篇，得到研究样本 2348 篇。需要特别说明的是，由于检索缘故，部分入选样本尽管在论题上并未直接体现与"两岸关系""台湾问题"的高度相关性，但在内容中仍与之存在一定相关性，这类研究样本仍然属于本次研究的范畴。在本次研究中，对台湾问题做广义理解。

在本次研究中，主要研究对象是大陆涉台研究主流学科的相关文献。台湾问题是一个涉及多学科的交叉问题域，而在这一问题域中，政治、经济、法学和历史四个学科对台湾问题的探索最为聚焦。因此，对筛选后的 2348 篇研究样本逐一检索，将从知网上获取的"分类号"与《中国图书馆分类法》①的"中图分类号"——匹配，保留属于 D0 – D87（政治）、D9 – DF992（法学）、F（经济）、K0 – K887（历史）这四个学科的文献。在中图分类号和学科——匹配的过程中，有部分文献的中图分类号不止一个，如若多个中图分类号都涉及政治、法学、经济和历史四个学科，则以中国知网显示的第一个中图分类号所对应的学科为本篇文献所属学科（如刊载于《南洋问题研究》2016 年第 2 期的《"亚洲的地中海"：前近代华人东南亚贸易组织研究评述》一文，其中图分类号为 D634 和 F743，D634 隶属于"政治"，F743 隶属于"经济"，则该文隶属于政治学科）；如若多个中图分类号中有涉及其他学科的，则以第一个涉及政治、法学、经济和历史四个学科的中图分类号所对应的学科为本篇文献所属学科（如刊载于《现代国际关系》2016 年第 8 期的《美国防部 2016 年〈中国军事和安全发展报告〉评析》一文，其中图分类号为 E712 和 D822.371.2，E712 隶属于"军事"，

---

① 《中国图书馆分类法》（原称《中国图书馆图书分类法》）是我国 1949 年后编制出版的一部具有代表性的大型综合性分类法，是当今国内图书馆使用最广泛的分类法体系，简称《中图法》。《中图法》初版于 1975 年，1999 年出版了第四版。修订后的《中图法》第四版增加了类分资料的类目，并与类分图书的类目以"＋"标识进行了区分，因此正式改名为《中国图书馆分类法》，简称不变。《中图法》第四版全面补充新主题、扩充类目体系，使分类法跟上科学技术发展的步伐。同时规范类目，完善参照系统、注释系统，调整类目体系，增修复分表，明显加强类目的扩容性和分类的准确性。资料来源：http://www.ztflh.com/，最后访问日期：2017 年 3 月 30 日。

D822. 371. 2 隶属于"政治",则该文隶属于政治学科)。根据此种方法,最后确定 1488 篇有效研究样本。其中,按照年份来划分,2014 年 503 篇、2015 年 518 篇、2016 年 467 篇;按照学科来划分,政治学科 698 篇、法学学科 169 篇、经济学科 463 篇、历史学科 158 篇。以上就是本次大陆涉台研究学术热点追踪的样本文献筛选过程与筛选结果。

二、研究主体基本属性

(一) 作者分布情况

1488 篇样本文献中总共抽取到作者 979 位(只包含第一作者,基本考虑同名不同人情况),根据普赖斯定律[1],同一主题中,高生产能力作者[2]集合的数量约等于全部作者总数的平方根,得出前 31 位 ($\sqrt{979} \approx 31.3$) 为高生产能力作者(高生产能力作者只考虑第一作者)。如表 1 所示,在本次研究样本中,高生产能力作者第 31 位是并列第 24 名的 21 人。由此,我们得出结论:在"台湾"或者"两岸"主题下,政治、经济、法学和历史学科中高生产能力作者有 44 人,总计发文 276 篇,占全部研究样本的比重为 18.5%。

表1 高生产能力作者分布表

序号	名次	作者姓名(按姓氏首字母顺序)						论文篇数	总计(人)
1	1	陈 星	严安林					11	2
2	3	单玉丽	沈惠平	王 敏				9	3
3	6	陈孔立	陈先才	林 冈	张文生			8	4
4	10	邓利娟	冯 琳	李 龙	盛九元	王伟男	周叶中	7	6
5	16	曹小衡	李细珠	刘凌斌	唐永红	童立群	吴凤娇	6	8
		杨立宪	祝 捷						
6	24	陈桂清	陈 思	陈小冲	褚静涛	荻 夫	董玉洪	5	21
		胡石青	华晓红	黄俊凌	黄宗昊	李 非	刘澈元		
		刘相平	王鸿志	王英津	熊俊莉	杨德明	杨开煌		
		张 华	钟厚涛	朱 磊					

---

① 普赖斯定律:撰写全部论文一半的高产作者的数量,等于全部科学作者总数的平方根。参见邱均平:《信息计量学》,武汉大学出版社 2007 年版,第 193 页。

② 普赖斯根据科学作者论文生产量的高低,把作者分为高产作者、低产作者和贡献大者、贡献小者。See De Price Solla D. J. *Little Science*, *Big Science.* New York: Columbia University Press, 1963.

对44位高生产能力作者逐一排查，发现高生产能力作者之间的合作文献篇数仅为一篇，但部分高生产能力作者和该领域44位高生产能力作者之外的作者有些合作，总体而言，作者之间的整体合作网较为单一。由此可知，在大陆涉台研究领域的高生产能力作者均是能够独当一面的专家学者，其研究能力是值得肯定的。这一现象的弊端主要体现在学者相互之间的交流合作程度不够，学术协同创新程度相对较低。[①] 随着学科交叉化程度的不断提高，科学研究难度的不断加大，越来越多的复杂问题需要不同领域、不同学科的学者共同解决，发挥团队优势，以产生最大的科研效益。[②] 因此，大陆涉台研究领域要想取得长远发展，有必要进一步加强学者间的科研合作，提高科研合作率。

（二）作者个人学术影响力

作者个人学术影响力除体现在表1高生产能力外，更直接体现在发表文章的被引频次（图1）和被下载频次（表2）上。[③] 就样本文献被引频次而言，论文被引用意味着研究成果得到继承、连续、发展或评价，被引频次越高，代表文献所述内容被研究同行的认可程度越高；而样本文献被下载频次则与文献作者的知名度以及论文受读者关注度相关。[④] 为得到科学严谨的数据结论，在统计图1样本文献高引作者（被引频次≥10次）被引频次和表2样本文献高下载作者（被下载频次≥1500次）被下载频次的过程中，样本文献涉及二人及以上合著的，均仅统计第一作者。将表1、表2、图1所涉作者进行比照，显而易见的是，盛九元、单玉丽、王敏、严安林、周叶中（按姓氏首字母顺序）等五位作者均榜上有名。这五位作者可谓大陆涉台研究政治、经济、法学和历史学科中的核心研究人员，他们的研究极具影响力和学术价值。

---

① 参见杜宴林：《从文化视角看社科研究的协同创新》，载《中国高等教育》2013年第8期。

② 邱均平、陈木佩：《我国计量学领域作者合作关系研究》，载《情报理论与实践》2012年第11期。

③ 应用引文分析方法评价科研人员及其成果，一般可采用论文总数、总被引次数、平均被引次数、高被引论文数、H指数等指标。See Garfield E. , Pudovkin A. I. , Istomin V. S. Why do we need algorithmic historiography. *Journal of the American Society for Information Science and Technology*, 2003, 54（5）：400–412. 转引自邱均平、赵蓉英、董克等：《科学计量学》，科学出版社2016年版，第268页。

④ 参见陆伟、钱坤、唐祥彬：《文献下载频次与被引频次的相关性研究——以图书情报领域为例》，载《情报科学》2016年第1期。

被引频次（单位：次）

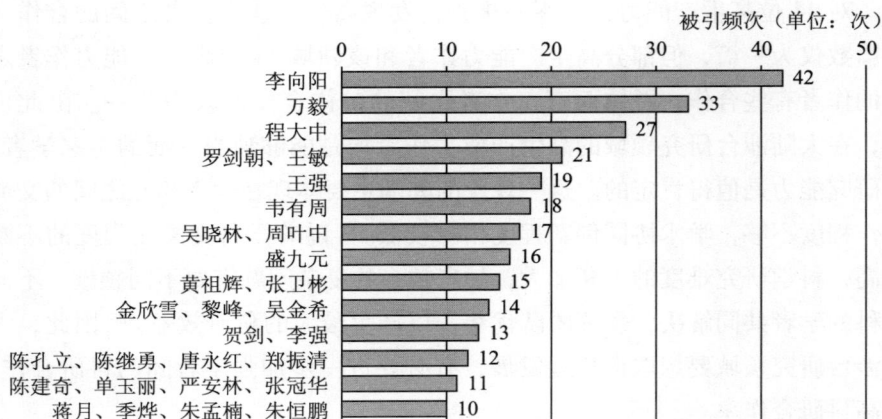

图 1 样本文献高引作者（被引频次≥10 次）被引频次分布图

李向阳 42
万毅 33
程大中 27
罗剑朝、王敏 21
王强 19
韦有周 18
吴晓林、周叶中 17
盛九元 16
黄祖辉、张卫彬 15
金欣雪、黎峰、吴金希 14
贺剑、李强 13
陈孔立、陈继勇、唐永红、郑振清 12
陈建奇、单玉丽、严安林、张冠华 11
蒋月、季烨、朱孟楠、朱恒鹏 10

表 2 样本文献高下载作者（被下载频次≥1500 次）被下载频次分布表

姓名	下载频次	姓名	下载频次	姓名	下载频次	姓名	下载频次
程大中	5689	吴振坤	2679	王敏	1912	盛九元	1674
吴晓林	4440	贺剑	2612	薛永慧	1872	曹小衡	1608
严安林	4150	彭海阳	2587	周叶中	1829	孙亚夫	1607
李向阳	3726	郑振清	2374	李海霞	1770	单玉丽	1576
孙亮	3372	李龙	2235	孟娅建	1725	徐晓红	1519
王青青	2744	李义虎	2074	黄嘉树	1720		
刘相平	2736	张卫彬	2003	廖慧怡	1719		

（三）研究机构分布与机构影响力

1488 篇样本文献中，只有一篇文献第一署名单位不详，予以剔除，余下 1487 篇样本文献。经统计，共 359 所机构入围，包含高等院校、科研单位、实务部门、境外研究机构等。关于研究机构的统计，需要说明的是，为避免评估不当，只统计每篇文献的第一署名单位，其中，第一署名单位是"两岸关系和平发展协同创新中心"的文章有 102 篇，因为两岸关系和平发展协同创新中心并不是一个实体性机构，是各个高校的组合体，所以，第一署名单位为"两岸关系和平发展协同创新中心"的 102 篇文献，均将其第二署名单位作为本次研究统计的文献署名单位进行统计。

就研究机构学术成果数量而言，如图 2 所示，前 10 名包含了 7 所高等院校和 3 所科研机构，这 10 所研究机构发文总量达 654 篇，占比 44%，可以说这 10 所研究机构引导了大陆涉台学术研究的主流。其中厦门大学（208 篇）、中国社会科学院（140 篇）均发文超过百篇，协同创新成果斐然，这一佳绩要归功于沈惠平（9 篇）、王敏（9 篇）、陈孔立（8 篇）、陈先才（8 篇）、张文生（8 篇）等专家学者在大陆涉台学术研究领域的笔耕不辍。福建社会科学院（72 篇）、中国人民大学（50 篇）、武汉大学（39 篇）、北京大学（35 篇）、上海国际问题研究院（30 篇）、福建师范大学（30 篇）、上海交通大学（27 篇）、北京联合大学（23 篇）依次位列前 10 名。值得一提的是，前 10 名研究机构中，武汉大学与其他 9 所研究机构相比，并不占据政治、经济、文化或者地理位置的优势，其能位列第六，主要得益于武汉大学法学院组建了一批研究团队，为武汉大学的研究地位奠定了厚实基础。① 除此之外，有近 50 所实务部门也分别发文，对两岸或者台湾问题发声，如中华全国台湾同胞联谊会、台盟中央、国务院台湾事务办公室、国家税务总局、最高人民法院、国家统计局国际统计中心、厦门市台联办公室等；美国纽约大学、德国慕尼黑大学、美国加州大学、澳大利亚墨尔本大学、英国曼彻斯特大学、新加坡南洋理工大学、韩国首尔大学及中国的台湾大学、澳门大学、香港理工大学等 70 余所境外研究机构也有文章上榜，这些现象表明越来越多的境内外研究主体关注中国的台湾问题。

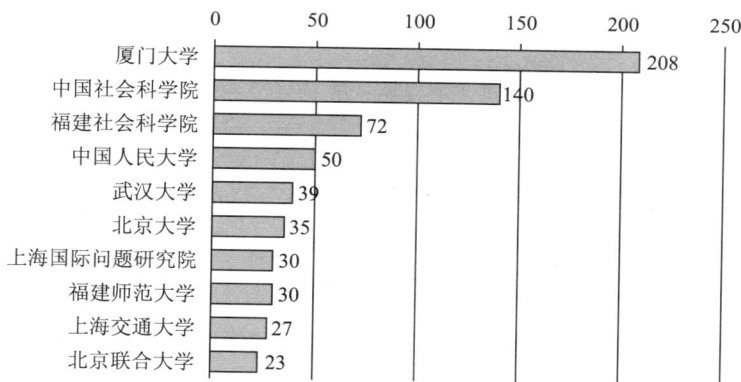

图 2 样本文献研究机构（前 10 名）分布图

研究机构的分布，不仅要统计每个研究机构的发文数量，还需要观测每

---

① 据统计，武汉大学总共发文量 39 篇，其中以"武汉大学法学院"为第一署名单位的文献高达 20 篇。

个研究机构的省区分布情况，以此挖掘科学研究和地域分布之间的规律，进而判断大陆涉台研究的基本格局，也即前文所述的"横主线"观察法。如图 3 所示，样本文献在地域分布上呈现出"一超多强，冷热不均"的格局，且该格局不仅体现在大陆涉台研究的文献数量上，还体现在研究的质量上。北京以 435 篇文献遥遥领先，福建以 379 篇紧随其后，上海、台湾、江苏、浙江、广东、天津等地的入围均是源于政治、经济、文化以及地理位置的天然优势，而以湖北为首的中部地区省份入围，实属不易。从样本文献研究机构（前 10 名）与样本文献省区（前 10 名）分布的规律中，我们不难发现，在台湾问题的研究中，研究水平与各地区的政治、经济、文化发展水平之间存在高度正相关关系。

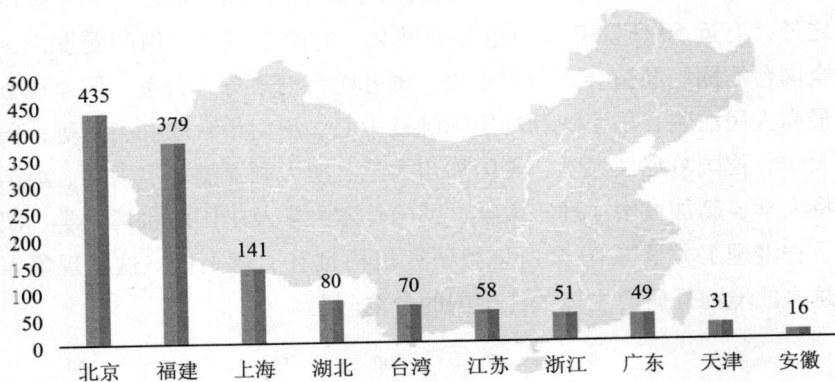

图 3　样本文献省区（前 10 名）分布图

三、研究样本基本属性

（一）研究样本影响力关联指标

综合评价某篇文献的影响力，可以从文献的影响广度、影响强度和影响深度三个方面展开。通常认为，文献被引频次、被下载频次的数量以及数量背后隐含的特征空间分布模式、随时间演化特性、文献间耦合关系等因子，能定量刻画文献的影响广度、影响强度和影响深度。[①] 另一方面，被引频次

---

① 参见徐建中、王名扬：《文献影响力的综合评价指标体系研究》，载《情报理论与实践》2014 年第 5 期。

和下载频次是评价文献质量的重要指标。① 基于此，在本次研究中，将文献被引频次和被下载频次作为研究样本影响力的关联指标，并依据相关文献计量分析法，计量绝对高影响力文献。

通常而言，样本文献被引频次与被下载频次存在很大程度上的相关关系，但又并非都呈现出正相关关系。② 二者的这种关联关系从表3和表4的数据重合度上可以体现。表3选取了样本文献单篇高引频次前20名文献，表4选取了样本文献单篇高下载频次前20名文献，通过表3和表4的关联对比，可以发现二者的重合文献只有7篇，这一结果也校验了前述样本文献被引频次与被下载频次的关系论。从学科视角来看研究样本的影响力，经济学科在大陆涉台研究领域的影响力不言而喻。样本文献单篇高引频次文献中，经济学文献占17篇，法学文献4篇，政治学文献仅2篇，历史学文献无缘上榜；样本文献单篇高下载频次文献中，经济学、法学和政治学文献以10∶5∶5的比例包揽了前20名。这一数据证成了经济学科在大陆涉台研究领域中不可撼动的高影响力。此外，文献的刊发时间也是制约样本文献单篇被引频次和单篇被下载频次的一个重要因子。从表3和表4的数据中我们还可以发现，绝大部分单篇高引频次文献和单篇高下载频次文献均是在2014年或者2015年上半年发表的，这也是我们通常所说的一个作品的质量如何需要经过时间的检验。③ 只是较为遗憾的是，在大陆涉台研究领域笔耕不辍的部分高产作者，均未进入样本文献单篇高引频次和样本文献单篇高下载频次的前20名榜单。

表3   样本文献单篇高引频次文献（前20名）分布表

名次	篇名	来源期刊	发表刊次	作者	隶属学科	被引频次
1	论海上丝绸之路的多元化合作机制	世界经济与政治	2014/11	李向阳	经济	42
2	主任检察官制度改革质评	甘肃社会科学	2014/04	万毅	法学	33

---

① 王雪、马胜利、余曾溧、杨波：《科学数据的引用行为及其影响力研究》，载《情报学报》2016年第11期。

② 参见丁佐奇、郑晓南、吴晓明：《科技论文被引频次与下载频次的相关性分析》，载《中国科技期刊研究》2010年第4期。

③ 参见江国华、韩玉亭：《中国法律解释理论演化路径检视——基于法学类CSSCI来源数据库的分析》，载《法学论坛》2015年第1期。

续表

名次	篇名	来源期刊	发表刊次	作者	隶属学科	被引频次
3	农地抵押融资运行模式国际比较及其启示	中国农村经济	2015/03	罗剑朝、庸晖 庞玺成	经济	21
4	1990—2009年中国区域能源效率时空分异特征与成因	地理研究	2014/01	王强、樊杰 伍世代	经济	19
5	建设"海上丝绸之路"背景下我国远洋渔业发展路径研究	现代经济探讨	2014/07	韦有周、赵锐 林香红	经济	18
6	现代农业能否支撑城镇化？	西北农林科技大学学报（社会科学版）	2014/01	黄祖辉	经济	15
7	中国增加值贸易隐含的要素流向扭曲程度分析	经济研究	2014/09	程大中	经济	14
7	全球生产网络下的贸易收益及核算——基于中国的实证	国际贸易问题	2014/06	黎峰	经济	14
7	区域金融生态环境评价与实证	统计与决策	2014/15	金欣雪、谢邦昌	经济	14
10	中国参与全球价值链分工的程度及演变趋势——基于跨国投入－产出分析	经济研究	2015/09	程大中	经济	13
10	论婚姻法回归民法的基本思路——以法定夫妻财产制为重点	中外法学	2014/06	贺剑	法学	13
10	基于Copula的我国台湾和韩国股票市场相关性研究	管理工程学报	2014/02	李强、周孝华	经济	13
13	论美国主导下的TPP对中国的挑战	湖北社会科学	2014/07	陈继勇、王保双 王玮楠	经济	12
14	对外直接投资推动产业结构升级：赶超经济体的经验	当代经济科学	2014/06	陈建奇	经济	11
15	台湾家事审判制度的改革及其启示——以"家事事件法"为中心	厦门大学学报（哲学社会科学版）	2014/05	蒋月、冯源	法学	10
15	财政补偿体制演变与公立医院去行政化改革	经济学动态	2014/12	朱恒鹏、昝馨 向辉	经济	10
17	我国自贸区发展策略选择与税收政策构想——兼论福建自贸区发展策略	福建论坛（人文社会科学版）	2015/01	吴振坤、张毅 李栋文	经济	9

续表

名次	篇名	来源期刊	发表刊次	作者	隶属学科	被引频次
17	中国城乡居民收入差距代际传递变动趋势：2002—2012	中国工业经济	2015/03	徐晓红	经济	9
17	台湾"太阳花学运"：性质、根源及其影响探析	台海研究	2014/02	严安林	政治	9
17	论公立产业技术研究院与战略新兴产业发展	中国软科学	2014/03	吴金希	经济	9
17	有机农业适度规模经营研究——基于我国台湾地区数据的空间分析	农业技术经济	2014/06	孔　立、朱立志	经济	9
17	台湾地区社区建设政策的制度变迁	南京师大学报（社会科学版）	2015/01	吴晓林	政治	9
17	不动产物权登记生效制度的实践困境与未来出路	山东大学学报（哲学社会科学版）	2015/02	董学立、王　隽	法学	9

表4　样本文献单篇高下载频次文献（前20名）分布表

名次	篇名	来源期刊	发表刊次	作者	隶属学科	下载频次
1	中国参与全球价值链分工的程度及演变趋势——基于跨国投入－产出分析	经济研究	2015/09	程大中	经济	3897
2	论海上丝绸之路的多元化合作机制	世界经济与政治	2014/11	李向阳	经济	3726
3	推进股票发行注册制改革的路径研究	上海经济研究	2015/07	孙　亮	经济	3372
4	台湾城市社区的治理结构及其"去代理化"逻辑——一个来自台北市的调查	公共管理学报	2015/01	吴晓林	政治	2705
5	我国自贸区发展战略选择与税收政策构想——兼论福建自贸区发展策略	福建论坛（人文社会科学版）	2015/01	吴振坤、张　毅、李栋文	经济	2679

续表

名次	篇名	来源期刊	发表刊次	作者	隶属学科	下载频次
6	论婚姻法回归民法的基本思路——以法定夫妻财产制为重点	中外法学	2014/06	贺　剑	法学	2612
7	基于厦门前沿的福建自贸区对台合作新探索	中国软科学	2015/08	彭海阳、詹圣泽郭英远	经济	2587
8	中国增加值贸易隐含的要素流向扭曲程度分析	经济研究	2014/09	程大中	经济	1792
9	两岸四地土地征收补偿制度比较研究	学术界	2016/03	李海霞	法学	1770
10	基于《里山倡议》的乡村旅游发展途径初探——以台湾桃园地区对乡村旅游转型的需求为例	旅游学刊	2014/06	廖慧怡	经济	1719
11	贫富差距扩大的政治效应——全球金融危机以来东亚选举政治变迁研究	中国社会科学	2014/11	郑振清、巫永平	政治	1695
12	蔡英文上台后的两岸关系走向	台湾研究	2016/01	严安林	政治	1608
13	概论1987年至2012年两岸关系发展脉络	政治学研究	2015/04	孙亚夫	政治	1607
14	中国城乡居民收入差距代际传递变动趋势：2002—2012	中国工业经济	2015/03	徐晓红	经济	1519
15	从商法特色论民法典编纂——兼论台湾地区民商合一法制	清华法学	2015/06	王文宇	法学	1418
16	从台湾法官与司法辅助人员的关系看大陆法官员额制改革	台湾研究集刊	2015/06	薛永慧	法学	1412
17	1990—2009年中国区域能源效率时空分异特征与成因	地理研究	2014/01	王　强、樊　杰伍世代	经济	1387
18	农地抵押融资运行模式国际比较及其启示	中国农村经济	2015/03	罗剑朝、庸　晖庞玺成	经济	1357
19	试论行政诉讼中规范性文件合法性审查的限度	法学论坛	2015/05	杨士林	法学	1332
20	台湾社区营造的经验及启示	城市发展研究	2016/01	莫筱筱、明亮	政治	1320

关于绝对高影响力文献的筛选，惯常的做法是综合考量文献的影响因

子、被引频次、被下载频次以及自引证率、自被引率和即时检索率等测量指标。① 当然，采取不同的指标组合与权重即会产生多种文献筛选方法和标准，最为简便的是统计学上的箱线图表法。② 本次研究采用箱线图表法，得出被引频次≥9 次且被下载频次≥747 次的文献就是绝对高影响力文献。③ 符合条件的文献有 14 篇，如表 5 所示，这 14 篇绝对高影响力文献按照下载频次高低依次排列。值得注意的是，这 14 篇论文中经济学、法学和政治学的文献占比为 11∶2∶1，足见经济学研究在大陆涉台研究中的重要地位。

表 5　绝对高影响力文献分布表

篇名	来源期刊	发表刊次	作者	隶属学科	被引频次	下载频次
中国参与全球价值链分工的程度及演变趋势——基于跨国投入－产出分析	经济研究	2015/09	程大中	经济	13	3897
论海上丝绸之路的多元化合作机制	世界经济与政治	2014/11	李向阳	经济	42	3726
我国自贸区发展策略选择与税收政策构想——兼论福建自贸区发展策略	福建论坛（人文社会科学版）	2015/01	吴振坤、张　毅李栋文	经济	9	2679
论婚姻法回归民法的基本思路——以法定夫妻财产制为重点	中外法学	2014/06	贺　剑	法学	13	2612

① 参见成凡：《从引证看法学——法学引证研究的三个基本方面》，载《法商研究》2005 年第 1 期。

② 箱线图法（也称箱图法），是描述单个变量数据分布的一种统计学方法。该法注重勾勒统计上的主要信息，便于对多个连续变量同时考察，或者对一个变量分组进行考察。线图由一组数据的 5 个特征值绘制而成，包括最大值（max）、上四分位数（Q_3，即 25% 百分位数）、中位数（med）、下四分位数（Q_1，即 75% 百分位数）和最小值（min）。上四分位数（Q_3）和下四分位数（Q_1）之间的距离称为四分位距（Interquartile Range，IQR）。为了更精确地描述分布尾部的极值的信息，在箱线图法中规定，凡是与上下四分位数值的距离超过 1.5 倍四分位距（1.5IQR）的为异常值，超过 3 倍四分位距（3IQR）的为极值。参见韩鹏鸣：《期刊论文的影响力分析》，载《情报科学》2010 年第 10 期。

③ 根据箱线图表法，先计算高引频次文献的临界值，在 599 篇有被引记录的样本文献中，最大值 max = 42，上四分位数 = 3，中位数 med = 2，下四分位数 = 1，最小值 min = 1，据此计算出极值 + 3IQR = 9，也即被引频次≥9 次的文献被认为是绝对高引频次文献。在 1486 篇有被下载记录的样本文献中，最大值 max = 3897，上四分位数 = 249，中位数 med = 142，下四分位数 = 83，最小值 min = 1，据此计算出极值 + 3IQR = 747，也即被下载频次≥747 次的文献被认为是绝对高下载频次文献。参见李志强、苏永明：《统计图表设计和制作者的福音——箱线统计图的 EXCEL 实现》，载《中国统计》2008 年第 4 期。

续表

篇名	来源期刊	发表刊次	作者	隶属学科	被引频次	下载频次
中国增加值贸易隐含的要素流向扭曲程度分析	经济研究	2014/09	程大中	经济	14	1792
中国城乡居民收入差距代际传递变动趋势：2002—2012	中国工业经济	2015/03	徐晓红	经济	9	1519
1990—2009 年中国区域能源效率时空分异特征与成因	地理研究	2014/01	王　强、樊　杰伍世代	经济	19	1387
农地抵押融资运行模式国际比较及其启示	中国农村经济	2015/03	罗剑朝、庸　晖庞玺成	经济	21	1357
台湾家事审判制度的改革及其启示——以"家事事件法"为中心	厦门大学学报（哲学社会科学版）	2014/05	蒋　月、冯　源	法学	10	1154
建设"海上丝绸之路"背景下我国远洋渔业发展路径研究	现代经济探讨	2014/07	韦有周、赵　锐林香红	经济	18	1065
台湾"太阳花学运"：性质、根源及其影响探析	台海研究	2014/02	严安林	政治	9	1014
现代农业能否支撑城镇化？	西北农林科技大学学报（社会科学版）	2014/01	黄祖辉	经济	15	876
对外直接投资推动产业结构升级：赶超经济体的经验	当代经济科学	2014/06	陈建奇	经济	11	800
财政补偿体制演变与公立医院去行政化改革	经济学动态	2014/12	朱恒鹏、昝　馨向　辉	经济	10	747

（二）样本文献年度、学科分布情况

就样本文献的总体年度分布情况而言，如前所述，按照年份来划分，1488 篇样本文献中，2014 年 503 篇、2015 年 518 篇、2016 年 467 篇，其波动性不大，说明在 2014 至 2016 三年间，大陆涉台研究的持续稳定性、学者对台湾问题的关注度基本保持在一个均衡的水平。从样本文献年度分布情况来看，我们可以预判未来大陆涉台研究可能还会出现微弱的波动趋势，伴随着研究队伍的不断壮大，总体上大陆涉台研究的成果数量仍将保持上升趋势，但增速可能放缓。

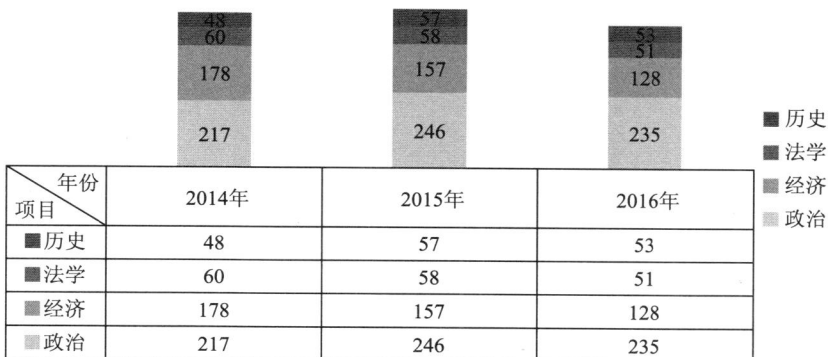

年份\项目	2014年	2015年	2016年
■历史	48	57	53
■法学	60	58	51
▨经济	178	157	128
▨政治	217	246	235

图4　样本文献年度分布图

就样本文献的学科分布情况来说，政治学科 46.9% 的比重和经济学科31.1% 的比重占据绝对影响地位，二者累计高达 78%，几乎引领大陆涉台研究的主流思潮。从政治、经济、法学和历史分学科的角度去观测样本文献的年度分布情况，如图 5 所示，在 2014 至 2016 三年间，法学和历史学的涉台研究成果数量相对稳定，政治学涉台研究成果数量呈上升趋势，而经济学涉台研究成果数量却随着时间的推移有明显的下降趋势。由此，我们可以推测大陆涉台研究深受时政热点影响，政治议题是大陆涉台学术研究领域的热门选题；两岸经济深受两岸政治关系的影响，因此经济议题亦是大陆涉台学术研究领域的热门选题，但经济选题的比重明显低于政治议题。

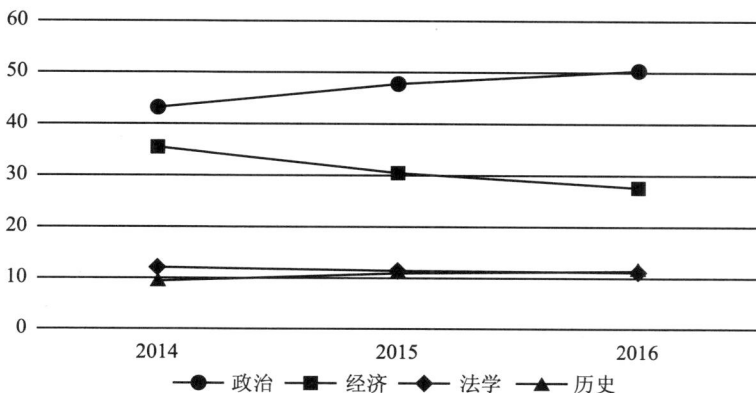

图5　样本文献年度分布百分比图

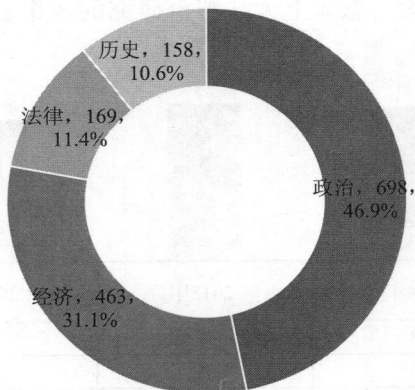

图6 样本文献学科分布图

（三） 样本文献发文期刊分布情况

本次研究从样本文献中抽取到的期刊数为 274 种，根据布拉德福定律①来划定大陆涉台研究政治、经济、法学和历史学科整体的核心区期刊、相关区期刊和离散区期刊。需要特别指出的是，在这 274 种期刊中，容纳了《台湾研究》（191 篇）、《现代台湾研究》（183 篇）、《台湾研究集刊》（142篇）、《台海研究》（101 篇） 四种涉台专业期刊，因这四种涉台专业期刊自然隶属于大陆涉台研究的核心区期刊，故在本次发文期刊的研究中，只对剩余的 270 种期刊展开研究。这 270 种期刊载有涉台研究论文 871 篇，将 871篇文献按照刊载大陆涉台研究论文的数量，以递减顺序排列，分成三个区，每个区容纳大约 290 篇文献，划分结果如表6所示，得到三个划分区域的期刊数比例为 $23:66:181 = 1:2.87:7.87 \approx 1:2.87:2.87^2$ （n 的平方） 的比例关系，布拉德福离散系数为 2.87。由此，我们可以判定样本文献发文期刊载文数七篇及以上的期刊是大陆涉台研究的发文重地，这些期刊如表7所示，发文总量 925 篇，占比为 62.2%。当然，用布拉德福定律来界定大陆涉台研究的核心区期刊、相关区期刊和离散区期刊，只是为从事涉台研究的专家学者提供一个参考。因为一方面，布拉德福定律原本是用于科

---

① 布拉德福定律：如果将科学期刊按其登载某个学科的论文数量的多少。以渐减顺序排列，那么可以把期刊分为专门面向这个学科的核心区和包含着与核心区同等数量论文的几个区，一般分为核心区、相关区和离散区。各个区的文章数量相等，此时核心区、相关区、离散区期刊数量成 $1:n:n^2$ （n 的平方） 的关系，n 为布拉德福离散系数。参见邱均平：《信息计量学》，武汉大学出版社 2007 年版，第 105 页。

技期刊载文情况分析的规律①，布拉德福定律不一定完全适用于社会科学领域的研究，本次研究引入布拉德福定律是一次大胆尝试；另一方面，载文数量除了《台湾研究》《现代台湾研究》《台湾研究集刊》《台海研究》四种涉台专业期刊较多之外，其他 CSSCI 来源期刊，尤其是从核心区期刊到相关区期刊的分布和过渡都较为平缓，布拉德福离散系数值的高低也能直接证成这一结论的科学性。②

表 6　布拉德福定律划分表

分区	论文数	期刊数	载文数
核心区	287	23	≥7
相关区	291	66	7 – 3
离散区	293	181	≤3

表 7　样本文献发文期刊（核心区）分布表

排序	期刊名	发文量	排序	期刊名	发文量
1	台湾研究	191	2	现代台湾研究	183
3	台湾研究集刊	142	4	台海研究	101
5	亚太经济	48	6	福建论坛（人文社会科学版）	32
7	太平洋学报	22	8	厦门大学学报（哲学社会科学版）	17
9	东南学术	16	10	中国青年研究	13
11	福建师范大学学报（哲学社会科学版）	12	12	北京联合大学学报（人文社会科学版）	11
13	安徽史学、科技管理研究				9
15	当代中国史研究、江海学刊、近代史研究、兰州学刊、旅游学刊、美国研究、史学月刊				8
22	北京行政学院学报、广东社会科学、国际政治研究、科技进步与对策、理论视野、历史档案、上海交通大学学报（哲学社会科学版）、世界经济与政治论坛、中国行政管理				7

① See Bradford S. C. Sources of information on specific subject. Engineering，1934，137：85 – 86.

② 参见赵玉珍：《运用布拉德福定律研究中国沙棘文献的核心期刊》，载《情报科学》2000 年第 5 期。

四、中国大陆涉台研究学术热点追踪

（一）样本文献关键词分布情况概述

　　1488 篇样本文献共提取到关键词 4212 个，总词频为 6566 次，平均词频为 1.56 次，平均每篇文献 4.41 个关键词。关键词词频最高的是"两岸关系"，出现 190 次，出现频次为 1 的关键词共有 3500 个。从表 8 的统计中可以看到关键词的标准差为 4.37，与关键词的均值 1.56 相差比较大，这说明关键词的分布较为分散。[①]

表 8　关键词描述统计量表

	N	极小值	极大值	和	均值	标准差	方差
频次	4212	1	190	6566	1.56	4.37	19.1

　　关于高频关键词的筛选，第一种方法是运用齐普夫第二定律[②]，通过齐普夫第二定律的计算公式 $n = (-1 + \sqrt{1 + 8 \times I_1})/2$，计算高频关键词与低频关键词临界点 n 的值，得到阀值 n = 166.33。结果表示关键词词频高于 166.33 的是高频关键词，低于 166.33 的是低频关键词。但是，在本次研究样本的全部关键词中，只有关键词"两岸关系"的词频高于 166.33，故而齐普夫第二定律并不适用于本次研究。第二种区别高频关键词与低频关键词的方法是：根据研究者的经验，对样本文献的关键词词频划定界线，超过这个界线的关键词为高频关键词。这是学界通用的研究者经验分析法[③]，其科学性有待数据考证。根据第二种方法，本次研究划定关键词词频 ≥ 20 次的关键词为高频关键词，得到 17 个关键词（关键词词频 ≥ 20 次），词频数为 801 次，占全部关键词词频数的比重为 12.2%，高频关键词具体分布情况见

---

　　① 参见［英］堤姆·汉拿根：《统计学》，陈宋生、朱丽译，经济管理出版社 2008 年版，第 115 页。

　　② 齐普夫第二定律主要是统计文献中高频关键词和低频关键词的分布状况及其相互关系。其计算公式为：$n = (-1 + \sqrt{1 + 8 \times I_1})/2$，为词频数为 1 的关键词数量，计算结果 n 是高频关键词与低频关键词的临界值。参见储节旺、郭春侠：《文献计量分析的知识管理学科规范研究》，中国社会科学出版社 2015 年版，第 151 页。

　　③ 参见肖明、杨楠、李国俊：《基于共词分析的我国用户信息行为研究结构探讨》，载《情报杂志》2010 年第 S2 期。

表 9 所示。

<h4 style="text-align:center">表 9　高频关键词（词频≥20 次）分布表</h4>

关键词	频次	关键词	频次	关键词	频次	关键词	频次
两岸关系	190	"九二共识"	36	美国	25	对台政策	21
台湾	155	台湾经济	36	和平发展	24	台湾民众	20
海峡两岸	51	蔡英文	30	台湾社会	24		
台湾地区	45	两岸	30	台湾问题	23		
民进党	38	两岸政策	30	中美关系	23		

（二）高频关键词共现分析

在文献计量学领域，词汇的共现分析主要用于识别某一研究领域的研究主题和研究热点等。[①] 只是目前，对共词分析方法还没有完整统一的定义，但是其在情报学尤其是文献学中已经有了非常广泛的应用。[②] 在 20 世纪 90 年代中期，共词分析方法被介绍到中国之后，也在国内学术界得到了一定程度的发展。本次研究中用到的关键词共现分析是共词分析法中的一种，它通过对某一领域相关文献中出现的关键词进行统计分析，来挖掘这一领域的动态发展过程、研究主题和研究内容。[③] 基于此，对《高频关键词（词频≥20 次）分布表》显示的 17 个关键词进行共现计算[④]，累计高频关键词共有 65 对，共现频次为 342 次，其中共现频次仅为 1 的有 17 对，共现频次为 2 的有 10 对，共现频次为 3 的有 4 对，共现频次为 4 的有 4 对，共现频次为 5 的有 6 对，共现频次为 6 的有 8 对，共现频次为 7 的有 2 对，共现频次为 8 的有 2 对，共现频次为 9 的有 3 对，共现频次为 10 及以上的有 9 对。表 10 列出了所有高频关键词共现对，"两岸关系 + '九二共识'"这一关键词共现对出现的频次最高，为 27 次。

---

① See McCain K. W. Mapping economics through the journal literature：An experiment in journal cocitation analysis. Journal of the American Society for Information Science，1991，（42）：290 – 296.

② 参见张勤、马费成：《国外知识管理研究范式——以共词分析为方法》，载《管理科学学报》2007 年第 12 期。

③ 参见刘朝阳：《十八大以来社会主义协商民主研究的知识图谱与热点主题——基于文献计量学的实证研究》，载《湖北行政学院学报》2016 年第 1 期。

④ 高频关键词共现计算方法，参见储节旺、郭春侠：《共词分析法的基本原理及 EXCEL 实现》，载《情报科学》2011 年第 6 期。

表 10　高频关键词共现对及其共现频次分布表

高频关键词共现对	频次	高频关键词共现对	频次	高频关键词共现对	频次
两岸关系 + "九二共识"	27	台湾经济 + 台湾社会	6	和平发展 + 对台政策	2
两岸关系 + 和平发展	17	两岸政策 + 台湾民众	6	台湾社会 + 台湾问题	2
两岸关系 + 对台政策	17	台湾 + 中美关系	5	中美关系 + 对台政策	2
两岸关系 + 两岸政策	16	"九二共识" + 台湾社会	5	对台政策 + 台湾民众	2
两岸关系 + 台湾经济	15	台湾经济 + 两岸政策	5	两岸关系 + 台湾地区	1
两岸关系 + 台湾问题	15	台湾经济 + 台湾民众	5	两岸关系 + 海峡两岸	1
两岸关系 + 台湾	12	两岸政策 + 对台政策	5	台湾 + 蔡英文	1
两岸关系 + 台湾社会	12	台湾问题 + 对台政策	5	台湾 + 对台政策	1
两岸政策 + 蔡英文	11	两岸关系 + 中美关系	4	海峡两岸 + 台湾地区	1
两岸关系 + 台湾民众	9	民进党 + 蔡英文	4	海峡两岸 + 对台政策	1
"九二共识" + 台湾经济	9	"九二共识" + 台湾问题	4	海峡两岸 + 台湾社会	1
"九二共识" + 两岸政策	9	蔡英文 + 台湾社会	4	海峡两岸 + 两岸政策	1
两岸关系 + 蔡英文	8	"九二共识" + 和平发展	3	民进党 + 美国	1
"九二共识" + 对台政策	8	台湾经济 + 对台政策	3	民进党 + "九二共识"	1
两岸政策 + 台湾社会	7	台湾社会 + 对台政策	3	民进党 + 和平发展	1
台湾社会 + 台湾民众	7	台湾问题 + 中美关系	3	台湾经济 + 台湾问题	1
两岸关系 + 民进党	6	台湾 + 两岸	2	蔡英文 + 美国	1
台湾 + 美国	6	海峡两岸 + 台湾民众	2	两岸政策 + 台湾问题	1
两岸政策 + 民进党	6	海峡两岸 + 台湾经济	2	美国 + 和平发展	1
"九二共识" + 蔡英文	6	蔡英文 + 台湾民众	2	和平发展 + 台湾问题	1
"九二共识" + 台湾民众	6	蔡英文 + 对台政策	2	台湾问题 + 台湾民众	1
台湾经济 + 蔡英文	6	美国 + 中美关系	2	—	—

　　归纳梳理表 10 中的高频关键词共现对可见,当前大陆涉台研究主要涉及以下三类主题:

　　第一类,关于两岸关系问题的直接研究,包括两岸政治关系基础、一个中国框架、两岸经济关系往来等。众所周知,两岸关系问题一直是大陆学界长期关注的话题。近年来,随着两岸间的积极往来,台海局势发生了颇具积极意义的变化,和平发展已经成为两岸关系的主题,在"九二共识"的基础上推进两岸关系和平发展成为许多专家学者的研究对象。涉及这类研究的高频关键词共现对有:"两岸关系 + '九二共识'""两岸关系 + 和平发展""两岸关系 + 两岸政策""'九二共识' + 两岸政策"等。在本次研究样本中，有相当一部分的成果涉及两岸经济关系往来，涉及的高频关键词共现对有："两岸关系＋台湾经济""'九二共识'＋台湾经济""台湾经济＋两岸政策"等。前文表5所示"绝对高影响力文献"中11篇经济学文献亦是有力证据，佐证学界对两岸经济关系往来的研究力度。而2016年台湾地区领导人选举后，发生了台湾地区第三次政党轮替，民进党的执政为两岸关系敲响警钟，关于"九二共识"、台湾问题的理论研究被再次推向高潮，一大批的理论研究成果涌现，为两岸关系问题的理论研究奠定了雄厚的基础，以理论研究为基础的对策研究也是专家学者关注的热点所在。此类研究涉及的高频关键词共现对有："两岸关系＋对台政策""两岸政策＋蔡英文""'九二共识'＋对台政策""两岸政策＋民进党""'九二共识'＋蔡英文""两岸政策＋对台政策""台湾问题＋对台政策"等。

第二类，关于台湾地区内部的政治、法律制度，经济发展状况，历史理论的研究。涉及的高频关键词共现对有："两岸关系＋蔡英文""台湾社会＋台湾民众""两岸关系＋民进党""台湾＋美国""台湾经济＋蔡英文""台湾经济＋台湾社会""台湾＋中美关系""台湾经济＋台湾民众"等。涉台研究落到实处就是要对台湾地区的具体情况展开研究，为台湾问题的理论和对策研究提供现实依据。因此，"台湾经济""台湾社会""台湾民众"等关键词成为学者长期关注的研究对象。另一方面，自台湾地区第三次政党轮替以来，两岸关系面临严峻考验，以"民进党""蔡英文""中美关系"为关键词的研究也出现了一波热潮。总体而言，关于台湾地区内部的政治制度、法律制度、经济发展状况以及台湾问题的历史理论等方面的研究成果颇丰。

第三类，关于各学科基础理论的研究，其中兼及台湾问题和台湾地区理论变迁、两岸理论与制度对比的研究。本次研究主要观测台湾问题研究领域的政治、经济、法学和历史四个学科的研究成果，从样本文献的筛选过程可以计算出，在经过筛选剔除后的2348篇文献中，这四个学科1488篇文献所占的比重为63.4%，足见各学科研究在大陆涉台研究领域的重要地位。进一步观测高频关键词、高频关键词共现对以及"样本影响力关联指标"表3、表4、表5所研究的论题，我们不难发现，各学科基础理论的研究是大陆涉台研究的重镇。关于台湾地区理论变迁、两岸理论与制度对比等的研究，作为广义台湾问题研究域的重要组成部分，其地位不容小觑，各学科的基础理论成果研究往往能在学界引发研究热潮。例如，"样本影响力关联指标"表3、表4、表5论题中探讨的主任检察官制度改革、法定夫妻财产制、股票发行注册制改革、台湾家事审判制度改革、财政补偿体制演变与公立医院去行政化改革等问题的研究，其成果能在短短三年时间内有较高的引用率和下载量，是这类研究重要性最为直接的表现形式。

五、结论

本次研究通过对"台湾"或者"两岸"主题词项下的1488篇文献的计量统计和可视化处理，以纵横深浅四大主线为纲，得出三个一级指标项下的九个二级指标数据，因而较为深入地剖析了大陆涉台研究的基本发展脉络。在此，总结出以下几个规律：1）就研究主体而言，大陆涉台研究的高产作者、高产机构、高产省区和高影响力作者相对集中，大陆涉台研究的繁荣程度与政治、经济、文化发展水平存在一定的契合关系，多家老牌研究机构组成的学术共同体成为该议题研究的主要阵地。2）就研究学科的差异性和年度分布而言，大陆涉台研究以政治学科为主，经济学科其次，二者构成大陆涉台研究的优势学科；在2014至2016三年间，大陆涉台研究的波动性不大，学者对台湾问题的关注度基本保持在一个均衡的水平。3）就研究成果的载文期刊而言，大陆涉台研究成果主要集中在《台湾研究集刊》《台湾研究》《现代台湾研究》《台海研究》四种涉台专业期刊，大陆涉台研究的核心区期刊分布较为分散，刊文数量差距较大。4）就研究热点而言，大陆涉台研究深受时政热点影响，当前大陆涉台研究的热点主要集中在三个方面：一是关于两岸关系问题的直接研究；二是关于台湾地区内部的政治制度、法律制度、经济发展状况、历史理论的研究；三是关于各学科基础理论的研究。

附表1　关键词（词频≥2次）分布表

关键词	频次	关键词	频次	关键词	频次	关键词	频次
两岸关系	190	VaR 模型	3	地方政治	2	驱动因素	2
台湾	155	奥巴马政府	3	地域文化	2	权力斗争	2
海峡两岸	51	办案组织	3	第三势力	2	全球化	2
台湾地区	45	比较分析	3	顶层设计	2	缺陷	2
民进党	38	成因	3	东海	2	群际文化	2
"九二共识"	36	出口贸易	3	东海争端	2	群体认同	2
台湾经济	36	大陆居民	3	东盟	2	人民币	2

续表

关键词	频次	关键词	频次	关键词	频次	关键词	频次
蔡英文	30	敌后战场	3	东盟国家	2	人民币国际化	2
两岸	30	地区经济	3	东南亚	2	人民币离岸市场	2
两岸政策	30	地区与国别政治	3	东南亚地区	2	认识角度	2
美国	25	地缘政治	3	动力	2	认同异化	2
和平发展	24	第三方支付	3	对策	2	日本帝国主义	2
台湾社会	24	东亚	3	对台方针政策	2	日本殖民统治	2
台湾问题	23	东亚生产网络	3	对外投资	2	日据	2
中美关系	23	动力机制	3	多层次资本市场	2	融合	2
对台政策	21	动因	3	发展	2	柔性"台独"	2
台湾民众	20	都市更新	3	发展历程	2	软实力	2
国家认同	19	对台工作	3	发展模式	2	社会保障	2
两岸经贸	19	法律	3	法律适用	2	社会分歧	2
国民党	18	反服贸	3	法治方式	2	社会建设	2
两岸经济	18	共同体	3	法治思维	2	社会史	2
两岸政治	18	国际经验	3	番地	2	社区发展协会	2
ECFA	17	国际竞争力	3	反服贸风波	2	涉台立法	2
日本	17	国际空间	3	反课纲运动	2	涉台外交	2
台湾当局	17	海防	3	反垄断法	2	涉外继承	2
台湾青年	16	海基会董事长	3	防空识别区	2	生态文明	2
影响因素	15	海权	3	房地产市场	2	实践	2
钓鱼岛	14	海峡两岸投资保护和促进协议	3	非对称性	2	世界经济	2
蒋介石	14	韩国	3	非理性化	2	市场化	2
"九合一"选举	14	"行政院"	3	佛教	2	市地重划	2
两岸合作	13	合作机制	3	服务贸易竞争力	2	收入再分配	2
大陆	12	荷兰	3	服务贸易自由化	2	熟番	2
台湾人	12	胡适	3	服务业	2	属地贸易收益	2
影响	12	互联网金融	3	附属岛屿	2	税制改革	2
中国	12	华人	3	噶玛兰	2	司法互助	2
前景	11	机制	3	港澳台	2	思路	2
台湾政局	11	一家亲	3	高技术产品	2	思想解放	2
大陆政策	10	家族企业	3	工资差距	2	斯大林	2

关键词	频次	关键词	频次	关键词	频次	关键词	频次
经济合作	10	建构	3	公共治理	2	宋楚瑜	2
台湾光复	10	建构性关系	3	公司绩效	2	诉讼标的	2
比较	9	建构主义	3	公私合作	2	锁模	2
"立法院"	9	蒋廷黻	3	功能定位	2	台美关系	2
两岸经济关系	9	金融危机	3	共有知识	2	台日关系	2
两岸政治关系	9	经济增长	3	股权结构	2	台湾当局政治地位	2
台湾政治	9	开罗宣言	3	管理	2	台湾服务业	2
一带一路	9	康熙朝	3	国际比较	2	台湾共产党	2
政治对话	9	抗战时期	3	国际多角化经营绩效	2	台湾海峡	2
TPP	8	可持续发展	3	国际关系	2	台湾建省	2
福建自贸区	8	冷战	3	国际关系理论	2	台湾历史	2
两岸贸易	8	立法监督	3	国际海洋法	2	台湾历史课纲	2
全球价值链	8	两岸关系和平发展	3	国际研究中心	2	台湾民众党	2
挑战	8	两岸海洋合作	3	国际战略形势	2	台湾民主	2
"一国两制"	8	两岸互信	3	国际组织	2	台湾认同	2
政策	8	两岸金融	3	国家安全	2	台湾省	2
政治生态	8	两岸南海合作	3	国家技术能力	2	台湾省编译馆	2
合作	7	两岸四地	3	国家战略	2	台湾铁路	2
和平统一	7	两岸政治定位	3	国民党政权	2	台湾同胞	2
机遇	7	流求	3	海外贸易	2	台湾学运	2
两岸协议	7	路径选择	3	海峡两岸服务贸易协议	2	台湾中南部	2
路径	7	毛泽东	3	海峡两岸关系	2	"台湾主体性"	2
闽台	7	美国因素	3	海峡两岸贸易	2	台中市	2
现状	7	面板数据模型	3	海洋安全	2	台资	2
中日关系	7	民粹主义	3	行政体制	2	碳减排	2
比较研究	6	民意调查	3	航行自由	2	田中角荣	2
策略	6	民营银行	3	合理使用	2	条约	2
反服贸运动	6	民族主义	3	合情合理	2	统一	2
服务贸易	6	闽浙总督	3	合作路径	2	投票行为	2
服务贸易协议	6	南海争端	3	合作前景	2	投票率	2
"国民政府"	6	尼克松	3	和平发展战略	2	投资	2

续表

关键词	频次	关键词	频次	关键词	频次	关键词	频次
海上丝绸之路	6	青年世代	3	和平协议	2	图书馆	2
甲午战争	6	清代	3	核心利益	2	土地金融	2
两岸交流	6	权力结构	3	互动	2	土地流转	2
两岸金融合作	6	全面深化改革	3	互动模式	2	完善	2
两岸经济合作	6	全民族抗战	3	环境教育	2	晚清	2
闽台合作	6	全要素生产率	3	惠台政策	2	王金平	2
命运共同体	6	日本侵台	3	货币替代	2	网络	2
南海	6	社会福利	3	货币一体化	2	网络政治参与	2
南沙群岛	6	社会矛盾	3	基层民众	2	维持两岸现状	2
认同	6	社会融合	3	基辛格	2	"文化台独"	2
社区营造	6	社会网络	3	集体协商	2	文化特征	2
台湾民意	6	社会资本	3	纪念活动	2	文哲	2
台湾模式	6	社区建设	3	加工贸易	2	问卷调查	2
台湾史	6	食品安全	3	价值链	2	我国台湾地区	2
台湾政党	6	司法独立	3	监管	2	吴国桢	2
"太阳花学运"	6	"台独"	3	建议	2	物流业	2
特点	6	"台独"势力	3	交流	2	误区	2
土地改革	6	台海危机	3	阶级	2	雾社事件	2
文化交流	6	台湾居民	3	接受制度	2	西沙群岛	2
文化认同	6	台湾研究	3	解放台湾	2	习马会	2
新形势	6	台湾政坛	3	解决之道	2	现代国际法	2
研究综述	6	"台湾主体意识"	3	借鉴	2	宪法各表	2
郑成功	6	调整	3	金门	2	宪法一中	2
政治定位	6	维持现状	3	金融改革	2	宪制－治理框架	2
中国大陆	6	问题	3	金融合作	2	香港	2
主权	6	吴伯雄	3	近代中国	2	香港问题	2
转型升级	6	宪法共识	3	经济持续增长	2	小确幸	2
21世纪海上丝绸之路	5	乡村旅游	3	经济合作机制	2	协商谈判	2
钓鱼岛问题	5	香港青年	3	经济全球化	2	协议	2
发展趋势	5	新世代	3	经济融合	2	协助调查取证	2
经济发展	5	选举	3	经济新常态	2	谢长廷	2

续表

关键词	频次	关键词	频次	关键词	频次	关键词	频次
经济一体化	5	选举政治	3	经济周期	2	新型大国关系	2
决议文	5	选举制度	3	经贸关系	2	信任	2
抗日战争	5	一个中国框架	3	经验借鉴	2	刑事判例制度	2
两岸产业合作	5	一国两区	3	经营绩效	2	兴柜市场	2
两岸经贸关系	5	因子分析法	3	竞争优势	2	性质	2
"两个中国"	5	引力模型	3	九合一	2	学术研究	2
马英九	5	应对	3	就业	2	学校教育	2
民族复兴	5	预测	3	军事对抗	2	学运	2
模式	5	增加值贸易	3	柯文哲	2	亚太经济	2
南海问题	5	政党	3	科学园区	2	亚太经济一体化	2
南海政策	5	政党体系	3	跨境经济合作区	2	亚太再平衡战略	2
启示	5	政治互信	3	跨两岸婚姻	2	亚投行	2
区域经济	5	政治认同	3	困境	2	研究中心	2
趋势	5	政治社会化	3	拉丁美洲	2	养老保险	2
日据时期	5	政治协商	3	蓝鼎元	2	一个中国	2
社会变迁	5	政治议题	3	劳动力成本	2	一体化	2
台商投资	5	政治因素	3	李义虎	2	一致政府	2
台湾选举	5	知识产权	3	立法模式	2	一中框架	2
习近平	5	中等收入陷阱	3	联合报	2	移交程序	2
先行先试	5	中共中央总书记	3	联合国中国代表权	2	移民	2
"原住民"	5	中国时报	3	两岸次区域合作	2	异化	2
政治参与	5	中国台湾	3	两岸服务贸易协议	2	意识形态	2
制度化	5	中国台湾地区	3	两岸共识	2	溢出效应	2
治权	5	中国政治与外交	3	两岸和平协议	2	隐蔽行动	2
中国梦	5	中华文化	3	两岸化	2	隐私权	2
祖国统一	5	中小企业	3	两岸婚姻	2	英国	2
残疾人	4	自由经济示范区	3	两岸交往	2	游说	2
产业合作	4	自由贸易试验区	3	两岸经济融合	2	原因	2
地区领导人	4	综述	3	两岸认同	2	越南	2
对外关系	4	族群关系	3	两岸社会	2	运行模式	2
二二八事件	4	2013 年	2	两岸同属一中	2	再平衡	2
发展路径	4	2015 年	2	两岸统一	2	展望	2

续表

关键词	频次	关键词	频次	关键词	频次	关键词	频次
服贸协议	4	2015 年回顾	2	两岸投保协议	2	战略构想	2
服务业合作	4	CAFTA	2	领土主权	2	障碍	2
福建	4	GTAP	2	刘铭传	2	争端解决机制	2
公共外交	4	legal	2	琉球群岛	2	正面战场	2
国家统一	4	RCEP	2	陆资	2	郑经	2
合作模式	4	taiwan	2	论文	2	政策协调	2
回顾	4	案例指导制度	2	旅游规划	2	政策走向	2
结构	4	澳大利亚	2	绿化	2	政经	2
经济整合	4	澳门问题	2	马英九当局	2	政经关系	2
竞争力	4	本土化	2	贸易结构	2	政局演变	2
蓝绿	4	比较优势	2	美国对华政策	2	政治	2
历史记忆	4	变迁	2	美国台海政策	2	政治传播	2
两岸经贸合作	4	参访团	2	"美国在台协会"	2	政治谈判	2
琉球	4	差异	2	民间	2	指导性案例	2
马关条约	4	产业集群	2	民间交流	2	志愿服务	2
美国军事与外交	4	产业技术研究院	2	民意	2	制度变迁	2
美国外交	4	产业结构	2	民主	2	制造业	2
弃台论	4	产业结构转型	2	民主转型	2	制造业集聚	2
青年	4	产业内贸易	2	民族认同	2	治理	2
日本侵略者	4	产业政策	2	闽台经贸	2	治理结构	2
融合发展	4	产业转移	2	模式与路径	2	治理能力	2
社会运动	4	朝鲜战争	2	南海小组	2	智慧财产法院	2
社区治理	4	朝野协商	2	南海主权争端	2	中法关系	2
施琅	4	陈诚	2	南京国民政府	2	中国共产党	2
孙中山	4	陈仪	2	内涵	2	中国经济增长	2
台海局势	4	成效	2	农村金融	2	中国抗日战争史	2
台湾"大选"	4	城市社区	2	农地改革	2	中国抗战	2
台湾人民	4	城镇化	2	女大学生	2	中华民国	2
特征	4	惩罚性赔偿	2	派系	2	中华民族伟大复兴	2
土地征收	4	出口竞争力	2	判断标准	2	中苏关系	2
土地制度	4	创新	2	判例	2	中央日报	2
文化重建	4	创新型人才	2	偏离份额分析法	2	周子瑜	2

关键词	频次	关键词	频次	关键词	频次	关键词	频次
新常态	4	慈济基金会	2	歧视	2	主计	2
新媒体	4	慈善组织	2	企业价值	2	主权归属	2
新南向政策	4	次贷危机	2	侨务工作	2	主任检察官	2
许寿裳	4	大国关系	2	侵略扩张	2	专利	2
亚太再平衡	4	大陆地区	2	青年学生	2	转型	2
早期收获	4	大陆配偶	2	清代台湾	2	转型正义	2
政党轮替	4	大陆学界	2	清末	2	资本市场	2
政党政治	4	大陆游客	2	请求权竞合	2	自贸区	2
政治文化	4	代间关系	2	区际司法协助	2	自下而上	2
制约因素	4	代理理论	2	区位熵分析	2	自由经济区	2
中国国民党	4	党团协商	2	区位选择	2	自由时报	2
中国认同	4	邓小平	2	区域合作	2	走向	2
中间选民	4	低增长	2	区域经济合作	2	祖国统一大业	2
2014 年	3	地方选举	2	区域经济一体化	2	最优货币区	2

附表 2　大陆涉台研究学术论文简况表（2014—2016）

文章题目	文献来源	出版年	出刊期	中图分类号	学科
特朗普的对华政策前瞻	现代国际关系	2016	12	D871.2；D822	政治
利益相关者视域下两岸南海政策比较分析	南洋问题研究	2016	3	D823	政治
20 世纪 50 年代初台湾当局对德"建交"活动始末	德国研究	2016	3	D829.512	政治
日本"亲台派"的蜕变	现代国际关系	2016	9	D822.331.3；D618	政治
两岸海洋事务合作的类型及其 SWOT 分析	太平洋学报	2016	9	D618	政治
中日复交后"台湾问题"的凸显与外交对决	东北亚论坛	2016	5	D822.331.3	政治
美国防部 2016 年《中国军事和安全发展报告》评析	现代国际关系	2016	8	E712；D822.371.2	政治
台湾家庭生活教育专业化的发展路径及其启示	探索	2016	4	D675.8；G78	政治

续表

文章题目	文献来源	出版年	出刊期	中图分类号	学科
日本强化介入南海：战略动机、政策路径与制约因素	太平洋学报	2016	7	D815.3	政治
蔡英文上台后台湾当局南海政策可能动向	太平洋学报	2016	7	D675.8；D823	政治
"亚洲的地中海"：前近代华人东南亚贸易组织研究评述	南洋问题研究	2016	2	D634；F743	政治
台湾网络政治参与的兴起及其对政治生态的影响	理论探索	2016	3	D675.8	政治
澳大利亚华人新移民之比较研究	东南亚研究	2016	2	D634.3	政治
台湾地区政党政治的发展对两岸关系的影响	政治学研究	2016	2	D675.8；D618	政治
台湾民进党的南海政策及其影响	太平洋学报	2016	4	D675.8	政治
再论冷战初期美国对东南亚华人的宣传战（1949—1964）	南洋问题研究	2016	1	D634.3	政治
"促统"还是"纵独"：《两德基础条约》的缔结及其影响	德国研究	2016	1	D751.6；D618	政治
我国台湾地区社区治理的体制、机制探析	行政论坛	2016	2	D669.3	政治
关于中国文明转型的战略思考	外交评论（外交学院学报）	2016	2	D64	政治
两岸海洋合作问题的研究路径及其反思	太平洋学报	2016	2	D618；D823	政治
美国南海政策的起源及演变	美国研究	2016	1	D871.2；D823	政治
基于组织理论的事业单位机构改革研究	行政论坛	2016	1	D630.1	政治
1971年日本的联合国中国政策出台始末	国际论坛	2016	1	D831.3	政治
中美新型大国关系：台湾学者的观点与角度	太平洋学报	2015	11	D822.371.2	政治
台湾地区谋求加入TPP的基本意图及其面临的问题	太平洋学报	2015	11	D675.8	政治
从海权博弈角度看日本对朝贡体制的挑战	日本学刊	2015	6	D829.313	政治

文章题目	文献来源	出版年	出刊期	中图分类号	学科
从整体上把握中国海洋安全——"海上丝绸之路"西太平洋航线的安全保障、关键环节与力量配置	当代亚太	2015	5	D823；F125	政治
维护美国信誉：福特政府亚太政策探析	美国研究	2015	5	D871.2	政治
台湾"反服贸运动"争议焦点辨析	江苏行政学院学报	2015	5	D675.8	政治
概论1987年至2012年两岸关系发展脉络	政治学研究	2015	4	D618	政治
台湾在美国"亚太再平衡"战略中的角色及其影响	美国研究	2015	4	D871.2；D675.8	政治
台湾认同的迷思	国际政治研究	2015	4	D675.8；D618	政治
和平统一模式的理论创新——《"一国两制"台湾模式》读后	国际政治研究	2015	4	D618	政治
2014年台湾"九合一"选举对两岸关系的影响	江苏行政学院学报	2015	4	D675.8	政治
论"政党外交"的起源和发展——基于词源概念的梳理考察	外交评论（外交学院学报）	2015	4	D815	政治
对日本新海洋战略的解读——涉台问题的视角	太平洋学报	2015	6	D831.3	政治
美国对台湾地区的公共外交——以台湾美国资料中心的设立与运作为例	美国研究	2015	3	D871.2；D618	政治
台湾游说集团对美国国会的游说——以台北经济文化代表处和台湾人公共事务协会为例	美国研究	2015	3	D871.2；D618	政治
1979年中国对美政策讨论与中美互动	国际政治研究	2015	3	D822.371.2	政治
与那国岛做军事要塞还是交流特区	东北亚论坛	2015	3	D815	政治
近年越南华人数量的估算与分析	南洋问题研究	2015	1	D634	政治
1949年至今台湾地区南海问题研究文献述略	东南亚研究	2015	1	D823	政治
如何构建中美新型大国军事关系	现代国际关系	2015	3	E25；E712；D822.371.2	政治
两岸南海合作的空间与路径探析	太平洋学报	2015	3	D618	政治

续表

文章题目	文献来源	出版年	出刊期	中图分类号	学科
两岸在东海钓鱼岛问题上合作的现实困境——以"台日渔业协议"及其政治影响为分析重点	太平洋学报	2015	3	D827；D618	政治
论南海主权争端中"五国六方"动议的不可行性	太平洋学报	2015	3	D815.3	政治
理解南海争端：来自非声索国专家的观点	东南亚研究	2014	6	D815.3	政治
2014 年国际战略形势评析：怎一个"乱"字了得？	现代国际关系	2014	12	D81	政治
奥巴马第二任期美国对台政策的调整及影响	美国研究	2014	6	D871.2；D618	政治
涉台外交领域的若干前沿问题与思考	国际政治研究	2014	6	D618；D822	政治
国际关系研究在台湾——张登及副教授访谈	国际政治研究	2014	6	D81	政治
中国开展南太平洋岛国公共外交的动因及现状评析	太平洋学报	2014	11	D822.3	政治
东亚变局与两岸关系走向	国际问题研究	2014	6	D618；D831	政治
中美解冻关系时对日本问题的考量与角力	美国研究	2014	5	D822.371.2	政治
中美关系解冻前夕台湾对美宣传与游说研究	国际政治研究	2014	5	D822.371.2	政治
拳拳爱国心，铮铮法理言——评丘宏达《钓鱼台列屿主权争执问题及其解决方法研究》	太平洋学报	2014	9	D823	政治
当代美国粤籍传统侨团的延续与变迁	东南亚研究	2014	4	D634	政治
钓鱼岛争端初起时的台美交涉	美国研究	2014	4	D823；D829	政治
作为新命题的"一国两制"台湾模式	国际政治研究	2014	4	D618	政治
日本对华关系正常化决策过程再探讨	日本学刊	2014	4	D822.331.3	政治
中美合作构建跨太平洋伙伴关系前景分析	国际观察	2014	4	D822.371.2	政治
论后冷战时代美国对中国海权发展的制约	东北亚论坛	2014	4	D823	政治

文章题目	文献来源	出版年	出刊期	中图分类号	学科
中国特色的"融合性统一模式"——以"台湾居民参与国家管理"为视角切入	北京行政学院学报	2014	3	D618	政治
《开罗宣言》对台湾及钓鱼岛归还中国的认定	太平洋学报	2014	4	D815；K152	政治
基于国家结构形式理论的"台湾模式"	理论探讨	2014	2	D621	政治
论廉政民意评价指标体系的建构——基于台湾地区个案的特色分析与启示	理论与改革	2014	2	D262.6	政治
日本国会议员访台活动趋势、意图及影响	国际论坛	2014	1	D831.3；D827；D822.331.3	政治
以"一国两制"的台湾模式规范两岸在统一前的政治关系	江苏行政学院学报	2014	1	D618	政治
21 世纪气候变化与中国国家安全	太平洋学报	2016	12	P467；E815；D822	政治
试论蔡英文与民进党的两岸政策	思想理论教育导刊	2016	12	D675.8；D618	政治
台湾民主是"真民主"吗？——基于民主理论与经验指标的解释	理论视野	2016	8	D675.8	政治
新中国成立以来孙中山诞辰"逢十"纪念活动研究	马克思主义研究	2016	5	D693.0	政治
美共领导人福斯特与中共的关系论析	中共党史研究	2016	4	D822.371.2	政治
2015 年两岸关系回顾及 2016 年台湾"大选"特点分析	思想理论教育导刊	2016	3	D618	政治
坦诚、互谅、和解：两岸之间的伦理政治学	教学与研究	2016	3	D0	政治
一九七七年万斯访华期间的台湾议题——基于美方解密档案的解读	中共党史研究	2016	3	D675.8	政治
"太阳花"学运中的美国因素	思想理论教育导刊	2016	1	D675.8；D871.2	政治
中法建交与台法交涉——基于台湾档案的考察	中共党史研究	2016	1	D822.356.5；D675.8	政治
国民党为什么会惨败	理论视野	2016	1	D675.8	政治
"习马会"是两岸关系发展的里程碑	思想理论教育导刊	2015	11	D618	政治

续表

文章题目	文献来源	出版年	出刊期	中图分类号	学科
促进海峡文化交流 深化两岸学术研究	理论视野	2015	11	D618	政治
对台湾社会两岸认同异化问题的思考	理论视野	2015	11	D618	政治
纪念台湾光复70周年 共迎中华民族伟大复兴	求是	2015	21	D618	政治
2011~2013年台湾硕博论文关于两岸关系研究综述	党史研究与教学	2015	5	D618	政治
台湾同胞抗日历史的启示与思考	红旗文稿	2015	19	D618	政治
东亚资本主义宏观结构多样性的变化	国外理论动态	2015	9	D033.3	政治
新时期中国国民党大陆政策的特征分析	社会主义研究	2015	4	D618	政治
台湾"九合一"选举和2014年两岸关系回顾与展望	思想理论教育导刊	2015	1	D675.8；D618	政治
试论中巴建交及建交初期的两国关系	党史研究与教学	2014	6	D829.353	政治
日据时期台湾共产党对台湾文化协会的影响	当代世界社会主义问题	2014	4	D235	政治
努力推动两岸关系和平发展成为不可阻挡的历史潮流——学习习近平总书记关于对台工作的重要论述	求是	2014	18	D618	政治
周恩来与长崎国旗事件后的对日外交	中共党史研究	2014	9	D829.313；K27	政治
上世纪40至60年代菲律宾共产主义运动与华人社会变迁	当代世界社会主义问题	2014	2	D734.1；D634.3	政治
近代日本对中国的侵略及其战争罪责	求是	2014	8	D647；K265.6	政治
新世纪以来两岸关系的回顾与思考	思想理论教育导刊	2014	3	D618	政治
拉丁美洲与中国：一种新的依附关系？	国外理论动态	2014	2	D822；D873；F752.7；F757.3	政治
蒋介石父子招抚"台独大统领"廖文毅始末	近代史研究	2016	2	D675.8	政治
台湾当局钓鱼岛主权论述的形成	近代史研究	2016	2	D823	政治
冷战语境下的新"华夷之辨"——美国对华宣传与两岸政权形象的塑造	史学月刊	2016	2	D871.2；D618	政治
1970年中美大使级会谈关于台湾问题的交涉	当代中国史研究	2016	4	D829.712；D618	政治

文章题目	文献来源	出版年	出刊期	中图分类号	学科
两岸关系和平发展理论的历史贡献	当代中国史研究	2016	2	D618	政治
20 世纪 50 年代美国对中国的隐蔽行动	当代中国史研究	2015	4	D871.2	政治
中国梦理念对中国特色国家统一理论的贡献	当代中国史研究	2015	1	D61	政治
美国台海巡防政策调整与中美关系解冻	当代中国史研究	2015	1	D829.712	政治
新中国成立初期推进统一进程中的金门	当代中国史研究	2014	5	D618	政治
20 世纪 70 年代台湾当局对西沙、南沙群岛主权维护的应对	当代中国史研究	2014	2	D675.8	政治
论里根政府时期的中美战略关系	当代中国史研究	2014	2	D822.371.2	政治
民国时期意大利与中国关系的档案史料——以《陈公博访意报告书》（1938 年）为例	安徽史学	2015	1	D829；K258	政治
论台湾当局与美国关于钓鱼岛问题的交涉（1970—1971）	中国边疆史地研究	2015	1	D823	政治
马来西亚华裔新生代对中国的认知——基于田野调查的分析	华侨华人历史研究	2015		D634	政治
美日返还琉球群岛和大东群岛施政权谈判中的钓鱼岛问题	世界历史	2014	5	D815.3；K153	政治
论《两岸环境保护合作协议》的订立	政法论丛	2015	2	D618	政治
控制下交付与诱惑侦查的边界及其勘定	法学评论	2016	6	D918；D997.9	政治
平等原则检视下的大陆居民在台湾地区权利保障问题——以台湾地区"司法院""大法官解释"为对象	法学评论	2015	3	D675.8	政治
钓鱼岛主权归属与《马关条约》的演进解释问题	法学评论	2015	1	D823；D993.8	政治
论两岸协议的接受	法学评论	2014	4	D618	政治
台湾社区营造的经验及启示	城市发展研究	2016	1	TU984.12；D669.3	政治

续表

文章题目	文献来源	出版年	出刊期	中图分类号	学科
马英九当局的"陆资入台"政策：效果、成因与趋势	亚太经济	2014	1	D675.8	政治
南海争端中的台湾因素述评——兼论两岸南海合作的现状与出路	世界经济与政治论坛	2016	3	D815.3	政治
政党轮替以来台日政经关系的量化分析	世界经济与政治论坛	2016	3	D675.8；F752.8	政治
理想主义与现实主义的交汇——试析美国涉台思维的基本走势	世界经济与政治论坛	2015	3	D822.371.2	政治
台湾青年学生网络政治参与行为分析——以反服贸运动为例	世界经济与政治论坛	2016	5	D675.8	政治
试析两岸文化交流的二重性区隔结构	世界经济与政治论坛	2016	5	D618	政治
中国政治精英的权力结构与经济分权的可持续性	经济学（季刊）	2016	1	D621；F129	政治
政治精英的权力结构与经济自由化改革——台湾的历史经验及其与中国大陆的比较	世界经济文汇	2015	1	D675.8；F127	政治
法国与中日甲午战争（英文）	Social Sciences in China	2015	4	D819；K256.3	政治
贫富差距扩大的政治效应——全球金融危机以来东亚选举政治变迁研究	中国社会科学	2014	11	D73	政治
亚洲政治发展比较研究的理论性发现	中国社会科学	2014	2	D73	政治
"解严"以来台湾非政府组织的建设与发展	江海学刊	2014	1	D675.8	政治
蒋介石政权保钓策略评析	江海学刊	2015	1	D693	政治
台湾青年学生非理性网络政治参与的影响分析——以反服贸运动为中心	江海学刊	2015	6	D621.5；D618	政治
国民政府管辖南沙群岛探析	江海学刊	2016	5	D829	政治
台湾地区残疾人福利文化发展及启示	江苏社会科学	2014	5	D669.69；D632.1；D675.8	政治
社会养老服务体制：内涵、模式与发展——基于江苏三县（市）的调查	江苏社会科学	2015	6	D669.6	政治

续表

文章题目	文献来源	出版年	出刊期	中图分类号	学科
从秋海棠叶到雄鸡：现代中国地图的象征化与国家认同构建的嬗变	江苏社会科学	2016	6	D61	政治
美国涉台政策的变化趋势	浙江社会科学	2015	11	D871.2；D618	政治
台湾审议民主理论与实践的进展	浙江社会科学	2015	12	D675.8	政治
人物镜像与意义建构：关于沈光文研究的思考	浙江社会科学	2016	5	D618	政治
社会组织发展的新形态——台湾社会企业的发展与启示	学术研究	2015	9	D675.8；D632.9	政治
治理转型遵循线性逻辑吗？——台湾地区城市社区治理转型的考察	南京社会科学	2015	9	D675.8	政治
社会精英如何推动农村社区治理？——来自台湾桃米社区的经验	南京社会科学	2016	5	D422.6	政治
政党政治抑或大党政治？——台湾"立委"选举制度分析	学海	2014	2	D675.8	政治
海峡两岸共同抵御外敌的历史传统和当下意义	广东社会科学	2015	2	D618；G122	政治
从帝吧出征看国族主义与民粹主义的合流	探索与争鸣	2016	4	D092	政治
民主语境下的台湾民粹主义现象	探索与争鸣	2016	4	D092	政治
优抚抗战老兵刻不容缓	探索与争鸣	2015	7	D632.3	政治
台湾民众认同问题的历史与现实——以大陆台商社会认同的实证研究为例	东南学术	2014	1	D675.8	政治
平潭综合实验区治理机制创新的思考	东南学术	2014	2	D630	政治
两岸警务合作的沿革与发展	东南学术	2014	4	D631	政治
福建创新社会治理的实践与启示	东南学术	2015	4	D630	政治
若干与日本殖民台湾有关论调的剖析——兼议建立两岸和平发展和实现中国统一的思想基础	东南学术	2015	5	D618	政治
政党轮替后台湾民众"国家认同"的变化及原因分析——政治社会化视域下的解读	东南学术	2015	6	D675.8	政治
两岸女大学生家庭生育观念及影响因素	河北学刊	2016	5	D669.1	政治

续表

文章题目	文献来源	出版年	出刊期	中图分类号	学科
台胞在大陆就医问题的解决途径探讨——基于两岸医疗保险制度衔接视角	学术论坛	2014	6	D632.1	政治
加强两岸南海合作的若干思考	学术论坛	2015	9	D823；D618	政治
中国共产党和平解决台湾问题的构想与实践	学术交流	2016	7	D618	政治
佐藤执政时期中日交恶中的美国因素探析	学术交流	2014	9	D829	政治
公私协力模式下的劳动就业促进政策研究——以台湾地区残疾人事业发展为例	湖北社会科学	2014	4	D675.8	政治
近代以来台湾的留日教育	北京社会科学	2015	10	G648.9；K25	政治
孙中山民族主义思想对两岸关系的影响	甘肃社会科学	2015	6	D693.0；D618	政治
1949年以来国内对日据时期台湾政治与涉外关系史的研究	兰州学刊	2015	6	D675.8；K25	政治
当代台湾政党史与政治史研究概况	兰州学刊	2015	7	D675.8	政治
迈向整体性廉政体系：台湾地区腐败治理的考察	河南社会科学	2014	6	D675.8	政治
论中华民族伟大复兴的基本标志	云南社会科学	2015	4	D61	政治
论两岸协议在大陆地区的适用——以立法适用为主要研究对象	学习与实践	2014	5	D618	政治
"乡村复兴"丰富国家治理制度选择	学习与实践	2016	11	D669.3	政治
简论日本介入南海问题的动因、措施与趋势	江汉论坛	2016	4	D831.3；D823	政治
台湾民众政治认同的代际差异分析	江淮论坛	2016	2	D675.8	政治
近代以来台湾同胞的中华民族情感	贵州社会科学	2014	1	D618	政治
台湾新世代本土诗人的历史记忆论	贵州社会科学	2016	5	D675.8	政治
新区域主义视角下福建自贸区深化两岸金融合作研究	福建论坛（人文社会科学版）	2016	12	F832.7；F752.8	政治
加速中华新经济体建设，强化民族复兴国家战略——关于推进祖国统一的多维思考	华中科技大学学报（社会科学版）	2016	3	D61	政治

文章题目	文献来源	出版年	出刊期	中图分类号	学科
战后国民政府对南沙群岛主权的再认识与维护	厦门大学学报（哲学社会科学版）	2014	2	D693；K262.9	政治
两岸不对称安全认知及对双方安全关系的影响	厦门大学学报（哲学社会科学版）	2014	5	D618	政治
两岸政治互信中的传媒角色、功能及前景	厦门大学学报（哲学社会科学版）	2014	5	D618	政治
论台湾民众两岸"共同体感"的建构	厦门大学学报（哲学社会科学版）	2014	6	D675.8	政治
当前海峡两岸围绕"九二共识"的博弈分析	厦门大学学报（哲学社会科学版）	2016	6	D618	政治
两岸青年学生对社会文化集群认知研究	厦门大学学报（哲学社会科学版）	2015	2	D432.6	政治
政策移植视角下的残疾人就业促进政策研究——以台湾地区的日本特例子公司制度为例	厦门大学学报（哲学社会科学版）	2016	2	D669.69	政治
"一个中国"原则的法治思维析论	武汉大学学报（哲学社会科学版）	2016	2	D618；D920.0	政治
海峡两岸女大学生幸福感调查及比较	武汉大学学报（哲学社会科学版）	2014	1	D618；C913.68	政治
台湾当局针对大陆籍配偶入台的面谈制度研究	上海交通大学学报（哲学社会科学版）	2016	2	D675.8；D618	政治
台湾选民议题取向的空间模型分析	上海交通大学学报（哲学社会科学版）	2016	5	D675.8	政治
"一致政府"下的否决者：台湾地区立法机构审议两岸服务贸易协议探析	上海交通大学学报（哲学社会科学版）	2015	3	D675.8；D927	政治
台湾地区"马王政争"的制度根源	上海交通大学学报（哲学社会科学版）	2015	5	D675.8	政治
台湾地区社区建设政策的制度变迁	南京师大学报（社会科学版）	2015	1	D675.8；D669.3	政治
联合劝募：慈善组织管理与运行的新机制研究	南京师大学报（社会科学版）	2015	6	D632.9	政治

续表

文章题目	文献来源	出版年	出刊期	中图分类号	学科
权宜之计：康熙五十一年朱熹升配孔庙十哲之次的政治史发覆——兼论钱穆、葛兆光先生有关康熙时代思想专制的诠释	华东师范大学学报（哲学社会科学版）	2015	1	D092	政治
论日据时期中共与台共之关系	重庆大学学报（社会科学版）	2014	5	D231	政治
冷战后欧盟对台政策内涵及其前景分析	西北大学学报（哲学社会科学版）	2016	3	D814.1；D827	政治
耦合视域下政府公共服务的评估体系与质素模型——香港、澳门、台湾多案例的扎根理论分析	暨南学报（哲学社会科学版）	2016	5	D630	政治
国民党党营企业在大陆的衰败与落幕	暨南学报（哲学社会科学版）	2015	3	D665.1；F279.29；K26	政治
早期西方文献中的钓鱼岛	暨南学报（哲学社会科学版）	2015	3	D675.8	政治
和平发展阶段争取台湾民心工作刍议	东南大学学报（哲学社会科学版）	2014	S1	D675.8	政治
论《海峡两岸投资保护和促进协议》实施中的个性问题	东南大学学报（哲学社会科学版）	2014	6	D618；D922.29；F832.48	政治
亚太领土争端中的美国政策	求是学刊	2014	6	D815	政治
中国共产党以三民主义促成抗日民族统一战线的原因探析	东北师大学报（哲学社会科学版）	2014	5	D231	政治
台湾参与国际组织对海峡两岸关系的影响及对策思考	东北师大学报（哲学社会科学版）	2014	5	D618	政治
统一国语与建构国族：台湾光复初期山地国语运动的思考脉络	西北师大学报（社会科学版）	2014	3	D693.72	政治
他山之石：国外和台湾地区日常生活史研究的启示	安徽大学学报（哲学社会科学版）	2015	1	C913.3；D675.8	政治
政府福利责任的边界：基于华人社区公众福利态度的比较研究	南通大学学报（社会科学版）	2015	5	D632.1	政治
组织体与文明体维度下两岸关系的展望	云南师范大学学报（哲学社会科学版）	2016	3	D618；D822	政治

文章题目	文献来源	出版年	出刊期	中图分类号	学科
台湾与钓鱼岛问题刍议	湖北大学学报（哲学社会科学版）	2015	2	D675.8	政治
域外财产申报制度的确立与启示	北京联合大学学报（人文社会科学版）	2015	2	D523.4	政治
台湾青少年的政治认同问题研究	北京联合大学学报（人文社会科学版）	2015	3	D675.8；D669.5	政治
"台湾主体性"的本质和影响分析	北京联合大学学报（人文社会科学版）	2014	3	D675.8	政治
论共同体在现代国家统一中的建构意义——兼论海外智库与学者的国家统一观	北京联合大学学报（人文社会科学版）	2014	3	D618	政治
台湾民众国家认同变迁中的新闻传播因素分析	北京联合大学学报（人文社会科学版）	2014	4	D675.8	政治
功能和社会意义视野下的两岸文化交流	北京联合大学学报（人文社会科学版）	2014	4	D618	政治
简论两岸经济关系与政治关系互动的路径与模式	北京联合大学学报（人文社会科学版）	2014	4	D618	政治
跨部门协力视角下台湾地区食物银行运作模式分析与启示	北京联合大学学报（人文社会科学版）	2016	4	C912.2；D675.8	政治
试论台湾社会的政治话语重构及影响	北京联合大学学报（人文社会科学版）	2016	4	D675.8	政治
澳大利亚对台政策论析（1950—1955）	武汉大学学报（人文科学版）	2015	2	D822.361.1	政治
海峡两岸反洗钱司法互助研究	中南大学学报（社会科学版）	2014	1	D618；D922.281	政治
从"华尔街"、香港"中环"到台湾"立法院"的青年占领运动——兼论青年大学生政治精神家园的诉求与批判	中南大学学报（社会科学版）	2015		D675.8	政治
从推动到放弃——尼克松第二任期内对中美关系正常化政策的调整	同济大学学报（社会科学版）	2014	2	D829	政治
论基层治理的组织互动与有效模式——以台湾地区村里组织和社区发展协会的"竞合式治理"为参照	河南大学学报（社会科学版）	2015	1	D669.3	政治

文章题目	文献来源	出版年	出刊期	中图分类号	学科
台湾地区馆藏档案在南海问题研究中的应用探析	河海大学学报（哲学社会科学版）	2015	1	D823；G273.5	政治
1969年中美关系解冻研究——基于美国解密档案的考察	华中师范大学学报（人文社会科学版）	2016	2	D822.371.2	政治
英国与国民政府的战后处置计划兼及台湾问题（1941—1943）——以英方外交决策和报告为中心	中山大学学报（社会科学版）	2016	3	D829.561	政治
冷战后俄罗斯与台湾关系的演变：背景、政策与影响因素	吉林大学社会科学学报	2015	5	D675.8；D851.2	政治
台湾的"国际空间"问题与中国大陆的政策导向——以"冈比亚模式"为例	北京大学学报（哲学社会科学版）	2016	6	D618	政治
新形势下如何处理涉台外交问题探讨	北京大学学报（哲学社会科学版）	2016	6	D618	政治
从大国博弈看台湾问题	北京大学学报（哲学社会科学版）	2015	6	D618	政治
台湾定位问题：重要性及解决思路	北京大学学报（哲学社会科学版）	2014	1	D618	政治
"两岸统合"：和平发展时期政治安排的可行之路	北京大学学报（哲学社会科学版）	2014	1	D618	政治
论两岸和平发展中的"宪法共识"	福建师范大学学报（哲学社会科学版）	2015	4	D618	政治
论"法治型"两岸关系的构建	福建师范大学学报（哲学社会科学版）	2015	6	D618	政治
以"互动"为中心的社会运动演化分析——对中国台湾的个案观察	公共管理学报	2016	4	D675.8	政治
台湾地区社区营造的历史经验、未竟问题及启示——兼论我国城市社区建设的发展路径	中国行政管理	2016	10	D669.3	政治
台湾学界如何研究城市社区治理？	中国行政管理	2015	8	D669.3	政治
文化与制度因素对政府质量感知的影响研究——基于中国大陆与中国台湾地区的比较	公共管理学报	2015	3	D630；D675.8	政治

续表

文章题目	文献来源	出版年	出刊期	中图分类号	学科
台湾城市社区的治理结构及其"去代理化"逻辑——一个来自台北市的调查	公共管理学报	2015	1	D669.3	政治
南台湾公共事务管理教育的分析方法与参考架构	中国行政管理	2015	1	D035－4；G642	政治
美国劳动所得退税补贴政策及其缓贫效果研究	中国行政管理	2014	4	D771.2	政治
两岸公共行政学博士学位论文的质量评估及比较	中国行政管理	2016	12	G643.8；D035－4	政治
台湾志愿服务的实践与启示：志愿失灵的视角	中国行政管理	2016	12	D632.9	政治
家庭结构的持续与变迁——海峡两岸老年人居住安排的比较	社会学研究	2014	3	D669.6	政治
台湾地区家庭代间关系的持续与改变——资源与规范的交互作用	社会学研究	2014	3	D675.8	政治
台湾大学生对大陆的社会接触及社会距离感知研究	青年研究	2016	4	G645.5；D618	政治
"减压阀"到"朋友圈"：台湾青少年毒品防治的发展与经验	中国青年研究	2016	7	D669.5	政治
"太阳花学运"以来港台的民粹青年运动：特点与对策	中国青年研究	2016	6	D675.8	政治
台湾"青年反叛"现象与青年社会运动演化机制研究	中国青年研究	2016	6	D675.8	政治
从"中间路线"看台湾青年的国家认同	中国青年研究	2016	3	D675.8；D669.5；D618	政治
台湾青年的国家认同现状及影响分析——兼论青年学生"反课纲"的政治效应与评估	中国青年研究	2016	2	D669.5；D618	政治
港台青年国家认同的三维分析	中国青年研究	2016	2	D432.62	政治
从"九合一"选举看台湾青年的政治参与	中国青年研究	2015	10	D675.8	政治

续表

文章题目	文献来源	出版年	出刊期	中图分类号	学科
港台青年中国认同缺失问题之比较分析	中国青年研究	2015	7	D432.62；D675.8；D676.58	政治
从台湾"反服贸学运"看网络的社会动员	中国青年研究	2014	12	D675.8	政治
台湾国、民两党青年选战方略的评析和启示	中国青年研究	2014	1	D675.8	政治
社区营造视野下的乡村文化自觉——以一个苗族社区为例	中南民族大学学报（人文社会科学版）	2015	5	D675.8	政治
多源流视角下民族政策变迁理论分析框架研究——以台湾地区"原住民族"政策变迁为例	中央民族大学学报（哲学社会科学版）	2016	3	D633	政治
论巴西华侨华人反"独"促统活动的特点、作用及相关建议	世界民族	2016	1	D634.3；D777.7	政治
一部值得学界共赏的民族主义研究力作——《民族主义：理论、类型与学者》介析	世界民族	2015	3	D091.5－5	政治
台湾当代乐活风潮下的食材旅行：一个案例的分析	青海民族研究	2015	4	D675.8	政治
在美知识移民叠合身份认同的场景呈现及语义表达——以哥伦比亚地区华人知识移民为例	新闻与传播研究	2016	7	D634.3；G206	政治
历史路口的守望者：记者素养与家国情怀——萧乾对战后台湾社会的思考与缘由探析	新闻与传播研究	2014	11	D675.8；G214.2	政治
政治传播具有中国特色的统合之路	新闻大学	2014	4	D618；G206	政治
海峡两岸新闻交流政策的困境与出路展望	现代传播（中国传媒大学学报）	2014	3	D618	政治
论涉台用语的编辑问题	中国出版	2016	12	D618	政治
台湾舆论场的政党角力	台湾研究	2016	5	D675.8	政治
台湾政党再轮替后两岸经济关系走向探析	台湾研究	2016	5	D618	政治
蔡英文的经贸政策与台湾经济前景	台湾研究	2016	5	D675.8	政治

文章题目	文献来源	出版年	出刊期	中图分类号	学科
马英九与蔡英文执政时期两岸经济关系比较	台湾研究	2016	5	D618；F127	政治
从"习马会"来看2005年以来的两岸高层领导人会晤——一种交往实践的分析模式	台湾研究	2016	5	D618	政治
新媒体对台湾民意形成的影响及对策研究	台湾研究	2016	5	D618	政治
台湾当局东海南海政策：同质性与异质性的比较分析	台湾研究	2016	5	D823；D618	政治
试析中国传统政治文化对台湾政治的影响	台湾研究	2016	4	D0；D675.8	政治
对蔡英文"5·20讲演"之诠释与未来两岸关系之分析	台湾研究	2016	4	D675.8；D618	政治
2008年以来蔡英文两岸政策主张变化分析	台湾研究	2016	4	D675.8；D618	政治
民进党两岸政策的制度变迁分析	台湾研究	2016	4	D675.8；D618	政治
台湾舆论研究的存在和发展	台湾研究	2016	4	D675.8	政治
论统"独"冲突对台湾地区民主政治的影响	台湾研究	2016	4	D675.8；D618	政治
台湾文化认同的潜在危机探析	台湾研究	2016	3	G127；D618	政治
坚持"和平统一、一国两制"战略决策的策论佳作——重读李义虎等著《"一国两制"台湾模式》	台湾研究	2016	3	D618	政治
"两岸间"：一种特殊交往形态下的两岸共同决策模式	台湾研究	2016	3	D618	政治
澄清台湾民众认同研究中的三个问题	台湾研究	2016	3	D618	政治
2016年台湾大选分析	台湾研究	2016	3	D675.8	政治
两岸民间网络政治交流的内在机制与困境治理	台湾研究	2016	3	D618	政治
台湾青年世代认同问题初探——基于国家认同的社会分化及其演变	台湾研究	2016	3	D669.5；D618	政治

续表

文章题目	文献来源	出版年	出刊期	中图分类号	学科
民进党重返执政与两岸关系发展前景分析	台湾研究	2016	2	D675.8；D618	政治
惠台政策对台湾农渔业选民的影响研究：利益、认同与投票行为	台湾研究	2016	2	D618	政治
"向南移向下沉"战略的实证研究——聚焦学甲虱目鱼契作	台湾研究	2016	2	D618	政治
习近平"巩固和深化两岸关系和平发展"新论初探	台湾研究	2016	2	D618	政治
新时期民进党大陆政策调整：动力、阻力与特征分析	台湾研究	2016	2	D675.8；D618	政治
"大陆经历"对台湾青年的影响——基于实证研究的分析	台湾研究	2016	2	D618；D669.5	政治
2016年台湾"大选"与两岸关系	台湾研究	2016	1	D675.8；D618	政治
蔡英文上台后的两岸关系走向	台湾研究	2016	1	D675.8；D618	政治
2016"大选"后台湾往何处去？	台湾研究	2016	1	D675.8；D618	政治
台湾改变必须学会倾听世界的声音	台湾研究	2016	1	D675.8；D618	政治
2016年台湾"大选"之结构面分析	台湾研究	2016	1	D675.8	政治
2016选举透露出台湾政治新趋势	台湾研究	2016	1	D675.8	政治
2016年台湾"总统""立委"选举结果评析	台湾研究	2016	1	D675.8；D618	政治
台湾的政治周期与民进党执政的挑战	台湾研究	2016	1	D675.8	政治
两岸关系和平发展理论：形成、贡献与局限	台湾研究	2016	1	D618	政治
"一国两制"在台湾的污名化：剖析与澄清	台湾研究	2016	1	D618；D675.8	政治
建设两岸命运共同体前瞻性评估	台湾研究	2016	1	D618	政治
重建台湾青年中国认同的多棱视角与策略路径	台湾研究	2016	1	D675.8；D669.5	政治
美国"亚太再平衡"战略下的台美关系新态势	台湾研究	2016	1	D871.2；D618	政治
台湾政党政治的演变：趋同还是趋异？	台湾研究	2015	6	D675.8	政治

文章题目	文献来源	出版年	出刊期	中图分类号	学科
蔡英文"新南向政策"评析	台湾研究	2015	6	D675.8；D618	政治
一个中国国际框架的功能与作用	台湾研究	2015	6	D618；D820	政治
论"国家－政府"分析框架下的两岸政治关系定位	台湾研究	2015	6	D618	政治
两岸化：台湾社会发展趋势探析	台湾研究	2015	6	D675.8；D618	政治
当前两岸社会交往中存在问题、根源及解决之道	台湾研究	2015	6	D618	政治
台湾地区政治型智库的发展及其趋势研究	台湾研究	2015	5	D675.8	政治
台湾地区社区发展的特征、问题及其启示	台湾研究	2015	5	D669.3	政治
制度、规范与网络：社会资本对两岸信任的建构效应	台湾研究	2015	5	D618	政治
社会资本建构两岸认同	台湾研究	2015	5	D618	政治
关于"反服贸运动"对两岸关系影响的思考	台湾研究	2015	5	D618	政治
浅析民进党社会基础的变迁与新特点	台湾研究	2015	5	D675.8	政治
民进党两岸政策转型动力机制探讨：困境与发展	台湾研究	2015	5	D618	政治
两岸政治"关系"解析——兼析蔡英文"维持现状"说	台湾研究	2015	5	D618	政治
台湾历史课纲所牵涉的认同问题及其发展	台湾研究	2015	4	D675.8	政治
台湾青年文化认同的建构与困境——基于学校教育的视角	台湾研究	2015	4	D618	政治
两岸和平协议问题之演变与趋势	台湾研究	2015	4	D618	政治
授权体制与分权形态："一国两制"台湾模式的基本矛盾与若干问题再探讨	台湾研究	2015	4	D618	政治
联大第2758号决议的解释与适用问题研究	台湾研究	2015	4	D675.8	政治

续表

文章题目	文献来源	出版年	出刊期	中图分类号	学科
台湾参与国际组织活动的现状及模式评析	台湾研究	2015	4	D618	政治
台湾民粹主义媒体建构分析	台湾研究	2015	4	G206；D675.8	政治
韩国学界对台湾研究的现状与趋势——基于1975—2014年韩国《中苏研究》台湾研究的统计分析	台湾研究	2015	4	D822.3	政治
台湾人对大陆负面态度的非理性因素探索——基于社会心理学的研究	台湾研究	2015	3	D618	政治
台湾新世代社会运动中的"认同政治"与"阶级政治"	台湾研究	2015	3	D675.8	政治
从民意调查预测台湾选举	台湾研究	2015	3	D675.8	政治
台生政治偏好和投票倾向调研报告——以中部某地区高校台生群体为样本	台湾研究	2015	3	D675.8	政治
"统独之争"与台湾地区"两岸人民关系条例"的制定	台湾研究	2015	3	D618	政治
近20年台湾"总统"选举中的美国因素分析	台湾研究	2015	3	D675.8	政治
浅析美国对于台湾加入TPP的政策走向及其影响	台湾研究	2015	3	D675.8；D871.2	政治
两岸合作解决南海问题的性质、限度与方式	台湾研究	2015	2	D618	政治
"网军""名嘴"与台湾选举	台湾研究	2015	2	D675.8	政治
台湾移动新媒体发展现状及其政治影响评析	台湾研究	2015	2	G206；D675.8	政治
台湾青年世代政治参与的动向与影响	台湾研究	2015	2	D675.8	政治
近年来台湾青年参与社会运动深层原因探析	台湾研究	2015	2	D675.8	政治
两岸关系发展二十年之省思	台湾研究	2015	2	D618	政治
两岸社会关系和平发展：理论架构与实现路径	台湾研究	2015	2	D618	政治

文章题目	文献来源	出版年	出刊期	中图分类号	学科
"两岸一家亲"理念下的"将心比心"思维浅析	台湾研究	2015	1	D618	政治
新功能主义的"外溢效应"在两岸关系中之检视	台湾研究	2015	1	D618	政治
笔谈：对台湾"九合一"选举结果和影响的深层透视	台湾研究	2015	1	D675.8；D618	政治
"九合一"选举对两岸关系长期发展深层次影响的思考	台湾研究	2015	1	D618	政治
"九合一"选举牵动台湾政局与两岸关系嬗变	台湾研究	2015	1	D675.8	政治
台湾地方选举对两岸关系之影响透析	台湾研究	2015	1	D675.8	政治
"九合一"选后台湾政党政治发展的未来趋势	台湾研究	2015	1	D675.8	政治
从"九合一"选举看岛内政经社会发展的新态势	台湾研究	2015	1	D675.8	政治
从"九合一"选举看台湾社会变迁与青年政治参与变化	台湾研究	2015	1	D675.8	政治
"九合一"选举对民进党发展的深层影响	台湾研究	2015	1	D675.8	政治
台湾变局与中美新型大国关系	台湾研究	2015	1	D618；D822.371.2	政治
台湾"九合一"选举结果及其对岛内政党政治的影响	台湾研究	2015	1	D675.8	政治
民进党"台独"路线转型的轨迹与规律之探讨——兼论蔡英文两岸政策的变与不变	台湾研究	2015	1	D675.8	政治
两岸和平发展进程中民共关系问题初探	台湾研究	2015	1	D618	政治
两岸关系制度化如何处理"台湾当局政治地位"问题	台湾研究	2014	6	D618	政治
两岸关系制度化：从理性选择到社会建构	台湾研究	2014	6	D618	政治

文章题目	文献来源	出版年	出刊期	中图分类号	学科
谢长廷以"宪法"为主轴的两岸政治关系论述评析	台湾研究	2014	6	D618	政治
国民党与民进党实力对比的另类视角——基于政党软实力角度的分析	台湾研究	2014	6	D675.8	政治
论"台独"话语权对岛内政治生态的影响	台湾研究	2014	6	D618	政治
台湾地区两岸协议监督机制法制化评析	台湾研究	2014	6	D618	政治
两岸城市社区治理模式比较与启示	台湾研究	2014	6	D669.3	政治
试论台湾学运的历史沿革与演变特点	台湾研究	2014	6	D675.8	政治
从"太阳花学运"看台湾民主	台湾研究	2014	6	D675.8	政治
两岸区域发展——从大陆台商融资困境看台湾银行业的契机	台湾研究	2014	6	F832.7	政治
台湾的大学生对《两岸服务贸易协议》的看法	台湾研究	2014	5	D675.8	政治
两岸大交流背景下台湾青年的"国家认同"研究	台湾研究	2014	5	D618	政治
从历史面对现实：解读两岸政治关系"合情合理安排"	台湾研究	2014	5	D618	政治
试论台湾社会分歧嬗变对政党政治的影响	台湾研究	2014	5	D675.8	政治
2008年以来民进党大陆政策发展演变及特点研究	台湾研究	2014	4	D675.8	政治
2008年以来民进党转型刍议——基于领导者和结构的视角	台湾研究	2014	4	D675.8	政治
谢长廷的两岸政治关系论述及其比较分析	台湾研究	2014	4	D618	政治
台湾地方基层行政管理体制变迁及影响分析	台湾研究	2014	4	D675.8	政治
从政治营销的视角看台湾民主：以民进党的实力消长为例	台湾研究	2014	4	D675.8	政治
解读新闻性电视谈话节目与台湾选举	台湾研究	2014	4	D675.8	政治

续表

文章题目	文献来源	出版年	出刊期	中图分类号	学科
台籍日本兵问题之史料挖掘与文化省思研究	台湾研究	2014	4	D675.8	政治
和平发展时期"两岸政治关系"理论内涵与实践路径探讨	台湾研究	2014	3	D618	政治
试析两岸关系中的"治权"概念	台湾研究	2014	3	D618	政治
军事对抗与两岸军事安全互信机制未来前景	台湾研究	2014	3	D618	政治
从国民党"结构崩解"检视南台湾县市政府的两岸交流政策	台湾研究	2014	3	D618	政治
两岸协议的规范建构	台湾研究	2014	3	D618	政治
2008 年以来民进党修补与美国互信关系的效果及前景分析	台湾研究	2014	3	D675.8	政治
美国对台湾"政治安排"的政策及影响	台湾研究	2014	3	D618；D871.2	政治
台湾贫富分化的实像与虚像	台湾研究	2014	3	D675.8	政治
亚太新格局及其对两岸关系的影响之研究	台湾研究	2014	2	D618；D81	政治
关于"两岸文化交流协议"的若干问题分析	台湾研究	2014	1	D618；G127	政治
2013 年两岸关系回顾与展望	台湾研究	2014	1	D618	政治
推动两岸政治对话协商的问题与难点	台湾研究	2014	1	D618	政治
未来 2 年两岸关系和平发展面临的风险与挑战	台湾研究	2014	1	D618	政治
警惕台湾的战略焦虑症并发	台湾研究	2014	1	D618；D675.8	政治
大陆的全面改革与两岸关系和平发展	台湾研究	2014	1	D618	政治
台湾政局演变的新特点	台湾研究	2014	1	D675.8	政治
两岸关系和平发展重要思想初探	台湾研究	2014	1	D618	政治
两岸和谐关系演进下的台湾民意走向	台湾研究	2014	1	D618	政治
对民进党"对中政策扩大会议"的观察——兼论现阶段民进党两岸政策调整及其趋向	台湾研究	2014	1	D675.8	政治
《两岸投保协议》背景下台胞投资保护立法的完善	台湾研究	2014	1	D618	政治

续表

文章题目	文献来源	出版年	出刊期	中图分类号	学科
两岸民间组织发展路径之比较与借鉴	台湾研究	2016	6	D632.9	政治
论台湾"立法"机构审议两岸协议的泛政治化	台湾研究	2016	6	D618	政治
后殖民遗绪与台湾"主体性"意识建构	台湾研究	2016	6	D675.8；C912.6	政治
台湾"反服贸"运动是如何成势的——基于资源动员理论的观察	台湾研究	2016	6	D675.8	政治
晚近港台地区青年政治参与之比较——以"反服贸"和"占中"运动的视角	台湾研究	2016	6	D675.8	政治
以两岸文化融合遏制"柔性台独"的思考	现代台湾研究	2016	5	G122；D618	政治
论两岸社会交流中"共有观念"的建构	现代台湾研究	2016	5	D618	政治
两岸青年交流的现状、问题与对策分析	现代台湾研究	2016	5	D618；D669.5	政治
民进党"完全执政"模式与岛内政局走向初探——"立法"与行政权力关系的视角	现代台湾研究	2016	5	D675.8	政治
民进党"英派"的形成及其影响	现代台湾研究	2016	5	D675.8	政治
民进党执政后两岸政策及对两岸关系的影响	现代台湾研究	2016	5	D675.8；D618	政治
蔡英文上台后台湾对外关系前景分析	现代台湾研究	2016	5	D827；D618	政治
当前台湾媒体舆论生态及应对策略	现代台湾研究	2016	5	G206；D675.8	政治
"5·20"后两岸关系面临的挑战与应对	现代台湾研究	2016	4	D618	政治
台湾政治生态的新变化及对两岸关系的影响	现代台湾研究	2016	4	D675.8	政治
从就职演说看蔡英文两岸政策主张及思维逻辑	现代台湾研究	2016	4	D618	政治
浅析"台湾人认同"政治文化意涵的历史变迁	现代台湾研究	2016	4	D675.8	政治

文章题目	文献来源	出版年	出刊期	中图分类号	学科
2008 年以来台湾民心走势与策略思考	现代台湾研究	2016	4	D618	政治
台湾地区中间选民的发展趋势和特征探析	现代台湾研究	2016	4	D675.8	政治
台湾地区"公民投票"成案运作初探	现代台湾研究	2016	4	D675.8	政治
台湾青年世代政治参与特征研究——以 2016 年台湾"大选"为视角	现代台湾研究	2016	4	D675.8	政治
国民党下台后的困境与走向分析	现代台湾研究	2016	4	D675.8	政治
台湾当局侨务政策的回顾与前瞻	现代台湾研究	2016	4	D634	政治
关于两岸政治关系若干前沿问题的研究综述——基于大陆学者研究现状的考察	现代台湾研究	2016	3	D618	政治
20 多年来台湾政治若干问题研究综述	现代台湾研究	2016	3	D675.8	政治
两岸社会基础与台湾社会若干问题研究综述	现代台湾研究	2016	3	D618；D675.8	政治
1979 年以来的两岸关系：阶段性、特征及启示	现代台湾研究	2016	3	D618	政治
台湾地区"立法院"常设"委员会"的运行制度研究——以"两岸服贸协议"的审议为例	现代台湾研究	2016	3	D675.8	政治
蔡英文政治人格的特征与影响因素探析	现代台湾研究	2016	3	D675.8	政治
两岸关系变局：前景、挑战和应对建议	现代台湾研究	2016	2	D618	政治
试析影响两岸互信的因素	现代台湾研究	2016	2	D618	政治
台湾的"国际空间"问题与两岸关系发展	现代台湾研究	2016	2	D618	政治
2016 年民进党"立委"胜选原因分析	现代台湾研究	2016	2	D675.8	政治
剖析台湾《自由时报》两岸议题的话语建构——基于其对台湾"九合一"选举报道的分析	现代台湾研究	2016	2	D618	政治
现阶段两岸经贸关系发展的困境分析	现代台湾研究	2016	2	D618	政治

续表

文章题目	文献来源	出版年	出刊期	中图分类号	学科
两岸携手合作复兴中华文化的思考	现代台湾研究	2016	1	G122；D618	政治
2015 年两岸关系发展情况综述	现代台湾研究	2016	1	D618	政治
2015 年台湾政局回顾	现代台湾研究	2016	1	D675.8	政治
2015 年台湾对外关系综述	现代台湾研究	2016	1	D827	政治
试析两岸在东海争端中合作的意义、障碍及方向	现代台湾研究	2016	1	D618；D823	政治
台湾政党轮替态势下两岸经贸关系走向	现代台湾研究	2016	1	D618	政治
两岸文化交流的瓶颈和障碍	现代台湾研究	2016	1	D618	政治
浅析"习马会"的成果、意义与影响	现代台湾研究	2015	6	D618	政治
蔡英文当前两岸政策的特点、调整方向与影响	现代台湾研究	2015	6	D675.8；D618	政治
被党团政治绑架——台湾"立法院"党团协商的制度困境	现代台湾研究	2015	6	D675.8	政治
岛内"价值台独"论析	现代台湾研究	2015	6	D618；D675.8	政治
浅析当前两岸文化交流的主要问题及解决之道	现代台湾研究	2015	5	G122；D618	政治
美国对台湾当局地位的基本立场评析	现代台湾研究	2015	5	D618；D675.8	政治
浅析两岸关系发展面临的新形势与新问题	现代台湾研究	2015	5	D618；D675.8	政治
两岸关系"和平发展"语义的不同解读——基于利益主体的视角	现代台湾研究	2015	5	D618	政治
两岸关系和平发展的经验与启示	现代台湾研究	2015	5	D618	政治
对两岸关系和平发展的理论思考	现代台湾研究	2015	4	D618	政治
两岸关系和平发展的影响因素、前景与思考	现代台湾研究	2015	4	D618	政治
略论两岸学界在海洋问题上的合作	现代台湾研究	2015	4	D618	政治
柯文哲两岸新论述评析	现代台湾研究	2015	4	D675.8；D618	政治
略论台湾民众对大陆的偏见心理	现代台湾研究	2015	4	D675.8	政治
台湾"所得税法"的家庭维度：历史与启示	现代台湾研究	2015	4	D675.8	政治
提升林则徐对台湾民众影响力的思考	现代台湾研究	2015	4	D675.8	政治

续表

文章题目	文献来源	出版年	出刊期	中图分类号	学科
蔡英文美国行暴露了"庐山真面目"	现代台湾研究	2015	3	D675.8	政治
两岸政治谈判的政策立场比较	现代台湾研究	2015	3	D618	政治
"小确幸"心态与两岸关系的民意基础	现代台湾研究	2015	3	C912.6；D618	政治
以"共同体"视角探析台湾青年认同问题	现代台湾研究	2015	3	D618	政治
浅析当代台湾青年的"国家认同"问题	现代台湾研究	2015	3	D669.5；D618	政治
试论民意代表与两岸关系的和平发展	现代台湾研究	2015	2	D618	政治
浅析美国在台湾"反服贸运动"中的双重角色及其影响	现代台湾研究	2015	2	D675.8	政治
亚太再平衡战略视角下的奥巴马政府对台政策	现代台湾研究	2015	2	D822.371.2	政治
"家族制度"对日本亲台右翼政客的影响——兼论日本右翼与"台独"势力的结合	现代台湾研究	2015	2	D822.331.3	政治
台湾社会结构变迁的内容、特点及趋势	现代台湾研究	2015	2	D675.8	政治
台湾海洋环境管治探讨	现代台湾研究	2015	1	D675.8	政治
2014 年台湾对外关系综述	现代台湾研究	2015	1	D675.8	政治
2014 年台湾军事情况综述	现代台湾研究	2015	1	D675.8	政治
强势回归的民进党主席蔡英文	现代台湾研究	2015	1	D675.8	政治
2014 年两岸关系发展情况综述	现代台湾研究	2015	1	D618	政治
从两岸政治文化的建构看两岸政治分歧解决的方向	现代台湾研究	2015	1	D618	政治
试析 2008 年以来民进党政治动员模式的调整	现代台湾研究	2015	1	D675.8	政治
2014 年两岸经贸关系回顾与展望	现代台湾研究	2015	1	D618	政治
"九合一"选举后的台湾政局及两岸关系走向	现代台湾研究	2015	1	D675.8	政治
2014 年台湾"九合一"选举之观察	现代台湾研究	2015	1	D675.8	政治
2014 年台湾经济回顾与展望	现代台湾研究	2015	1	D675.8	政治

续表

文章题目	文献来源	出版年	出刊期	中图分类号	学科
闽台区域文化交融的思考	现代台湾研究	2014	Z1	G127；D618	政治
"和谐两岸"是两岸关系和平发展的战略目标——探索中国特色的两岸和平统一道路	现代台湾研究	2014	Z1	D618	政治
大陆方面处理台湾当局政治地位的基本立场——历史的回顾与总结	现代台湾研究	2014	Z1	D618	政治
建构两岸政治谈判的"底线共识"	现代台湾研究	2014	Z1	D618	政治
进一步深化两岸政治互信的思考	现代台湾研究	2014	Z1	D618	政治
两岸政治互信的现状、问题与思考	现代台湾研究	2014	Z1	D618	政治
关于两岸政治对话问题的若干思考	现代台湾研究	2014	Z1	D618	政治
建设21世纪海上丝绸之路 开创两岸关系新局面	现代台湾研究	2014	Z1	D618	政治
两岸关系和平发展的机遇与挑战	现代台湾研究	2014	Z1	D618；D675.8	政治
两岸携手共同探索"一国两制"的台湾模式	现代台湾研究	2014	Z1	D618	政治
两岸共享中国梦：理念、理论与实践路径初探	现代台湾研究	2014	Z1	D618	政治
民进党两岸关系基本认知及对大陆政策的影响	现代台湾研究	2014	Z1	D675.8	政治
台湾族群问题形成的内外政治因素	现代台湾研究	2014	Z1	D675.8	政治
台湾"九合一"选举结果的几点观察	现代台湾研究	2014	Z1	D675.8	政治
台湾社会组织发展经验及其对大陆社会治理的启示	现代台湾研究	2014	Z1	D632.9；D675.8	政治
台湾民粹主义的演化路径及政治影响分析	现代台湾研究	2014	Z1	D675.8	政治
两岸关系的后现代挑战与因应	现代台湾研究	2014	Z1	D618	政治
大陆与南台湾交流的现状、主要障碍与认识误区	现代台湾研究	2014	4	D675.8	政治
论"一中原则"与两岸政经关系的互动——从"汪辜会谈"到"张王会"	现代台湾研究	2014	4	D618	政治
两岸民间政治对话的路径与机制——两岸关系知识社群的介入	现代台湾研究	2014	4	D618	政治

续表

文章题目	文献来源	出版年	出刊期	中图分类号	学科
试论两岸政治关系的"合情合理安排"	现代台湾研究	2014	4	D618	政治
两岸政治关系发展的现状及前景探析	现代台湾研究	2014	4	D618	政治
2014 年底选举蓝绿胜负指标——台中市长选情观察	现代台湾研究	2014	4	D675.8	政治
美国在台湾"反服贸学运"中所扮演的角色	现代台湾研究	2014	4	D675.8；D871.2	政治
两岸关系视角下的"服贸争议"与岛内政局观察	现代台湾研究	2014	4	D618；D675.8	政治
环境问题博弈与基层社会治理研究——以台湾"反核"运动为例	现代台湾研究	2014	4	D675.8	政治
"一个中国框架"与"国家未统一前"的两岸关系建构	现代台湾研究	2014	3	D618	政治
2012 年以来民进党两岸政策的变化及其制约因素	现代台湾研究	2014	3	D675.8	政治
对当前岛内民意特点的观察与思考	现代台湾研究	2014	3	D618	政治
从台湾"太阳花学运"看两岸关系面临的挑战	现代台湾研究	2014	3	D618；D675.8	政治
试析两岸在钓鱼岛问题上合作的动力与路径	现代台湾研究	2014	3	D618	政治
台湾"七合一选举"观察	现代台湾研究	2014	3	D675.8	政治
台湾"新公民运动"的"异化"与"绿化"	现代台湾研究	2014	3	D675.8	政治
试析两岸服务业合作的机遇与挑战	现代台湾研究	2014	3	D618；F719	政治
两岸服务业合作的全球及两岸背景	现代台湾研究	2014	3	D618；F719	政治
闽台服务贸易发展比较及合作基础分析	现代台湾研究	2014	3	D618；F719	政治
浅论台湾政治中的侍从主义	现代台湾研究	2014	2	D675.8	政治
选举制度与台湾政党体系变迁	现代台湾研究	2014	2	D675.8	政治
台湾"反服贸"学运的影响与思考	现代台湾研究	2014	2	D675.8	政治
探析美国两岸关系政策及其走向	现代台湾研究	2014	2	D618；D871.2	政治
2013 年两岸关系发展情况综述	现代台湾研究	2014	1	D618	政治

续表

文章题目	文献来源	出版年	出刊期	中图分类号	学科
2013 年台湾对外关系综述	现代台湾研究	2014	1	D827	政治
两岸三党认同关系上表现的矛盾	现代台湾研究	2014	1	D675.8	政治
民进党"对大陆政策检讨纪要"探析	现代台湾研究	2014	1	D675.8	政治
"一带一路"、中华文化与两岸关系	现代台湾研究	2016	6	G122；D613	政治
论"文化台独"的发展与谬误	现代台湾研究	2016	6	G127；D618	政治
新形势下两岸关系的基本特征与发展走向	现代台湾研究	2016	6	D618	政治
新形势下推进两岸社会融合发展问题研究	现代台湾研究	2016	6	D618	政治
日渐异化的"中华民国"论述——兼谈大陆方面如何处理"中华民国"问题	现代台湾研究	2016	6	D618	政治
两岸关系面临新挑战　需多管齐下妥善应对	现代台湾研究	2016	6	D618	政治
对两岸青年交流的几点建言	现代台湾研究	2016	6	D618	政治
对当前两岸交流问题的若干思考	现代台湾研究	2016	6	D618	政治
从海基会董事长人选看蔡英文的两岸政策	现代台湾研究	2016	6	D618	政治
从"官民分离"到"官民分裂"的新两岸关系之分析	现代台湾研究	2016	6	D618	政治
台湾民众的两岸认同：基于社会选择理论的分析	现代台湾研究	2016	6	D618	政治
台湾地区陆生政策演变与在台陆生对两岸关系印象观察	现代台湾研究	2016	6	D618	政治
两岸青年学生对中华地域文化集群认知的比较研究	台湾研究集刊	2016	6	G122；D618	政治
试析部分台湾民众的"反中"情绪——一种怨恨情绪的视角	台湾研究集刊	2016	6	D618	政治
台共成立大会之中共指导者彭荣其人补论	台湾研究集刊	2016	5	D231	政治
战术性"三不"政策："双重战略困境"下的美国两岸政策	台湾研究集刊	2016	5	D871.2；D618	政治

文章题目	文献来源	出版年	出刊期	中图分类号	学科
论两岸"外交休兵"的政治前景——以南太平洋地区为分析个案	台湾研究集刊	2016	5	D618	政治
台湾"政府服务品质奖"剖析	台湾研究集刊	2016	5	D675.8	政治
从"反服贸""反课纲"运动透析台湾公民教育困局	台湾研究集刊	2016	5	D675.8	政治
蔡英文两岸政策策略、内涵及其影响	台湾研究集刊	2016	5	D618	政治
论台港民粹主义的独特性——"他者"想象下的社会撕裂与对抗	台湾研究集刊	2016	4	D082	政治
解惑式高校涉台教育课程教学模式探索——以华南农大"两岸关系"课程为试点	台湾研究集刊	2016	4	D618 - 4；G642	政治
金权政治与腐败：以台湾地区民进党执政时期为例	台湾研究集刊	2016	3	D675.8	政治
台湾都市更新中的群体性抗争与土地利益博弈研究	台湾研究集刊	2016	3	D675.8	政治
两岸文化断裂的历史与现实	台湾研究集刊	2016	2	D618	政治
台湾青年与"太阳花"学运——基于政治机会结构理论的视角	台湾研究集刊	2016	2	D675.8	政治
台湾民主化时期李登辉的改革策略及其问题	台湾研究集刊	2016	2	D675.8	政治
台湾地区环境治理的经验与借鉴	台湾研究集刊	2016	2	D675.8	政治
两岸共同维护南海断续线的价值意义、主要困境及突围策略	台湾研究集刊	2016	1	D823；D618	政治
论在台陆生参选学生会会长的基本权保障	台湾研究集刊	2016	1	D618；D921	政治
台湾陆配政策之检视	台湾研究集刊	2016	1	D618	政治
移居大陆台胞社会融入研究现状述评	台湾研究集刊	2016	1	D618；C912	政治
台湾社区营造政策20年发展刍议	台湾研究集刊	2016	1	D669.3	政治
2008年以来台湾社会运动的政治化倾向研究	台湾研究集刊	2015	6	D675.8	政治
试析部分台湾民众的"恐中"情绪——一种群际情绪理论的视角	台湾研究集刊	2015	6	D675.8；D618	政治

续表

文章题目	文献来源	出版年	出刊期	中图分类号	学科
交锋：台湾岛内对"九二共识"的争议及其影响述论	台湾研究集刊	2015	6	D618；D675.8	政治
两岸社会整合的理论意涵与两岸桥接平台的架构——兼论"闽台社会共同体"建设之可能	台湾研究集刊	2015	6	D618	政治
台湾特色的社会关系文化	台湾研究集刊	2015	5	D675.8	政治
中美"新型大国关系"构建及对两岸关系和平发展影响	台湾研究集刊	2015	5	D618；D822.371.2	政治
论"宪制－治理"框架下的两岸政治关系合情合理安排	台湾研究集刊	2015	5	D618	政治
两岸青年交流的制度化研究	台湾研究集刊	2015	5	D618	政治
两岸安全管理：必要性、范围与模式构建	台湾研究集刊	2015	5	D618	政治
试析两岸公民共同体的建构	台湾研究集刊	2015	5	D618	政治
女性、情感、私领域与慈善组织——对慈济基金会南京会所运行的个案分析	台湾研究集刊	2015	5	D632.9	政治
海峡两岸典型性政治话语比较分析	台湾研究集刊	2015	4	D618	政治
行政与立法关系视角下的马英九执政困境分析	台湾研究集刊	2015	4	D675.8	政治
试析网络新媒体在台湾政治传播中的运用——以2014年台北市长选举为例	台湾研究集刊	2015	4	D675.8；G206	政治
论两岸合作维护中国南海主权的空间——基于三个影响因素的分析	台湾研究集刊	2015	4	D618	政治
两岸文教交流的台湾民众满意度调查研究	台湾研究集刊	2015	3	D675.8；G123	政治
民进党与台湾新世代互动模式评析	台湾研究集刊	2015	3	D675.8	政治
两岸关系研究语境中的"治权"释义——再论"主权"与"治权"话语下的两岸关系	台湾研究集刊	2015	3	D618	政治
新世纪以来"美国在台协会"与美国对台湾的公共外交	台湾研究集刊	2015	3	D871.2；D618	政治

续表

文章题目	文献来源	出版年	出刊期	中图分类号	学科
台湾地区中间选民结构和特征探析	台湾研究集刊	2015	3	D675.8	政治
台湾现行灾害危机管理体系探析	台湾研究集刊	2015	3	D675.8；D632.5	政治
两岸学界对政治关系制度化的歧见	台湾研究集刊	2015	2	D618	政治
"国家尚未统一特殊情况下两岸政治关系安排"之内涵解析	台湾研究集刊	2015	2	D618	政治
"南海小组"与台湾当局南海政策（1992—2000）	台湾研究集刊	2015	2	D823	政治
台湾社会新住民问题研究	台湾研究集刊	2015	2	D675.8	政治
台湾都市更新权利变换制度：架构、争议与启示	台湾研究集刊	2015	2	D675.8	政治
两岸建构性关系中的知识和文化研究——基于"施动者－结构"机制的分析	台湾研究集刊	2015	1	D618	政治
台湾社会新动向与第三势力活动空间探析	台湾研究集刊	2015	1	D675.8	政治
"九二共识"与大陆对台政策之关系述论——兼论中国共产党对"九二共识"的坚持与实践	台湾研究集刊	2015	1	D618	政治
制度自信、制度互信与两岸社会制度"桥接平台"之建构	台湾研究集刊	2014	6	D618	政治
关于两岸和平协议的几点思考	台湾研究集刊	2014	6	D618	政治
海峡两岸远程审判合作刍议	台湾研究集刊	2014	6	D618；D997	政治
两岸互信的巩固与深化：理论视角与实现路径	台湾研究集刊	2014	5	D618	政治
台湾当局亚太经济战略的演变、动因及影响——基于"一个中国"框架视阈的分析	台湾研究集刊	2014	5	D618	政治
台湾当局与尼克松政府关于中美大使级会谈的交涉	台湾研究集刊	2014	5	D829；D618	政治
在大陆的台湾青年社会适应性与满意度分析	台湾研究集刊	2014	5	D432.6	政治
"台湾生活方式"解读	台湾研究集刊	2014	4	D675.8	政治

续表

文章题目	文献来源	出版年	出刊期	中图分类号	学科
"一国两制"在台湾存在发展空间的探讨——对 1991—2008 年台湾社会"一国两制"民调的解读	台湾研究集刊	2014	4	D618	政治
从"主权"与"治权"的话语透视两岸关系	台湾研究集刊	2014	4	D618	政治
两岸特色民间社会融合问题研究	台湾研究集刊	2014	4	D618	政治
约束与局限：试述台湾核武器计划与美国的对策	台湾研究集刊	2014	3	D675.8	政治
基于竞选广告的民进党特性及沿革分析（1996—2012）	台湾研究集刊	2014	3	D675.8	政治
家人：两岸关系新文化结构探析	台湾研究集刊	2014	3	D618	政治
国内外学界关于 1949—1978 年两岸关系的研究综述	台湾研究集刊	2014	3	D618	政治
以"当局"作为两岸商谈政治定位起点之理论探讨	台湾研究集刊	2014	2	D618	政治
海峡两岸"第三主体"的建构	台湾研究集刊	2014	2	D618	政治
两岸非传统安全合作的 SWOT 分析与策略	台湾研究集刊	2014	2	D618	政治
美国强势推动 TPP 及对两岸关系的影响	台湾研究集刊	2014	2	D618	政治
对美国"弃台论"相关争论的观察及美国对台政策走向分析	台湾研究集刊	2014	2	D822.3	政治
台湾立法机构审议两岸服务贸易协议的实践评析	台湾研究集刊	2014	2	D675.8	政治
两岸之间的文化冲突	台湾研究集刊	2014	1	D618	政治
两岸互信的社会生成研究	台湾研究集刊	2014	1	D618	政治
东海争端中的台湾因素研究	台海研究	2016	4	D823；D827	政治
新形势下做好对台工作的根本指引——习近平对台工作重要思想初探	台海研究	2016	4	D618	政治
台湾的"否决政治"及其走向	台海研究	2016	4	D675.8	政治
台湾政党新态势、影响因素及未来走向	台海研究	2016	4	D675.8	政治

文章题目	文献来源	出版年	出刊期	中图分类号	学科
民进党青训工作状况及政治影响分析	台海研究	2016	4	D675.8	政治
跨两岸婚姻中的法律、政策与政治	台海研究	2016	4	D618	政治
构建"法治型"两岸关系刍议	台海研究	2016	4	D618	政治
"民族共同体"视野下的两岸关系——试从文化、历史的语境下认知两岸政治认同问题	台海研究	2016	4	D618	政治
台湾青年"小确幸"心态表征、成因及其影响	台海研究	2016	4	C913.5；C912.6；D618	政治
两岸文化认同是"双文化"的认同	台海研究	2016	3	D618；G122	政治
赴台陆生两岸统一观的变化——政治社会化视角	台海研究	2016	3	D618	政治
台湾三大报两岸议题话语框架比较研究——以"大一中框架"报道为例	台海研究	2016	3	G212；D618	政治
蔡英文的"新南向政策"及对两岸关系的影响	台海研究	2016	3	D675.8；D618	政治
新变局下台湾民众两岸认同异化及解决路径探讨	台海研究	2016	3	D618	政治
"共识赤字"及其对台湾政治发展的影响	台海研究	2016	3	D675.8	政治
试论新时期台海危机爆发的美国因素	台海研究	2016	3	D618；D822.371.2	政治
台湾政治过程的"卡关"现象	台海研究	2016	2	D675.8	政治
习近平"国家统一思想"初探	台海研究	2016	2	D618	政治
习近平对台重要思想解析	台海研究	2016	2	D618	政治
大陆和平发展政策评估——试析习近平对台重要思想	台海研究	2016	2	D618	政治
再论台湾政党政治的演变	台海研究	2016	2	D675.8	政治
两岸经贸关系转型方向与路径创新——基于"一带一路"建设视角的分析	台海研究	2016	2	D618	政治
"习马会"的四大突破	台海研究	2016	1	D618	政治
从和平发展到"冷和平"：两岸关系回顾与前瞻	台海研究	2016	1	D618	政治

续表

文章题目	文献来源	出版年	出刊期	中图分类号	学科
两岸群内文化结构变迁及其关联性——基于群际互动思维的分析	台海研究	2016	1	D618	政治
台湾加入亚投行之挑战及对两岸关系的影响	台海研究	2016	1	D618	政治
中国国民党"本土化"走向观察	台海研究	2016	1	D618	政治
台湾政治信任情况及影响因素——基于世界价值观调查的实证分析	台海研究	2016	1	D675.8	政治
两岸海洋事务合作法律治理的实践逻辑	台海研究	2016	1	D618	政治
台湾关于东海问题的研究与政策	台海研究	2016	1	D675.8	政治
近20年台湾"大选"中的两岸因素	台海研究	2015	4	D618	政治
蔡英文再任党主席后的两岸政策评析	台海研究	2015	4	D675.8	政治
台湾2016"大选"蔡英文两岸论述的修辞分析	台海研究	2015	4	D618	政治
试论主权治权分离的理论基础与现实可能	台海研究	2015	4	D618	政治
台湾政治现代化进程中的青年选民政治参与研究——以2014年"九合一"选举为例	台海研究	2015	4	D675.8	政治
台湾"反课纲"青年的"群体偏执"——基于社会心理学的分析	台海研究	2015	4	D675.8	政治
马英九上任以来台湾泛蓝政党间关系探析	台海研究	2015	4	D675.8	政治
马英九任内"'务实'参与国际组织"策略：观察与评估	台海研究	2015	4	D675.8	政治
台湾维护海洋权益的困境与出路	台海研究	2015	4	D827；D675.8	政治
探索两岸政治关系突破的路线图——读《海峡两岸政治谈判研究》	台海研究	2015	4	D618	政治
新发现19世纪西文地图与钓鱼岛及其附属岛屿的主权归属	台海研究	2015	3	D823；K86	政治
两岸政治关系定位：回归中国的本意	台海研究	2015	3	D618	政治
"互联网＋"时代下未来两岸关系之思考	台海研究	2015	3	D618	政治

续表

文章题目	文献来源	出版年	出刊期	中图分类号	学科
"柯文哲现象"探讨——兼论对台湾政党政治的影响	台海研究	2015	3	D675.8	政治
蔡英文"维持两岸现状"主张评析	台海研究	2015	3	D675.8；D618	政治
从国际因素看台湾"反服贸风波"	台海研究	2015	3	D675.8	政治
美台围绕军售问题互动分析——以潜艇议题为例	台海研究	2015	3	E289.58；D871.2	政治
两岸关系和平发展制度化刍论	台海研究	2015	2	D618	政治
两岸政治谈判的台湾政治环境评析	台海研究	2015	2	D675.8	政治
探索两岸关系研究"路线图"：两种理论模式与一种动力分析框架之比较	台海研究	2015	2	D618	政治
试论台湾地区的政体形式及其走向	台海研究	2015	2	D675.8	政治
国民党与民进党的发展模式差异及对台湾政党政治的影响	台海研究	2015	2	D675.8	政治
当前美台关系中的 TPP 议题浅析	台海研究	2015	2	D871.2；D618	政治
中美在亚太地区的战略互动与奥巴马政府的对台政策	台海研究	2015	2	D618；D871.2	政治
2014 年台湾政局与两岸关系形势评估	台海研究	2015	1	D675.8；D618	政治
2015 年台美关系前瞻	台海研究	2015	1	D675.8	政治
"台湾共同体"建构的延续：从"太阳花"到"九合一"	台海研究	2015	1	D675.8	政治
由"九合一"选举看台湾政治制度的缺失	台海研究	2015	1	D675.8	政治
解读"九合一"选举结果的三项意涵	台海研究	2015	1	D675.8	政治
观察"九合一"选举的三个视角	台海研究	2015	1	D675.8	政治
台湾"九合一"选举述评	台海研究	2015	1	D675.8	政治
互联网选民动员模式：基于台湾"九合一"选举的分析	台海研究	2015	1	D675.8；G206	政治
青年投票与"婉君现象"翻转"九合一"选举：基于民调的分析	台海研究	2015	1	D675.8	政治
中国大陆崛起阴影下的台湾	台海研究	2015	1	D675.8	政治
两岸关系政治生态中各方适应力考察	台海研究	2014	4	D618	政治
内外政经形势变化下的新型两岸关系刍议	台海研究	2014	4	D618	政治

续表

文章题目	文献来源	出版年	出刊期	中图分类号	学科
两岸关系和平发展的制约因素探讨	台海研究	2014	4	D618；D675.8	政治
试论"反服贸风波"的民粹主义性质	台海研究	2014	4	D675.8	政治
"3·18学运"对两岸关系的影响	台海研究	2014	4	D618	政治
"反服贸风波"对两岸经贸关系影响分析	台海研究	2014	4	D618；F727	政治
试论奥巴马政府对台军售问题	台海研究	2014	4	D618；D871.2；E289.58	政治
蓝天绿地话台湾——评《台湾地区政党政治研究》	台海研究	2014	4	D675.8－5	政治
两岸南海合作：原则、策略、机制及国际参与研析	台海研究	2014	3	D618	政治
建构两岸海洋合作的集体身份路径分析	台海研究	2014	3	D618	政治
蔡英文"和平的民主台独路线"的内容与策略初探	台海研究	2014	3	D675.8	政治
民进党大陆政策调整：问题与前景	台海研究	2014	3	D675.8	政治
民进党的本质与蔡英文的两岸政策走向	台海研究	2014	3	D675.8	政治
民进党意图与美国建立互信的策略与迷思	台海研究	2014	3	D675.8	政治
马英九就任以来台湾社会"两岸化"探析	台海研究	2014	3	D675.8	政治
马英九任内台湾同拉丁美洲关系的进展与困境	台海研究	2014	3	D827	政治
权力框架内的互惠——台湾政党与地方派系的关系研究	台海研究	2014	2	D675.8	政治
辛亥百年与两岸话语论争：基于高频字词统计分析方法	台海研究	2014	2	D618	政治
世界权力转移特点及其对两岸关系的影响	台海研究	2014	2	D618	政治
美国亚太再平衡战略与两岸关系	台海研究	2014	2	D618	政治
"弃台论"与美国台海政策争论	台海研究	2014	2	D618	政治

文章题目	文献来源	出版年	出刊期	中图分类号	学科
日本东京学派对当前两岸关系研究	台海研究	2014	2	D618	政治
台湾"太阳花学运":性质、根源及其影响探析	台海研究	2014	2	D675.8	政治
解析两岸关系演进的现象:从意识对抗到相互竞合 1999—2013(下)	台海研究	2014	1	D618	政治
两岸关系和平发展的特征、问题及解决思路探析	台海研究	2014	1	D618	政治
海峡两岸社会发展差异及因应策略之异同	台海研究	2014	1	D618	政治
简论民进党的路线转型	台海研究	2014	1	D675.8	政治
台湾绿党的发展特点与前景	台海研究	2014	1	D675.8	政治
统一理论的发展与深化——评《论统一——章念驰自选集》	台海研究	2014	1	D613	政治
我国台湾地区电子化政府研究的回顾与展望——基于中国台湾博硕士论文的统计分析	情报杂志	2016	9	D63	政治
宗教事务管理优化的策略建议:基于台湾样本的分析与借鉴	世界宗教文化	2015	6	D635	政治
台湾地区残疾人文化探微	艺术百家	2015	3	D669.69;D675.8	政治
我国台湾地区都市治理制度述评及其启示	城市规划	2015	3	D630;F299.27;TU984	政治
基于标志性事件研究的我国在"三海"问题上所处形势分析	情报杂志	2015	1	D815.3	政治
宗教慈善组织在内地的运行模式——以慈济基金会南京会所为例	宗教学研究	2014	1	D632.9	政治
台湾"台湾史"研究谱系及其史观嬗变述论	太平洋学报	2016	9	K29	历史
中琉关系史研究再上新台阶——简评《琉球文献史料汇编》的文化价值	太平洋学报	2015	8	K248	历史
对中国古代关于夷洲、流求范围的解读	探索	2014	5	K206	历史
中国史籍中的钓鱼岛及其相关岛屿考	太平洋学报	2014	9	K29	历史

续表

文章题目	文献来源	出版年	出刊期	中图分类号	学科
"先占原则"不应成为日本侵略他国的说辞——从1874年日本侵台之役说起	太平洋学报	2014	4	K25	历史
台湾同胞抗日五十年简述	理论视野	2016	6	K29	历史
中华民族团结抗战的伟大胜利	中共党史研究	2015	9	K265	历史
试析中国红十字会在海峡两岸关系发展中的作用（1979—1991）	中共党史研究	2015	2	K27	历史
刍议一九五四年台海危机背景下的美、台大陈岛博弈	党史研究与教学	2014	5	K27	历史
中国抗战对世界反法西斯战争的历史贡献	求是	2014	15	K265	历史
沉浮1949——两岸著名史学家反思抗战胜利后国共两党的大博弈	理论视野	2014	3	K26	历史
第二次台湾海峡危机与美国核威慑的失败	历史研究	2014	5	K27；K712.54	历史
日本拆解"宗藩体系"的整体设计与虚实进路——对《中日修好条规》的再认识	近代史研究	2016	6	K252	历史
危机与危机利用：日本侵台事件与李鸿章和淮军的转型	近代史研究	2016	2	K252；K313.4	历史
试论吴国桢案与孙立人案前后蒋介石之心路	近代史研究	2014	6	K27	历史
"福摩萨情结"与台湾形象建构——《中国丛报》台湾论述解析	近代史研究	2014	4	K29	历史
未经启用的台湾总兵关防与晚清台湾建省之波澜	近代史研究	2014	4	K295.8	历史
论清人对台湾地位认知之变迁（1661—1875）——以官方为中心	近代史研究	2014	4	K249	历史
论明清更替时代的中外条约	清史研究	2016	4	K249	历史
民间宗教经卷的年代及真伪问题——以《九莲经》《三煞截鬼经》为例	清史研究	2015	1	B933；K249	历史
清中期民众自发性流迁政策考察	清史研究	2014	1	K249；C92－09	历史

文章题目	文献来源	出版年	出刊期	中图分类号	学科
晚清台湾建省的台前与幕后	史学月刊	2016	7	K252	历史
1894—1949 年大陆民众对台湾认识的变化——以《申报》对台湾的报道为例	史学月刊	2016	5	K25	历史
冷战时期台湾地区报刊舆论的演变	史学月刊	2015	10	G239.29；K265	历史
南京国民政府初期大学院改制失败原因又解	史学月刊	2015	3	G649.29；K262.9	历史
论施琅《台湾弃留利弊疏》的背景与动机——兼谈清初台湾的官庄及武职占垦问题	史学月刊	2014	1	K249	历史
关于抗战时期舆论动员研究的思考	史学月刊	2015	10	K265	历史
"东突"的"三位先生"与国民政府	史学集刊	2016	5	K262.9	历史
朝鲜战争初期中国出兵朝鲜决策及变化原因探析	史学集刊	2016	4	K153	历史
美国尼克松政府与日中邦交正常化（1969—1972）	史学集刊	2015	6	K712.54	历史
从方志记载的辣椒地方名称看辣椒在中国的引种传播	中国历史地理论丛	2015	3	S641.3；K29	历史
日本占领时期的台湾历史书写——兼以康熙统一台湾叙事为例	史学理论研究	2014	4	K29	历史
清末日著中译中的中国伟人形象	史林	2015	6	K252	历史
两岸如何共同书写抗战历史	抗日战争研究	2016	2	K265	历史
关于两岸共同研究抗战史	抗日战争研究	2016	1	K092	历史
70 年后，再看 70 年——关于日本侵华史研究的回顾与思考	抗日战争研究	2016	1	K092	历史
东亚视角下的中日战争研究	抗日战争研究	2016	1	K092	历史
对日和约问题上的蒋美分歧及蒋之因应	抗日战争研究	2016	1	K153	历史
蒋介石与1945—1952 年的外蒙古独立问题	抗日战争研究	2015	1	K266	历史
克洛马事件与台湾当局的应对	安徽史学	2016	5	K341.5；K27	历史
略论刘铭传的台海防御观	安徽史学	2016	2	K252	历史

续表

文章题目	文献来源	出版年	出刊期	中图分类号	学科
闽台财政改革与各方权力纠葛——雍正朝台湾县知县周钟瑄案解析	安徽史学	2015	6	K249	历史
抗战时期的国统区农村金融——以农村合作金融事业为中心	安徽史学	2015	5	K265	历史
1930年代日本在华走私白银活动述评	安徽史学	2015	4	K313.4；K26	历史
台美英围绕联合国中国代表权问题的交涉（1951—1955）	安徽史学	2015	3	K153	历史
论蓝鼎元的海洋经世思想	安徽史学	2015	2	K249	历史
台湾青年学生与保钓	安徽史学	2014	2	K27	历史
美日奄美群岛归还及台湾当局的因应对策研究	中国边疆史地研究	2015	4	K153	历史
20世纪90年代台湾当局南海政策研究——以"南海小组"为中心的考察	中国边疆史地研究	2015	4	K29	历史
简析近代范式中外条约的开篇	历史档案	2016	4	K133	历史
甲午战后拒割台湾的国际法运用	历史档案	2016	3	K256.3	历史
清代台湾教化档案选编	历史档案	2016	2	K249	历史
清初鲁之裕的《台湾始末偶纪》	历史档案	2015	2	K249	历史
清宫甲午战争档案的系列开发和深度挖掘	历史档案	2014	4	K256.3；G275.1	历史
清代台湾"番地"开发档案（下）	历史档案	2014	2	K295.8	历史
清代台湾"番地"开发档案（上）	历史档案	2014	1	K249；G275.1	历史
抗战时期国民政府的侨汇管控及其成效	华侨华人历史研究	2016		K265；D693	历史
故宫文物迁台史料选辑	民国档案	2015	4	K266	历史
哈佛燕京图书馆藏蒋廷黻为组建中国自由党与胡适等人来往函件	民国档案	2015	3	K827	历史
哈佛燕京图书馆藏"蒋廷黻资料"选之往来函件	民国档案	2014	3	K26；K825.4	历史
吴国桢治台及其与蒋介石政权的隔洋论战	历史教学（下半月刊）	2016	9	K27	历史
1949年以后台湾地区考古学的发展历程——以台湾大学《考古人类学刊》为视角	东南文化	2016	3	K872	历史

文章题目	文献来源	出版年	出刊期	中图分类号	学科
清代台湾科举士人的移民模式——以张士箱家族为考察中心	中国社会经济史研究	2015	3	K249	历史
移民、土地与清代埔里盆地的族群关系	中国社会经济史研究	2016	3	K249	历史
郑成功与魍港税权争夺	中国社会经济史研究	2016	3	K248.405	历史
清代台湾北部的汀州客家移民合作垦殖和共有形态论析——以契约文书等文献为中心	中国社会经济史研究	2016	3	K249	历史
甲午战争与台北李春生家族	社会科学研究	2015	5	K25	历史
蒋介石"反攻大陆"中的"控苏"与"联苏"——以《蒋介石日记》为中心	社会科学战线	2015	4	K27	历史
南明情报的日本传播及其东亚影响	社会科学战线	2016	10	K248.4	历史
日本对中国台湾和东北地区移民的关联性与差异性	广东社会科学	2016	2	K25	历史
两岸辛亥革命与孙中山研究交流的回顾与展望	广东社会科学	2016	3	K092	历史
1949～1954年台湾当局为"承认"越南保大政权之曲折"外交"	广东社会科学	2014	6	K153	历史
20世纪50年代初台湾当局对《日台和约》台湾澎湖法律地位的因应	广东社会科学	2015	6	K27	历史
清代台湾史研究的新进展	广东社会科学	2014	2	K29	历史
论清代闽南郊商贸易与社会融合	江西社会科学	2015	10	K249	历史
抗日战争与台湾的光复	浙江学刊	2015	4	K265	历史
评台湾学界的《心史》伪书说	东南学术	2014	3	K244	历史
后藤新平殖民扩张思想与台湾"鸦片渐禁政策"考察	东南学术	2014	3	K256	历史
日本"皇国史观"思想的演进与甲午战争	学术界	2014	10	K313	历史
晚清台湾地区铁路建设经费主要来源分析	中州学刊	2016	7	K252	历史

续表

文章题目	文献来源	出版年	出刊期	中图分类号	学科
"八姓入闽"考释	中州学刊	2015	6	K820.9	历史
台北知府陈星聚治台功绩	中州学刊	2014	9	K252	历史
转型正义中的"二二八事件"——以"二二八事件"的两份研究报告为视角	山东社会科学	2015	5	K266.54	历史
分歧与抉择：从"蒋廷黻资料"看台湾围绕缅甸控诉案的交涉	社会科学辑刊	2016	4	K27	历史
清代前期厦防同知与闽台互动关系初探	社会科学辑刊	2014	1	K249	历史
"邻厚君薄"：近代中国电报创建中的日本因素	社会科学辑刊	2014	1	K25	历史
光复初期"台湾文化协进会"宗旨与始末初探	兰州学刊	2016	1	K266	历史
大陆学界对1949年以后台湾社会文化史研究综述	兰州学刊	2016	2	K27	历史
1949年以来的明郑台湾史研究述评	兰州学刊	2015	7	K248	历史
清末日本侵台与国人反割台运动研究述评	兰州学刊	2014	9	K252	历史
闽西客家与海上丝绸之路——以四堡雾阁邹氏为例	福建论坛（人文社会科学版）	2016	5	K820.9	历史
台湾光复初期陈仪的财政政策及其效果	福建论坛（人文社会科学版）	2016	10	K266	历史
晚清福州与北台湾的城市化建设	福建论坛（人文社会科学版）	2016	10	K252	历史
大陆学界有关荷西殖民时期台湾史研究述评	福建论坛（人文社会科学版）	2015	2	K29	历史
从民族抗战到民族文化重建——1945年前后许寿裳对日本的认识	福建论坛（人文社会科学版）	2015	7	K26	历史
清前期闽台郊行及其商贸网络	福建论坛（人文社会科学版）	2015	10	K249	历史
论日本江户幕府对清朝统一台湾问题的关注——以《华夷变态》为中心	福建论坛（人文社会科学版）	2014	2	K249	历史

文章题目	文献来源	出版年	出刊期	中图分类号	学科
重建与承续：台湾省编译馆与台湾研究	福建论坛（人文社会科学版）	2014	4	K29	历史
闽台佛教亲缘：从明末到乙未	福建论坛（人文社会科学版）	2014	7	K29	历史
甲午战争割台与日本殖民统治遗毒	南开学报（哲学社会科学版）	2014	6	K256.3	历史
雍正时期闽台地方官治台主张探析——以沈起元的治台论为中心	厦门大学学报（哲学社会科学版）	2014	6	K249	历史
道光年间台湾问题中英交涉与外交折冲——以新发现《来往文书》《台湾奏折上谕》为中心的考察	厦门大学学报（哲学社会科学版）	2015	2	K253.9	历史
"赫尔利使华"研究述评	上海交通大学学报（哲学社会科学版）	2015	5	K265	历史
关于中国抗战大后方研究的几个基本问题	重庆大学学报（社会科学版）	2015	6	K265	历史
20世纪50年代美国对中国的隐蔽行动探析	陕西师范大学学报（哲学社会科学版）	2015	3	K712.54	历史
陈仪在闽台两地的人事行政实践及其思考	暨南学报（哲学社会科学版）	2015	12	K827	历史
抗战胜利后中国遣返日本侨俘研究	暨南学报（哲学社会科学版）	2015	5	K266	历史
光复初期台湾善后救济分署平售救济面粉之探析——兼评苏瑶崇先生平售面粉"舞弊"论	华南师范大学学报（社会科学版）	2016	4	K266	历史
"新清史"论争：从何炳棣、罗友枝论战说起	首都师范大学学报（社会科学版）	2016	1	K249	历史
宋代社会史研究的历程	深圳大学学报（人文社会科学版）	2014	5	K244	历史
开罗会议至战后初期蒋介石的复台努力和主张	四川师范大学学报（社会科学版）	2016	5	K265	历史
幕末维新期日本对外观的嬗替	四川师范大学学报（社会科学版）	2016	1	K313.36	历史

续表

文章题目	文献来源	出版年	出刊期	中图分类号	学科
开罗会议前蒋介石对台湾问题的认识与考虑	四川师范大学学报（社会科学版）	2015	5	K265	历史
从《陈诚日记》看台湾时期陈诚与蒋介石的关系	浙江大学学报（人文社会科学版）	2015	4	K827	历史
从自治到动员：日据时期台湾农民运动的社会基础	华中师范大学学报（人文社会科学版）	2015	4	K29；D422	历史
台湾光复初期许寿裳若干史实考释	中山大学学报（社会科学版）	2016	3	K266	历史
台湾光复与《新生报》	中山大学学报（社会科学版）	2016	3	K266；G219.29	历史
台湾大学接收改造中的"国界"与"省界"——基于《罗宗洛日记》（1945—1946）的观察	中山大学学报（社会科学版）	2016	4	K266	历史
陈寅恪佚文两则订正拾遗	中山大学学报（社会科学版）	2014	5	K825.81	历史
古贺辰四郎最早开发钓鱼岛伪证之研究——兼论日本政府购买钓鱼岛的非法性	清华大学学报（哲学社会科学版）	2014	4	K207	历史
1874年日本出兵侵台的幕后指使者	清华大学学报（哲学社会科学版）	2015	6	K313.4	历史
明人别集散见中琉关系史料与若干史实钩沉	福建师范大学学报（哲学社会科学版）	2016	5	K248	历史
清代吕世宜的书艺成就及对台湾书坛的影响	福建师范大学学报（哲学社会科学版）	2014	2	J292.1；K825.72	历史
许寿裳赴台的心路历程	鲁迅研究月刊	2016	9	K825.6	历史
台静农早年为何三次入狱	鲁迅研究月刊	2016	5	K825.6	历史
甲午战争与近代诗风之创变	文学遗产	2014	4	K256.3；I207.22	历史
日本帝国主义殖民统治下的台湾地区阶级分析	社会	2016	4	K29	历史
近代中国民族主义对雾社事件的解说	民族研究	2015	4	C95；K25	历史
黄明信先生与友人通信选	中国藏学	2016	S2	K825.4	历史
台湾印象记	中国藏学	2015	4	K29	历史

文章题目	文献来源	出版年	出刊期	中图分类号	学科
1940 年的盛世才与他治理下的新疆——读《盛世才上莫斯科斯大林报告书（1940）》	青海民族研究	2015	1	K29；K827	历史
雾社事件及其余生遗族的历史记忆——兼评《又见真相：赛德克族与雾社事件》	青海民族研究	2014	4	K28	历史
华夷秩序中的"他者"再现：清代台湾番俗图研究	贵州民族研究	2015	7	K249	历史
乙未武装反割台义军统领吴汤兴、徐骧、邱国霖大陆祖籍考	台湾研究	2015	6	K252	历史
大陆学界台湾史研究的宏观检讨	台湾研究	2014	5	K295.8	历史
连横《台湾通史》论析：基于学术史的考察	台湾研究	2014	1	K29	历史
论刘铭传在台湾兴建铁路的军事背景	现代台湾研究	2015	2	K29	历史
文化交流与认同维系：日本殖民台湾时期的闽台佛教亲缘	现代台湾研究	2015	2	K29；B949	历史
略论台湾在第一次鸦片战争中的地位	现代台湾研究	2014	1	K253	历史
绕不开的"中国史"：台湾历史教科书问题之考察——以岛内相关硕士论文为中心	台湾研究集刊	2016	6	K29	历史
再论"何斌事件"的前因后果——兼议郑成功收复台湾前的一系列动作	台湾研究集刊	2016	5	K249	历史
贞节与政治：节烈故事与清代台湾的妇女生活	台湾研究集刊	2016	4	K249；C913.68	历史
《民主潮》与 20 世纪 50 年代台湾地区"反对党"运动——以"地方选举"为中心的考察	台湾研究集刊	2016	4	G239.29；K27；D675.8	历史
《台湾民报》与日据时期台湾农民运动——以二林事件为中心	台湾研究集刊	2016	1	K29；G219.29	历史
施肩吾的奇幻漂流——从"施真人"到"民间开发澎湖第一人"的形象建构	台湾研究集刊	2016	1	K242	历史

续表

文章题目	文献来源	出版年	出刊期	中图分类号	学科
试论台湾光复与台湾民意	台湾研究集刊	2015	6	K265；K29	历史
试论1633年前后荷兰殖民者对明朝海商策略的变化	台湾研究集刊	2015	6	K248	历史
20世纪50至60年代台湾与琉球经贸关系初探——以国民党当局台琉经贸政策为中心	台湾研究集刊	2015	5	K207	历史
明治日本人的台湾论	台湾研究集刊	2015	4	K29	历史
19世纪初期闽台地方官开发台湾东部"番地"的主张探析——以噶玛兰及水沙连地区为中心	台湾研究集刊	2015	4	K249	历史
《大学杂志》与台湾20世纪70年代初的革新与偏安之争	台湾研究集刊	2015	2	G239.29；K29	历史
蒋介石对20世纪50年代菲律宾侵占南沙群岛之应对	台湾研究集刊	2015	2	K27	历史
碑刻文献所见之日本在台殖民统治与社会变迁	台湾研究集刊	2014	6	K26	历史
从军事角度比较郑成功与施琅的两次征台之役	台湾研究集刊	2014	5	K248	历史
西方之眼——论《看见十九世纪台湾》的知识生产	台湾研究集刊	2014	4	K295.8	历史
清代台湾"南雅厅"建置考	台湾研究集刊	2014	3	K295.8	历史
林献堂眼中的国民党与台湾——以《灌园先生日记》资料为中心	台湾研究集刊	2014	1	K262.9	历史
台湾省主席陈诚与蒋介石的合作与冲突	台湾研究集刊	2014	1	K27	历史
民营银行改革的路径选择：思路、对策与风险控制——以泉州地区为例	东南学术	2014	5	F832.3	经济
两岸环境产品贸易强度与互补研究	东南学术	2016	4	F727	经济
台湾财政预算制度的特点及其启示	学术界	2014	1	F812.7	经济
海峡两岸政府预算制度的比较研究	河北学刊	2014	4	F812.3	经济
海峡两岸地方税收制度比较研究	河北学刊	2014	5	F812.42	经济

文章题目	文献来源	出版年	出刊期	中图分类号	学科
德国、美国、韩国和中国台湾老年年金制度的改革及其启示	国外社会科学	2014	4	F842.67；C913.6	经济
亚洲国家的追赶、超越、落后与亚洲发展模式	国外社会科学	2016	1	F113	经济
全面加快海峡两岸服务贸易自由化进程研究	山东社会科学	2014	1	F727	经济
福建自贸区与两岸经济合作的路径探索	中国社会科学院研究生院学报	2016	5	F127	经济
ECFA 条件下海峡两岸农业合作试验区的功能定位与政策走向——基于两岸共同参与东亚经济一体化的视角	学术论坛	2014	8	F327	经济
论美国主导下的 TPP 对中国的挑战	湖北社会科学	2014	7	F744；F124	经济
台湾公营事业民营化对大陆公用事业市场化改革的启示——以水务业为视角	兰州学刊	2015	6	F299.24；D922.291.91；D922.294	经济
典型国家和地区产业链建构的经验及启示	贵州社会科学	2015	4	F113；F121.3	经济
台湾的个人所得税改革与税负公平——基于台湾个人所得税申报数据的实证研究	求索	2015	6	F812.42	经济
中国城镇化发展与城乡治理向度——以台湾城乡治理为例	求索	2014	1	F299.27；C912.8	经济
从构想到实践：地政学派与台湾土地银行的创设	福建论坛（人文社会科学版）	2016	12	F832.9	经济
基于六级产业论的台湾休闲农业发展理念及启示	福建论坛（人文社会科学版）	2016	12	F323.4；F592.7	经济
福建自贸区旅游的特色、瓶颈与路径创新	福建论坛（人文社会科学版）	2016	11	F592.7	经济
陆资赴台投资研究：困境与现实选择	福建论坛（人文社会科学版）	2015	12	F727	经济
新时期福建与台湾贸易状况及潜力预测	福建论坛（人文社会科学版）	2015	12	F727	经济

续表

文章题目	文献来源	出版年	出刊期	中图分类号	学科
跨界融合与跨界治理：论"一带一路"战略下两岸产业合作创新	福建论坛（人文社会科学版）	2016	2	F127	经济
相关省市建设 21 世纪海上丝绸之路的经验做法及对福建的借鉴作用	福建论坛（人文社会科学版）	2016	4	F127	经济
福建省城乡生态文明一体化建设研究——以台湾农庄建设为例	福建论坛（人文社会科学版）	2016	4	F127	经济
海峡两岸农业经贸合作转型升级研究	福建论坛（人文社会科学版）	2016	7	F327	经济
新常态下两岸经济融合发展的动力转换与路径选择	福建论坛（人文社会科学版）	2016	9	F127	经济
基于共生理论的东金澎旅游经济合作区研究	福建论坛（人文社会科学版）	2014	12	F592.7	经济
我国自贸区发展策略选择与税收政策构想——兼论福建自贸区发展策略	福建论坛（人文社会科学版）	2015	1	F752.7；F812.42	经济
基于 SWOT – PEST 模型的福建台湾农民创业园发展战略分析	福建论坛（人文社会科学版）	2015	4	F323.6；F279.2	经济
福建乡村旅游产业升级路径研究——闽台乡村旅游的"成长差距"比较	福建论坛（人文社会科学版）	2015	7	F592.7	经济
建立厦金跨境经济合作区问题探讨——借鉴中哈霍尔果斯跨境自贸区模式	福建论坛（人文社会科学版）	2015	11	F752.8	经济
海峡股权交易中心的现实作用与发展策论	福建论坛（人文社会科学版）	2015	11	F832.51	经济
福建省构建两岸产业合作示范体系的模式选择和政策支撑	福建论坛（人文社会科学版）	2015	11	F127	经济
金融竞争力、辐射力与海峡两岸区域性金融中心构建	福建论坛（人文社会科学版）	2014	4	F832.7	经济
ECFA 时代推进闽台科技交流合作制度化的思考	福建论坛（人文社会科学版）	2014	6	F127	经济
ECFA 背景下海峡两岸征信业合作的路径选择	福建论坛（人文社会科学版）	2014	7	F832.7	经济
出口贸易对闽台区域创新能力的影响分析	福建论坛（人文社会科学版）	2014	8	F124.3；F752.62	经济

文章题目	文献来源	出版年	出刊期	中图分类号	学科
海峡两岸物流业比较与合作发展空间研究	太平洋学报	2016	5	F259.27	经济
大陆集体土地征收补偿制度改革探讨——基于两岸土地征收的比较视角	北京行政学院学报	2016	3	F301.2	经济
公私合作型都市更新的动力机制——以我国台湾地区《都市更新条例》之奖助制度为例	国家行政学院学报	2015	6	F283；D922.297	经济
破解土地财政，变征地为分地——东亚地区城市化用地制度的启示	国家行政学院学报	2015	3	F299.31	经济
海峡两岸高新技术产业互补合作研究	理论学刊	2015	6	F276.44	经济
论海上丝绸之路的多元化合作机制	世界经济与政治	2014	11	F125	经济
经济增长与分配平等：台湾经验的探讨	北京行政学院学报	2014	3	F127	经济
改革开放初期邓小平对我国经济发展目标的调整	中共中央党校学报	2014	3	F124；A849	经济
建设中华自由贸易区的经济条件与效应研究	理论学刊	2014	2	F752	经济
台湾农地改革的政治经济分析	北京行政学院学报	2014	1	F301	经济
台湾地区城乡统筹的发展历程及其启示	社会主义研究	2015	4	F127	经济
我国居民收入占比合理性的判断标准	教学与研究	2015	6	F126.2	经济
不情愿的让步：美台纺织品贸易谈判（1969—1971）	党史研究与教学	2015	1	F419；K27	经济
推进两岸金融融合 梦圆祖国和平统一——《海峡两岸服务贸易协议》意义何在？	理论视野	2015	1	F832	经济
	红旗文稿	2014	8	F744	经济
明清时期流民渡台与台湾农业开发	中国农史	2015	1	F329	经济
17世纪上半叶台湾海峡贸易主导权问题新探——以荷兰侵占台湾初期的转口贸易为中心	世界历史	2016	5	F752.9	经济
中国奢侈品消费外流的税收政策研究	中南财经政法大学学报	2015	2	F812.42	经济
基于短期资金市场的高科技企业融资战略及其影响因素——依据台湾1233家高科技企业的面板数据	财经论丛	2015	6	F276.44；F275	经济

续表

文章题目	文献来源	出版年	出刊期	中图分类号	学科
城市土地用途管制制度的演变特征与趋势	城市发展研究	2015	6	F299.23	经济
大中华区股票市场波动特征、关联性与一体化	经济与管理研究	2015	8	F832.51；F224	经济
推进股票发行注册制改革的路径研究	上海经济研究	2015	7	F832.51	经济
各国（地区）应对股灾救市行动评述	证券市场导报	2016	1	F832.51	经济
投资者申购赎回与投资费用——来自中国开放式基金的实证分析	中南财经政法大学学报	2016	2	F832.51	经济
大陆与港澳台地区经济增长的关联与互动	经济与管理研究	2016	6	F127	经济
海峡两岸产业合作与产业政策的协调	经济与管理研究	2016	6	F127	经济
我国自由贸易试验区的性质分析	上海经济研究	2016	7	F752.8	经济
交易纪律和私有信息对机构投资者超额报酬的影响	财经理论与实践	2016	5	F832.51	经济
都市捷运沿线营运前后人口变化：高雄市的个案观察	城市发展研究	2014	4	F299.313	经济
农业 FDI 与当地农民增收——基于闽台农业合作的研究	经济与管理研究	2014	6	F832.6；F323.8	经济
台湾地区会计师考试制度的演进	财贸研究	2014	4	F233	经济
企业内部圈子对组织承诺的影响	经济与管理研究	2014	7	F272.92	经济
贸易条件、实质所得与贸易余额关系研究——以台湾纺织业为例	国际经贸探索	2014	11	F426.81；F752；F224	经济
台湾省现代农业经营主体发展路径分析——基于钻石模型的分析	农业经济问题	2014	3	F320；F224	经济
中国进口商品结构及与贸易伙伴的关系研究	经济理论与经济管理	2014	5	F752.61	经济
台湾"自下而上"乡村发展政策的演进及其启示	农业经济问题	2014	4	F327	经济
东亚生产网络、产业内贸易与二氧化碳排放——基于中国与东亚经济体间面板数据分析	国际贸易问题	2014	4	F131；F124；F224	经济

文章题目	文献来源	出版年	出刊期	中图分类号	学科
国际食物消费启示与中国食物缺口分析：基于历史数据	经济理论与经济管理	2014	8	F426.82	经济
土地改革对经济持续增长的影响——基于台湾省土地改革的研究	农业经济问题	2014	7	F301；F127	经济
大陆与台湾地区服务贸易国际竞争力比较研究	国际经贸探索	2014	7	F727	经济
全球生产网络下的贸易收益及核算——基于中国的实证	国际贸易问题	2014	6	F752	经济
老人免费装置假牙计划执行情形之查核——问卷调查及统计分析之应用	审计研究	2014	4	F239.6；R783.6	经济
审计策略管理与绩效评估新纪元——兼论"创新"核心价值之具体作为	审计研究	2014	4	F239.227	经济
两岸经济合作框架协议对福建产业的动态影响	国际贸易问题	2014	8	F127	经济
刘易斯转折期的通胀及其治理——日本、韩国和中国台湾的经验及启示	经济学家	2014	5	F822.5；F823.13；F823.126	经济
台湾地区的农地政策及其对大陆农地政策改革的借鉴	国际经济评论	2014	3	F301.0	经济
《海峡两岸服务贸易协议》中开放领域的对等性比较研究	国际经贸探索	2014	11	F727	经济
基于贸易国内增加值视角的中国外贸依存度研究	国际商务（对外经济贸易大学学报）	2014	5	F752	经济
我国"两岸四地"价格水平差距的比较研究——基于世界银行2011年国际比较项目（ICP）结果的分析	世界经济研究	2015	5	F726	经济
台湾地区服务贸易竞争力、影响因素及其对策研究	世界经济研究	2016	2	F752.68	经济
台湾地区农地不动产证券化分析及启示	农业经济问题	2016	4	F321.1；F832.51	经济
中国对外贸易隐含碳：结构特征与影响因素	经济评论	2016	4	X196；F752.6	经济

续表

文章题目	文献来源	出版年	出刊期	中图分类号	学科
中韩 FTA 对东亚的经济影响——基于 GTAP 模型的模拟分析	国际经贸探索	2016	8	F752.7	经济
中国与全球秩序的再平衡：来自东南亚的观察	国际经济评论	2016	1	F125	经济
两岸服务业合作的现状、问题与对策建议——基于政治经济学的分析	国际经济评论	2016	3	F719	经济
人民币替代港澳台货币的影响因素分析及对策研究	经济学家	2016	11	F822.7	经济
台湾地区出租车业管制的变迁及其经验借鉴	价格理论与实践	2014	10	F572.88	经济
中国产生的洗钱规模及其流出研究	经济学家	2015	1	F832.2；F224	经济
亚洲的实力与秩序	国际经济评论	2014	5	F113	经济
中国台湾地区医疗保险制度研究——暨台湾地区健康保险筹资制度变迁启示	价格理论与实践	2014	12	F842.6	经济
大陆与台湾价格贸易条件变动研究	价格理论与实践	2014	11	F727	经济
我国台湾地区农业信用保证的制度安排及启示	农业经济问题	2015	2	F327；F832.43	经济
中国房地产市场面临调整，而非衰退	国际经济评论	2015	1	F299.23	经济
景气循环下不动产市场对金融控股公司股价回报之影响	经济理论与经济管理	2015	6	F832.51；F299.23	经济
兵马未动，粮草先行："一带一路"与金融基础设施建设	国际经济评论	2015	4	F125；F832	经济
基于因子分析法的台湾地区本土银行经营绩效评价	世界经济研究	2015	8	F832.3	经济
产业政策与金融：台湾地区发展经验	世界经济研究	2015	9	F127；F832.7	经济
两岸在全球价值链中的分工地位和依赖关系——基于 TiVA 数据的实证分析	世界经济研究	2016	12	F752；F224	经济
当前两岸制度性经济合作之成就、问题及出路	亚太经济	2014	6	F127	经济
海峡两岸经济合作发展研究：2008—2013	亚太经济	2014	6	F127	经济

文章题目	文献来源	出版年	出刊期	中图分类号	学科
海峡两岸农地改革的比较与借鉴	亚太经济	2014	6	F321.1	经济
海峡两岸间企业并购现状及影响因素分析	亚太经济	2014	6	F271	经济
两岸共同经济周期的生成及传导机制研究	河北经贸大学学报	2015	1	F127	经济
台湾参与"21世纪海上丝绸之路"的战略构想与可行路径	亚太经济	2015	1	F125.4	经济
两岸产业合作的成效评估及其路径选择研究	亚太经济	2015	1	F127	经济
两岸服务贸易协议对两岸服务贸易的发展和促进作用	亚太经济	2015	1	F727	经济
完善我国增值税制度之借鉴与建议	税务研究	2014	12	F812.42	经济
"大中华区"是一个最优货币区吗?——基于多变量SVAR模型的视角	经济问题探索	2015	2	F822；F224	经济
2014—2015年台湾经济分析与前瞻	亚太经济	2015	2	F127	经济
台湾地区存款保险制度研究	亚太经济	2015	2	F832.1	经济
我国新型城镇化的模式选择——基于我国台湾地区和韩国的经验	现代经济探讨	2015	4	F299.21	经济
大陆居民赴台湾旅游需求波动性研究	经济问题探索	2015	4	F592.7	经济
台商投资与两岸贸易关系的变化特征研究	经济问题探索	2015	5	F727	经济
ECFA条件下大陆西部边境地区对台经济合作的产业选择与财税支撑策略	亚太经济	2015	3	F127；F812.0	经济
新时期两岸经济合作的成效、羁绊与因应之道	亚太经济	2015	3	F127	经济
两岸创意农业合作演化博弈分析	云南财经大学学报	2015	3	F327	经济
海峡两岸"乡村再造"的比较与借鉴	亚太经济	2015	3	F592.7；F327	经济
两岸服务贸易协议助力大陆台资企业转型升级刍议	亚太经济	2015	3	F752.68	经济
两岸单一窗口构建比较及其制度性启示	亚太经济	2015	3	F752	经济

续表

文章题目	文献来源	出版年	出刊期	中图分类号	学科
港澳台房地产税制度比较及大陆征税效应分析	亚太经济	2015	3	F812.42	经济
全球人民币离岸市场的比较与前景	亚太经济	2015	3	F832.6	经济
全球价值链分工下两岸贸易利益的分配——基于两岸制造业贸易附加值的研究	经济问题探索	2015	6	F752.6	经济
中国两岸区域货币单位"中元"的构建与分析	河北经贸大学学报	2015	5	F822.1	经济
海峡两岸东海渔业资源合作开发与保护策略	亚太经济	2015	4	F326.4	经济
中韩 FTA 对两岸经贸关系的影响——基于台韩产品在中国大陆市场的贸易竞争关系分析	亚太经济	2015	4	F125；F752.7	经济
台湾参与亚投行的战略机遇、主要困境及未来走向	亚太经济	2015	4	F831.2	经济
闽台金融合作的新态势与对策	经济纵横	2015	8	F832.7	经济
两岸房地产上市公司运营效率比较研究——基于 Metafrontier 和动态 SBM 方法	亚太经济	2015	5	F299.233.4；F224	经济
大陆有关赴台投资规定存在的问题及建议	亚太经济	2015	5	F127	经济
从比较优势理论探析台湾经济发展的战略选择	亚太经济	2015	5	F127	经济
2008 年以来两岸制度化经济合作：成效检讨与前瞻	亚太经济	2015	6	F127	经济
后 ECFA 时代两岸关系面临的机遇与挑战	亚太经济	2015	6	F127	经济
海峡两岸共建厦金跨境经济合作区的方案与建议	亚太经济	2015	6	F127	经济
东亚体系演化视角下台湾地区参与亚太经济合作的空间与路径	亚太经济	2016	1	F125；F116	经济
全球价值分工视角下两岸贸易的特征与启示	亚太经济	2016	1	F727	经济

文章题目	文献来源	出版年	出刊期	中图分类号	学科
台湾地区农地制度改革的做法及政策启示	经济纵横	2016	3	F321.1	经济
台湾地区研发税收激励政策：经验与借鉴	税务研究	2015	12	F812.42	经济
21世纪以来台湾地区能源政策发展评析	亚太经济	2016	2	F426.2	经济
台湾地区产品质量的监管做法及其借鉴	亚太经济	2016	2	F203	经济
促进就业创业的财税政策经验借鉴及启示	税务研究	2016	4	F812.42；F279.2	经济
两岸经济关系进入"新常态"	亚太经济	2016	3	F127；D618	经济
"一带一路"交通基础设施建设的国际经贸效应	亚太经济	2016	3	F512；F125	经济
深化福建自由贸易试验区与台湾自由经济示范区对接合作研究	亚太经济	2016	3	F727	经济
台湾地区第三方支付规定研究	亚太经济	2016	3	F724.6；F832.2	经济
基于货币需求函数的人民币替代港澳台三地货币实证研究	经济经纬	2016	4	F822.7	经济
台湾地区电子发票建设应用的特点与启示	税务研究	2016	8	F812.42	经济
新常态下深化两岸经贸合作面临的问题及因应策略	亚太经济	2016	4	F127	经济
海峡两岸经济一体化视角下的贸易效应分析	亚太经济	2016	4	F727	经济
台湾地区税收收入过低问题的分析	亚太经济	2016	5	F812.42	经济
我国两岸经济周期波动同步化的实证研究	经济问题探索	2014	1	F124.8	经济
金融包容性增长：台湾新农业金融体系经验借鉴	农村经济	2014	4	F832.7；F327	经济
两岸共同参与东亚经济一体化的方式与途径	亚太经济	2014	2	F114.46	经济
闽台经济发展差异与追赶台湾策略研究	亚太经济	2014	3	F127.9	经济

文章题目	文献来源	出版年	出刊期	中图分类号	学科
大陆与台湾高技术产品在美国市场的竞争状况分析——基于出口相似度指数与转移份额分析方法	亚太经济	2014	3	F752.62；F276.44	经济
建设"海上丝绸之路"背景下我国远洋渔业发展路径研究	现代经济探讨	2014	7	F326.4	经济
基于层次分析法下两岸商业银行竞争力比较研究	亚太经济	2014	4	F832.33；F224	经济
两岸宏观经济政策协调机制探析	亚太经济	2014	4	F127	经济
加快推进闽台产业融合发展研究	亚太经济	2014	4	F114.46	经济
海峡两岸商贸服务业竞争力及其产业融合研究	亚太经济	2014	4	F719	经济
日本与中国台湾公共养老制度的比较研究——对中国大陆养老制度建设的启示	河北经贸大学学报	2014	5	F842.6；F843.13	经济
闽台知识产权保护合作先行先试	亚太经济	2014	5	F204	经济
两岸电子信息制造业研发效率评价及影响因素分析	亚太经济	2014	5	F49	经济
台资银行拓展大陆市场的动因与模式选择	亚太经济	2014	5	F832.3	经济
基于最优货币区内生性理论的中国货币一体化问题研究	中国经济问题	2014	6	F822.1；F224	经济
中韩FTA关税减免对东亚主要经济体影响评价——基于自主开发的多区域CGE	河北经贸大学学报	2016	5	F752.7	经济
台湾地区农业科技在大陆产学合作的市场化机制研究	亚太经济	2016	6	F327；F323.3	经济
信用保证基金模式的设计与思考——浙江省台州市小微企业信用保证基金的经验与启示	商业经济与管理	2015	12	F832.3	经济
快速删单有利于流动性吗	当代财经	2016	1	F832.51	经济
公共投资与股权溢价动态关系：理论模型与基于台湾的实证证据	当代财经	2016	6	F832.51；F812.45	经济

文章题目	文献来源	出版年	出刊期	中图分类号	学科
中国对外贸易隐含的碳排放与利益：测算与比较	商业经济与管理	2016	9	X196；F752	经济
政府补助与租税奖励对企业经营绩效的影响——基于大陆与台湾地区 LED 产业的比较	财经问题研究	2016	8	F426.6	经济
土地征收的新公众参与边界讨论——基于台湾典型土地征收案例的分析	中国土地科学	2016	7	F301.2	经济
中等收入陷阱研究评述——兼对"东亚增长模式"的思考及启示	经济学动态	2014	5	F131	经济
国外与台湾地区农地开发管制的外部性及其补偿研究进展	中国土地科学	2014	11	F301.2	经济
高技术产品进口溢出与我国全要素生产率的实证研究	宏观经济研究	2014	12	F752.61；F124	经济
新一轮国际产业转移背景下两岸产业合作的前景与途径分析	国际贸易	2014	11	F127	经济
财政补偿体制演变与公立医院去行政化改革	经济学动态	2014	12	F812.45；R197.1	经济
CAFTA、CEPA、ECFA 利用率浅析——以货物贸易为例	国际贸易	2014	12	F744	经济
东亚地区的经济增长、开放与碳排放效率——来自贸易部门的面板数据研究	世界经济与政治论坛	2015	3	F131；X196	经济
海峡两岸经贸关系经验研究——基于贸易流量指标与多边阻力条件引力模型的分析	财经问题研究	2015	7	F124；F224	经济
海峡两岸生产性服务业的出口竞争力比较及合作对策研究	国际贸易	2015	8	F719	经济
后 ECFA 时代加快提升两岸经贸关系可持续发展的对策分析	国际贸易	2015	9	F727	经济
美国公众对中国经济竞争力及中国汇率政策的认知	世界经济与政治论坛	2015	5	F124；F832.6	经济
台湾地区第二次农地改革之启示	中国土地科学	2014	6	F301.11	经济

续表

文章题目	文献来源	出版年	出刊期	中图分类号	学科
台湾家族企业国际多角化经营绩效研究——基于金融危机前后的对比分析	审计与经济研究	2014	6	F276.5	经济
两岸服务贸易格局的变迁与前瞻	国际贸易	2014	9	F727	经济
海峡两岸服务贸易协议的签订及对两岸经贸的影响分析	国际贸易	2014	9	F727	经济
中外金融消费者保护水平比较分析	金融经济学研究	2014	5	F831	经济
台湾家族企业国际多角化经营绩效研究——基于金融危机前后的对比分析	审计与经济研究	2014	6	F279.12	经济
中国仅仅是制造大国吗——基于出口增加值测算角度	南方经济	2016	6	F752.62	经济
国际费雪效应在东亚地区存在吗——基于中国视角的探究	当代经济科学	2014	2	F832；F822.0；F224	经济
有机农业适度规模经营研究——基于我国台湾地区数据的空间分析	农业技术经济	2014	6	F327	经济
对外直接投资推动产业结构升级：赶超经济体的经验	当代经济科学	2014	6	F837.12	经济
中国参与全球价值链分工的程度及演变趋势——基于跨国投入－产出分析	经济研究	2015	9	F125	经济
中国增加值贸易隐含的要素流向扭曲程度分析	经济研究	2014	9	F752.6	经济
中国的出口模式：似曾相识	经济学（季刊）	2016	4	F752.62	经济
中国城乡居民收入差距代际传递变动趋势：2002—2012	中国工业经济	2015	3	F124.7	经济
生存分析在股市期市涨跌预测中的应用	数量经济技术经济研究	2014	12	F832.51；F224	经济
日本、韩国及中国台湾信用合作运行模式、发展经验与启示	中国农村经济	2015	10	F321.42	经济
农地抵押融资运行模式国际比较及其启示	中国农村经济	2015	3	F831.2；F311	经济
对外反倾销能否提升中国企业生存率——以化工产品"双酚A"案件为例	财贸经济	2014	9	F752.02；F426.72	经济
锁国时期广州港口海外贸易输入品结构考述——以白银、香料及米粮为中心	社会科学	2016	9	F752.9	经济

文章题目	文献来源	出版年	出刊期	中图分类号	学科
长江经济带发展潜力与两岸合作机会	江海学刊	2016	1	F127	经济
农村合作社运动与第三条道路：争论与反思	开放时代	2015	2	F321.42	经济
农业合作化路径选择的两大盲点：东亚农业合作化历史经验的启示	开放时代	2015	5	F323；F331	经济
中国出口中增加值的来源地和目的地——基于增加值贸易的视角	浙江社会科学	2014	8	F752.62	经济
两岸产业转移空间布局演化及微观机制研究	社会科学战线	2014	5	F727；F121.3	经济
台日渔业谈判述论	学海	2014	6	F316.4	经济
两岸贸易、异质性劳动力与台湾工资差距——基于21个制造业面板数据的考察	广东社会科学	2016	4	F427；F272.92	经济
台湾地区统一发票给奖制度启示与借鉴	江西社会科学	2015	10	F812.42	经济
基于网络搜索数据的消费者信心指数预测研究——以台湾地区为例	浙江学刊	2015	2	F713.55	经济
浙江经济增长趋势与应对策略研究	浙江学刊	2014	1	F127	经济
人民币兑新台币的均衡汇率：分析框架与实证检验	东南学术	2014	3	F832.6；F224	经济
当局角色转变误区与台湾经济衰退	东南学术	2014	4	F127；D675.8	经济
福建自贸试验区成立下两岸金融合作的探讨和展望	东南学术	2015	5	F727；F832.7	经济
台湾金融体制改革的回顾与思考	东南学术	2015	6	F832.1	经济
基于就业力提升的台湾地区青年就创业指导服务研究	东南学术	2016	3	F279.27	经济
房价、地价与建物价值之折旧效果分析	华中科技大学学报（社会科学版）	2015	1	F299.23；F224	经济
寿险需求结构演进及影响因素的阶段特征——基于中国大陆与台湾地区的比较研究	厦门大学学报（哲学社会科学版）	2014	3	F842.62	经济
明末台海官、商、盗三角关系与台海贸易	厦门大学学报（哲学社会科学版）	2014	4	F129；K252	经济

续表

文章题目	文献来源	出版年	出刊期	中图分类号	学科
台湾中小企业融资体系研究	厦门大学学报（哲学社会科学版）	2014	4	F275；F276.3	经济
股指期权价格发现的动态过程研究——基于台湾股指期权高频数据的实证分析	厦门大学学报（哲学社会科学版）	2014	5	F224；F832.51	经济
期权市场散户对价格预测能力的检验	厦门大学学报（哲学社会科学版）	2015	3	F832.5；F224	经济
隐含风险厌恶：度量、影响因素与信息含量	厦门大学学报（哲学社会科学版）	2016	1	F724.5；F224	经济
ECFA背景下台湾中南部的经济情势——兼析ECFA在南台湾的成效	厦门大学学报（哲学社会科学版）	2016	2	F127	经济
有限理性、公共问责与风险分配：台湾高铁市场化的失败与启示	武汉大学学报（哲学社会科学版）	2014	2	F532.8	经济
两岸区域经济合作的方式与路径研究——基于长三角的两岸产业合作现状及走势	上海交通大学学报（哲学社会科学版）	2014	3	F127	经济
抗战时期中国农民银行土地金融活动考察	暨南学报（哲学社会科学版）	2015	4	F832.33；F301；K265	经济
经济冲击的非对称性与两岸四地的货币合作	兰州大学学报（社会科学版）	2016	2	F822	经济
企业渐进式升级、竞争优势与驱动因素研究	东南大学学报（哲学社会科学版）	2014	2	F272	经济
台湾岛内制造业的空间集聚态势	华南师范大学学报（社会科学版）	2015	2	F427	经济
台湾发展区域性银行问题探讨	华南师范大学学报（社会科学版）	2015	2	F832.3	经济
新形势下闽台深化经济合作问题探究	华南师范大学学报（社会科学版）	2015	2	F127	经济
产业集群发展面临的问题及管理创新服务对策研究	东北大学学报（社会科学版）	2014	5	F124；F279.2	经济
大陆对台湾农产品出口增长的成因——基于CMS模型的分析	华东理工大学学报（社会科学版）	2015	3	F323.7；F752.62	经济

文章题目	文献来源	出版年	出刊期	中图分类号	学科
台湾与主要亚太区域经济体的经贸联系及一体化安排效益	云南师范大学学报（哲学社会科学版）	2014	4	F752.7；F114.46	经济
现代农业能否支撑城镇化？	西北农林科技大学学报（社会科学版）	2014	1	F320；F299.2	经济
台资在京津冀地区的发展对策研究	北京联合大学学报（人文社会科学版）	2016	4	F127	经济
实际汇率变动对海峡两岸贸易影响的实证分析——基于国民经济行业分类标准	中南大学学报（社会科学版）	2016	5	F727；F832.6	经济
两岸合作保护南海渔业资源探讨	海南大学学报（人文社会科学版）	2015	2	F326.4；D993.5	经济
中国－东盟自贸区建设中中国挤占东盟 FDI 问题研究——基于日本 2001—2012 年 FDI 基础上的考察	同济大学学报（社会科学版）	2016	4	F831.6	经济
经济持续高速增长时限的理论假说及其验证	中国人民大学学报	2014	4	F124	经济
公立产业技术研究院与新兴工业化经济体技术能力跃迁——来自台湾工业技术研究院的经验	清华大学学报（哲学社会科学版）	2014	3	F276.44	经济
"一带一路"与台湾	北京大学学报（哲学社会科学版）	2015	6	F125	经济
产业结构高级化、贸易开放度与福建经济增长	福建师范大学学报（哲学社会科学版）	2016	2	F127；F752.8	经济
福建对台跨境人民币贷款试点现状及政策优化	福建师范大学学报（哲学社会科学版）	2016	3	F832.6；F832.4	经济
闽台跨境人民币业务推进策略探析	福建师范大学学报（哲学社会科学版）	2014	6	F832.2	经济
台湾银行业效率评价——基于 Hybrid DEA 模型的分析	福建师范大学学报（哲学社会科学版）	2014	6	F832.33；F224	经济
清代出洋闽台商渔船只组织的形成及运作	福建师范大学学报（哲学社会科学版）	2015	4	F552.9	经济
经济新常态下福建自由贸易试验区发展路径探索	福建师范大学学报（哲学社会科学版）	2015	4	F752.8	经济

续表

文章题目	文献来源	出版年	出刊期	中图分类号	学科
世界遗产对入境旅游的影响差异——基于中国境外游客的群组分析	经济管理	2016	12	G125；F592	经济
海峡两岸战略性新兴产业集群协同演进研究	科研管理	2016	7	F273.1；F276.44	经济
粤台科技服务业的空间集聚水平及特征	科技管理研究	2016	11	F719	经济
科技园区持续发展的机制探讨	中国科技论坛	2016	5	F127	经济
台湾科技投入产出统计指标与数据分析解读	科技管理研究	2016	7	F124.3	经济
企业为什么不实施民主参与管理：来自海峡两岸的证据	管理评论	2016	3	F272.93	经济
台湾技术创新模式与人力资源开发演变研究	科技进步与对策	2016	4	F124.3；F249.21	经济
台湾民营银行发展历程及对大陆的启示	华东经济管理	2016	2	F832.3	经济
科技园区转型升级的内在动力研究	中国软科学	2016	1	F276.44	经济
台湾 R&D 财政补贴的机制设计与经验借鉴：以 SBIR 计划为例	中国科技论坛	2016	1	F812.45	经济
台湾研发服务业与制造业联动发展及其对广东的启示	科技管理研究	2015	22	F427；F719	经济
集成基因表达规划法应用于动态股票交易策略探勘之研究	中国管理科学	2015	S1	F224；F832.51	经济
区域经济融合、投资交流与产业联动——基于两岸深度一体化的实证研究	华东经济管理	2015	11	F127	经济
基于贝叶斯机制转换协整模型的石油－股市非对称效应研究	中国管理科学	2015	9	F831.51；F224；F764.1	经济
农户对台湾农业技术的采用行为研究——基于福建省漳浦县的调查数据	科技管理研究	2015	17	F323.3	经济
基于风险管理理论的创新型人才流动管理研究——以海西经济区为例	科技进步与对策	2015	18	F127；C964.2	经济
基于厦门前沿的福建自贸区对台合作新探索	中国软科学	2015	8	F727	经济

文章题目	文献来源	出版年	出刊期	中图分类号	学科
海峡两岸创意农业合作绩效内涵研究	科技管理研究	2015	15	F323.4	经济
基于时变混合 Copula 的金融市场传染效应研究	软科学	2015	8	F832.51；F224	经济
非合作博弈两阶段生产系统 DEA 并购效率评价	中国管理科学	2015	7	F271；F275；F224	经济
基于广义谱和 MCS 检验的 VaR 模型预测绩效评估	管理科学	2015	4	F830.91；F224	经济
民主参与管理与家族企业共享价值观的实现	经济管理	2015	7	F276.5；F272.93	经济
两岸行业协会合作战略与路径：基于"21 世纪海上丝绸之路"战略视角	中国软科学	2015	4	F127	经济
外部环境对闽台创意农业合作绩效影响的实证研究	华东经济管理	2015	2	F327	经济
企业技术学习中的政府行为优化研究	科研管理	2015	S1	F273.1；D630	经济
对台湾地区年金制度改革的评价及启示	科研管理	2015	S1	F842.67	经济
集聚效应对外商直接投资区位选择影响研究——来自中国台湾地区对大陆地区投资的经验数据	软科学	2015	1	F832.6	经济
研发投入、专利与经营绩效实证研究：以台湾为例	科技进步与对策	2015	2	F273.1	经济
战略与结构匹配对新兴市场企业集团绩效的影响	南开管理评论	2014	6	F276.44	经济
科技研发机构技术商业化创新路径研究——台湾工业技术研究院技术商业化的创新实践及其启示	科技管理研究	2014	20	G322.2；F273.1	经济
全球性股市恐慌下的股市日内风险传染：来自欧债危机时期的证据	管理工程学报	2014	4	F224；F831.51；F815	经济
民营银行金融体制改革的国际比较研究	经济体制改革	2014	4	F831.2；F832.1	经济
基于企业创新主导的区域创新体系及其要素协同——以台湾新竹科学园为例	科技进步与对策	2014	13	F273.1	经济

文章题目	文献来源	出版年	出刊期	中图分类号	学科
收入驱动国民出境旅游 S 模型——四个国家和地区比较	经济管理	2014	7	F592	经济
研发产业竞争力评析及其对深化产业合作的启示——以台湾地区和大陆主要省市为例	软科学	2014	5	F127；F224	经济
台湾内湖科技园区发展历程、经验和启示	科技进步与对策	2014	10	F276.44	经济
基于 Copula 的我国台湾和韩国股票市场相关性研究	管理工程学报	2014	2	F224；F832.51；F833.126	经济
新公共管理理论视野下的台湾绩效审计——论大陆改进之道	华东经济管理	2014	4	F239.4	经济
论公立产业技术研究院与战略新兴产业发展	中国软科学	2014	3	F276.44；G322.2	经济
台湾中小企业辅导政策研究	科技进步与对策	2014	7	F276.3	经济
基于数据驱动平滑检验的密度预测评估方法——以香港恒生指数、上证综指和台湾加权指数为例	中国管理科学	2014	3	F224；F832.51	经济
个人特征对科技接受度影响的差异性分析——以中国大陆和台湾地区为例	科技管理研究	2014	3	F204	经济
面向产业集聚的科技服务发展模式研究——台湾 16 年面板数据的仿真分析及其对福建的启示	科技进步与对策	2014	3	F063.1；F062.4	经济
我国台湾地区土地改革对经济持续增长的影响研究	经济体制改革	2014	1	F301；F127	经济
经济增长、结构调整与战略性新兴产业发展——基于多国的经济周期核算分析	经济管理	2014	1	F113；F276.44；F224	经济
台湾产业集群之源起与演进——新竹科学园区、中部科学园区、南部科学园区之发展经验	科学学研究	2014	1	F279.27	经济
我国大陆在台湾地区专利活动分析	科技管理研究	2014	1	F127；F204	经济

文章题目	文献来源	出版年	出刊期	中图分类号	学科
大陆地区青年台商社会融入问题与对策研究——以珠三角青年台商群体调查为中心	中国青年研究	2016	3	F279.2；D618	经济
两岸贸易对台湾劳动力就业的影响效应——基于台湾 25 个制造业面板数据的实证分析	人口与经济	2014	3	F249.2；F727	经济
两岸四地旅游业融合发展研究	西南民族大学学报（人文社科版）	2016	10	F592	经济
两岸互联网金融合作的障碍和空间	台湾研究	2016	6	F832.7；F724.6	经济
两岸经贸交流合作对台利益分配状态分析	台湾研究	2016	5	F127	经济
互联网金融促进两岸多层次资本市场合作探讨	台湾研究	2016	6	F724.6；F832	经济
"一带一路"背景下两岸能源合作的政策选择	台湾研究	2016	4	F426.2	经济
台湾区域比较优势与人口迁移的交互与嬗变研究	台湾研究	2016	4	C924.2；F127	经济
两岸绿能产业合作现状与前景研究	台湾研究	2016	4	F127	经济
自贸区建设背景下两岸共建"21 世纪海上丝绸之路"探讨	台湾研究	2016	3	F127	经济
近年来两岸经济制度化合作成效问题研究	台湾研究	2016	3	F127	经济
"一带一路"战略背景下两岸经贸合作的新路径	台湾研究	2016	2	F124	经济
两岸经济合作对台湾经济增长和波动的影响（1996—2013 年）——基于广义脉冲响应函数之实证分析	台湾研究	2016	2	F127	经济
两岸经济关系发展新趋向与路径选择	台湾研究	2016	2	F124	经济
2008 年以来台美经贸关系现状与走势	台湾研究	2016	1	F752.7	经济
两岸中小企业税负的历史、现状比较及对大陆的启示	台湾研究	2016	1	F276.3；F812.42	经济
推进两岸经济融合发展的形势与思路	台湾研究	2015	6	F124	经济

续表

文章题目	文献来源	出版年	出刊期	中图分类号	学科
台湾财政困境分析	台湾研究	2015	6	F812.7	经济
海峡两岸共同参与区域经济合作衔接的路径与模式探讨	台湾研究	2015	5	F127	经济
2008年以来两岸经济合作回顾与经验总结	台湾研究	2015	4	F127	经济
"一带一路"战略视阈下两岸经济合作的前景	台湾研究	2015	4	F127	经济
"一带一路"视角下深化两岸经济合作的机遇与挑战	台湾研究	2015	4	F127	经济
海峡两岸自由经贸区对接合作研究	台湾研究	2015	3	F752.8	经济
两岸贸易对台湾劳动力就业效应的研究	台湾研究	2015	3	F727；F249.27	经济
两岸经济合作发展与提升的新契机	台湾研究	2015	2	F124	经济
海峡两岸产业链的形成与发展——基于HS四位码产业的实证分析	台湾研究	2015	2	F121.3	经济
海峡两岸区域间经济合作的前景与路径研究	台湾研究	2015	1	F127	经济
现阶段两岸经济相互依存关系探析	台湾研究	2015	1	F127	经济
略论两岸城乡统筹发展政策	台湾研究	2015	1	F299.2；F320	经济
台湾跨越中等收入陷阱的实证研究与经验借鉴	台湾研究	2014	5	F127	经济
当前两岸经济关系发展中的结构性难题与纾解路径	台湾研究	2014	5	F127	经济
两岸中小企业私募债券比较研究	台湾研究	2014	5	F276.3；F832.51	经济
台湾大陆经贸政策变化与深化两岸经济合作研究	台湾研究	2014	4	F752.0；F121	经济
台湾对大陆产业转移区位选择影响因素实证研究	台湾研究	2014	4	F127	经济
台湾居民对大陆游客旅游影响的感知与态度研究	台湾研究	2014	4	F592.7	经济
两岸经济合作的政治效应问题探讨	台湾研究	2014	3	F127	经济
两岸房地产市场发展与调控政策：经验、比较与启示	台湾研究	2014	3	F299.23	经济

文章题目	文献来源	出版年	出刊期	中图分类号	学科
全球经济变局与两岸经济一体化	台湾研究	2014	2	F127；F114	经济
东亚生产网络中的两岸产业合作	台湾研究	2014	2	F127	经济
人民币国际化视角下两岸金融合作探讨	台湾研究	2014	2	F832.7	经济
两岸银行业小微金融合作模式探讨——基于路桥的案例分析	台湾研究	2014	2	F832.3；F276.3	经济
台湾与东盟经济关系发展新趋势、成因与前景分析	台湾研究	2014	2	F125.5	经济
台湾食品安全监管体系的现状、问题及其发展趋势	台湾研究	2014	2	F203；F426.82	经济
2014 年台湾经济展望及其政经影响	台湾研究	2014	1	F127；D67	经济
亚太区域经济一体化形势与台湾的参与策略	台湾研究	2014	1	F114.46；F127	经济
粤台高科技产业合作模式及其影响因素研究	台湾研究	2014	1	F276.44	经济
台湾证券柜台市场发展与闽台证券柜台市场合作	台湾研究	2014	1	F832.51	经济
当代台湾劳工阶层社会经济现状问题分析	台湾研究	2016	6	F249.27	经济
台湾行业工资差距变动及其发展趋势研究——以 1990—2014 年为样本进行计算	台湾研究	2016	6	F249.24	经济
大陆台资银行投资与经营策略探析	台湾研究	2016	6	F832.33	经济
蔡英文当局对外经济战略透视	现代台湾研究	2016	5	F127	经济
台湾地区生态旅游发展与启示	现代台湾研究	2016	5	F592.7	经济
台湾科技经费监管体系及对福建的借鉴	现代台湾研究	2016	5	F812.45	经济
两岸经贸关系研究的理论视角与热点综述	现代台湾研究	2016	3	F727；D618	经济
近 20 年来两岸对台湾经济研究的综述——基于产业结构的分析	现代台湾研究	2016	3	F127；F121.3	经济

续表

文章题目	文献来源	出版年	出刊期	中图分类号	学科
中国台湾与柬埔寨经贸合作的现状与展望	现代台湾研究	2016	3	F125	经济
现阶段大陆台资小微企业转型升级研究	现代台湾研究	2016	2	F276.3	经济
台湾"房地合一税"改革剖析	现代台湾研究	2016	2	F812.42	经济
2015年两岸经贸关系回顾与展望	现代台湾研究	2016	1	F127	经济
2015年台湾经济回顾与展望	现代台湾研究	2016	1	F127	经济
新形势下大陆惠台经贸政策的成效分析及策略调整	现代台湾研究	2016	1	F127	经济
新常态下大陆台资企业转型与发展分析	现代台湾研究	2015	6	F279.27	经济
全球区域贸易自由化新局与两岸四地经济融合分析	现代台湾研究	2015	5	F127	经济
试析两岸经济竞合关系近期变化的背景、特点及其影响	现代台湾研究	2015	5	F127	经济
"一带一路"战略与两岸经贸合作	现代台湾研究	2015	4	F125	经济
闽台服务业合作现状与前景分析	现代台湾研究	2015	4	F719	经济
台湾服务业结构演变之研究	现代台湾研究	2015	3	F719	经济
东山岛与澎湖列岛风电产业合作前景探讨	现代台湾研究	2015	3	F426.61	经济
福建输入台湾园区品牌的模式与路径分析	现代台湾研究	2015	3	F127	经济
台湾对外并购投资动因、发展特点及趋势预测	现代台湾研究	2015	2	F125.5；F271	经济
秉持"两岸一家亲"理念 持续深化两岸经济合作	现代台湾研究	2014	Z1	F127；D618	经济
关于加快推动"中华经济联合体"的设想	现代台湾研究	2014	Z1	F127；D618	经济
两岸经济关系的政治经济分析——国际政治经济学的角度	现代台湾研究	2014	Z1	F127；D618	经济
"政经互动"思维下两岸经贸关系深化发展的策略研究	现代台湾研究	2014	Z1	F127；D618	经济

文章题目	文献来源	出版年	出刊期	中图分类号	学科
上海自由贸易区金融开放措施对闽台金融合作的启示	现代台湾研究	2014	Z1	F752.8；F832.7	经济
新形势下推动两岸经济一体化的思考	现代台湾研究	2014	4	F127	经济
台商投资大陆的趋势模型分析	现代台湾研究	2014	3	F727	经济
两岸现代服务业发展比较研究	现代台湾研究	2014	2	F719	经济
两岸服务业合作的现状与问题	现代台湾研究	2014	2	F719	经济
两岸服务业合作与两岸经济关系转型升级	现代台湾研究	2014	2	F719；F127	经济
2013 年台湾经济发展评述	现代台湾研究	2014	2	F127	经济
大陆"土地征用"和台湾"市地重划"模式比较研究	现代台湾研究	2014	2	F301.2	经济
2013 年两岸经贸关系回顾与展望	现代台湾研究	2014	1	F127	经济
2013 年台湾经济回顾与展望	现代台湾研究	2014	1	F127	经济
21 世纪全球区域经济整合浪潮下台湾的发展机遇与挑战	现代台湾研究	2014	1	F127	经济
开创闽台物流业合作新局面：机遇、重点与路径	现代台湾研究	2014	1	F259.2	经济
新形势下两岸次区域经济合作分析——兼论福建对台合作的"一体两翼"战略思路	现代台湾研究	2014	1	F127	经济
台湾青年面临的就业问题以及来大陆创业就业的态势分析	现代台湾研究	2016	6	F249.27；F279.27；D613	经济
民进党当局"新经济发展模式"与两岸经贸关系走向	现代台湾研究	2016	6	F127；D675.8	经济
两岸次区域经贸合作探讨——以厦金合作为试点	现代台湾研究	2016	6	F727；D618	经济
台湾青年来大陆就业创业差异性政策诉求及原因探析——基于对台湾 4 所高校 1030 个样本的问卷调查	现代台湾研究	2016	6	F279.2；F249.2	经济
两岸产业合作的现状、挑战及推进路径分析	现代台湾研究	2016	6	F127	经济
进一步推动两岸金融合作的思考	现代台湾研究	2016	6	F832.7	经济

续表

文章题目	文献来源	出版年	出刊期	中图分类号	学科
30 年来台湾地区人力资本的经济增长效应分析	台湾研究集刊	2016	6	F224；F249.27；F127	经济
大陆经济"新常态"下两岸经济"优要素"合作探析	台湾研究集刊	2016	6	F127	经济
两岸经贸依赖的局限性及其治理途径解析——基于两岸贸易、投资依赖的量化分析	台湾研究集刊	2016	5	F727	经济
台湾不同收入家庭的税负差异及其影响分析	台湾研究集刊	2016	4	F812.42	经济
台湾超额储蓄问题探析	台湾研究集刊	2016	4	F126.1	经济
台湾加入 RCEP 与 TPP 的经济效应分析——基于 GTAP 模型的模拟结果	台湾研究集刊	2016	4	F744；F752.8	经济
台湾服务业全要素生产率增长的估算：1985—2014	台湾研究集刊	2016	3	F719；F224	经济
两岸三地股市联动效应分析——基于台湾地区的研究视角	台湾研究集刊	2016	3	F832.51；F224	经济
析论台湾经济近年的发展困境与出路	台湾研究集刊	2016	2	F127	经济
两岸经济制度化合作提升路径研究——以"搭桥专案"为例	台湾研究集刊	2016	2	F127	经济
基于增加值视角的海峡两岸贸易收益核算	台湾研究集刊	2016	1	F727	经济
台湾"创新前瞻科技"成果产业化经验及两岸合作新局探讨	台湾研究集刊	2016	1	F124.3	经济
两岸跨境电子商务合作的意义及策略探讨	台湾研究集刊	2015	6	F724.6	经济
两岸知识密集型服务业的发展概况与合作前景	台湾研究集刊	2015	5	F719	经济
台湾股指期权市场中投资者隐含风险厌恶提取研究	台湾研究集刊	2015	5	F724.5	经济
台湾中南部制造业地理集聚及变化态势分析	台湾研究集刊	2015	4	F427	经济
海峡两岸水产品贸易结构演化特征：1995—2013 年	台湾研究集刊	2015	3	F326.4；F752.8	经济

文章题目	文献来源	出版年	出刊期	中图分类号	学科
再论两岸投资关系中的投资待遇问题	台湾研究集刊	2015	3	F127	经济
世界经济深度调整下两岸经济合作取向研究	台湾研究集刊	2015	3	F127	经济
两岸产业政策比较与协调研究	台湾研究集刊	2015	2	F120	经济
后 ECFA 时代两岸金融与两岸贸易、投资的关系——基于 VAR－VEC 模型的实证分析	台湾研究集刊	2015	2	F832.7；F727	经济
"刘易斯第一拐点"后闽台农业生产效率对比	台湾研究集刊	2015	2	F327	经济
闽南与台湾西部县市经济引力测算及闽台"南南合作"研究	台湾研究集刊	2015	1	F127；F224	经济
陈水扁时期台湾地区金融改革的政治分析	台湾研究集刊	2015	1	F832.7	经济
两岸农产品贸易动态比较优势实证分析	台湾研究集刊	2015	1	F323.7；F224	经济
厦漳泉同城化背景下厦金合作析论	台湾研究集刊	2014	6	F127	经济
台湾学运背后的经济发展困境	台湾研究集刊	2014	6	F127	经济
台湾"自由经济示范区"规划建设及对两岸区域经济合作的影响	台湾研究集刊	2014	6	F127	经济
海峡两岸农业制度性合作模式探讨	台湾研究集刊	2014	5	F321	经济
海峡两岸省域电子信息产业竞争力评价及分析	台湾研究集刊	2014	5	F49	经济
台湾服务贸易竞争力及影响因素研究——兼论《海峡两岸服务贸易协议》的推进	台湾研究集刊	2014	4	F752.68	经济
21 世纪以来台湾服务业发展概况及其发展趋势	台湾研究集刊	2014	3	F719	经济
台湾粮食供给保障与宏观调控的经验及启示	台湾研究集刊	2014	2	F326.11	经济
大陆与台湾地区服务业国际竞争力比较研究	台湾研究集刊	2014	2	F726.9	经济
海峡两岸多层次资本市场比较及合作路径探析	台湾研究集刊	2014	1	F832.5	经济

续表

文章题目	文献来源	出版年	出刊期	中图分类号	学科
从经济效益看两岸关系	台海研究	2016	3	F124；D618	经济
两岸经济交流格局下的两岸产业合作趋势研究	台海研究	2015	3	F127	经济
台湾加入 TPP 与 RCEP 的挑战与利弊分析以及对两岸关系影响	台海研究	2015	2	F742；D618	经济
区域经济一体化下的两岸经济合作：深化与融合	台海研究	2015	2	F127	经济
台湾土地制度变迁及其启示	台海研究	2014	4	F301.1	经济
陆资银行赴台经营策略初探	台海研究	2014	2	F832.3	经济
ECFA 框架下两岸服务贸易合作新视角：以台资企业发展生产性服务业为例	台海研究	2014	1	F719；F727	经济
中国人文旅游基地适宜性综合评价研究	资源科学	2016	12	K901.6；F592	经济
全球背景下台商投资大陆对两岸经济发展的影响研究	地理研究	2016	11	F127	经济
大陆居民赴台湾自由行旅游流网络分析及演化研究	旅游学刊	2016	10	F592.7	经济
中国旅游研究的国际影响力研究——基于 2001—2014 年中国学者旅游类 SSCI 论文统计分析	旅游学刊	2016	10	F592	经济
尺度、变化和恢复力：社区旅游规划的视角	资源科学	2016	9	TU984.18；F592.7	经济
东亚垂直分工对中国对外贸易隐含碳的影响研究——基于 MRIO – SDA 方法跨期比较	资源科学	2016	9	F249.1；F752；X196	经济
大陆游客涉入度与文化认同对台湾旅游目的地形象的影响	资源科学	2015	12	F592.7	经济
基于田园城市理论的中小城市发展模式探析——以台湾宜兰县规划与实践经验为例	城市规划	2015	12	F299.27；TU984	经济
大中华区股市波动的相关性及动态联动性研究	统计与决策	2015	22	F832.51	经济

文章题目	文献来源	出版年	出刊期	中图分类号	学科
入境游客在中国区域的动态分布及其预测研究——基于带虚拟变量的 ARI-MA 模型	旅游学刊	2015	11	F592	经济
游客环境责任行为驱动因素研究——以台湾为例	旅游学刊	2015	7	F592.7	经济
2000—2012 年中国出口贸易的碳排放效率时空演变	资源科学	2015	6	F752.62；X196	经济
台湾自由经济区演化及动力机制研究	人文地理	2015	2	F127	经济
"十三五"新时期深化两岸旅游合作探索——以厦金协作为突破口	旅游学刊	2015	4	F592.7	经济
大陆大学生在台湾的旅游动机及旅游形象感知评价	资源科学	2015	3	F592	经济
新常态下的海峡两岸旅游发展	旅游学刊	2015	2	F592	经济
中国省际旅游发展的多指标综合相似性及时空聚类特征	自然资源学报	2015	1	F592；F224	经济
台湾运动用品产业转移的背景、诱因、路径研究	体育与科学	2014	6	F426.86	经济
区域金融生态环境评价与实证	统计与决策	2014	15	F832；F205；F224	经济
海峡两岸暨香港导游管理体制比较与启示	旅游学刊	2014	8	F592	经济
基于《里山倡议》的乡村旅游发展途径初探——以台湾桃园地区对乡村旅游转型的需求为例	旅游学刊	2014	6	F592.7；F327	经济
台湾兴柜市场的投融资制度及对大陆的启示	统计与决策	2014	5	F832.51	经济
协整模型的"协整度"：等方差检验和其有限样本表现	统计与决策	2014	4	F224.0	经济
台湾数字融合发展的规制政策初探	情报资料工作	2014	1	F49	经济
1990—2009 年中国区域能源效率时空分异特征与成因	地理研究	2014	1	F206	经济
南海仲裁案判决结果预测与应对	东南亚研究	2016	3	D993.5	法律

续表

文章题目	文献来源	出版年	出刊期	中图分类号	学科
比较法视野下的行政法人法律属性探究及其制度化建构基础	理论与改革	2016	2	D922.1	法律
从"条约法"看战后对台湾及南海诸岛的处置——纪念中国人民抗日战争胜利70周年	太平洋学报	2015	12	D993.8	法律
美国《与台湾关系法》的立法特点与法律实效	太平洋学报	2015	10	D971.2	法律
台湾地区刑事妥速审判法之检思	理论探索	2015	4	D925.2	法律
美国民主输出的法律体系与对华民主输出法律支持机制	上海行政学院学报	2015	3	D971.2；D822.371.2	法律
以行政契约作为跨域治理之法制基础——以台北和基隆垃圾处理合作案为例	北京行政学院学报	2015	1	D912.1	法律
两岸食品安全危机的应对议题与监管体制比较研究	北京行政学院学报	2014	6	D922.16	法律
台湾地区乡镇市体制演进与立法过程	北京行政学院学报	2014	3	D921.8	法律
论民族国家的立宪模式——兼析中国和平统一的立宪路径	江苏行政学院学报	2014	3	D921；D618	法律
台湾废除死刑进程及其启示	理论探索	2014	2	D924	法律
论《开罗宣言》在当代国际法律秩序中的地位	国际观察	2014	1	D99；K152	法律
台湾问题的相关条约及其法律地位的演变	史学月刊	2016	3	D929	法律
论刑事诉讼当事人辅助制度	中国法学	2014	5	D925.2	法律
纪念《开罗宣言》70周年：匡扶正义、惩治侵略的法律武器	中国法学	2014	2	D993	法律
台湾法学教育之可能性解释（英文）	China Legal Science	2014	1	D90-4	法律
瑕疵担保、加害给付与请求权竞合 债法总则给付障碍中的固有利益损害赔偿	中外法学	2015	5	D923	法律
论婚姻法回归民法的基本思路——以法定夫妻财产制为重点	中外法学	2014	6	D923.9	法律

文章题目	文献来源	出版年	出刊期	中图分类号	学科
部分请求论之再检讨	中外法学	2014	2	D925.1	法律
国际法上的"附属岛屿"与钓鱼岛问题	法学家	2014	5	D993.5	法律
论诉讼标的与请求权规范之竞合——以旧诉讼标的理论的两岸实践为视点	法商研究	2016	3	D925.1	法律
司法的民主性抑或独立性——"法官异议"性质的解读	法商研究	2014	3	D926.2	法律
业主大会瑕疵决定撤销制度之检讨及完善	法学	2016	11	D922.181；D923.2	法律
共有人优先购买权和房屋承租人优先购买权竞合之证伪——兼评《房屋租赁司法解释》第24条第1项的理解和适用	法学	2014	12	D923	法律
关于适时修改我国现行宪法的七点建议	法学	2014	6	D921	法律
侵权责任能力判断标准之辨析	现代法学	2015	6	D923	法律
配偶法定继承权重塑中对婚姻家庭伦理的考量	现代法学	2014	3	D923.5	法律
从商法特色论民法典编纂——兼论台湾地区民商合一法制	清华法学	2015	6	D923	法律
不真正连带之债的实定法塑造	清华法学	2015	5	D913	法律
民营银行股东自担风险立法模式借鉴与选择	法律科学（西北政法大学学报）	2016	6	D922.281	法律
论刑事诉讼模式及其中国转型	法制与社会发展	2016	3	D925.2	法律
海峡两岸四地 共铸中华司法文明	法制与社会发展	2015	5	D926	法律
陪审制度的比较与评论——以日本、韩国、台湾地区模式为样本	法制与社会发展	2015	2	D916；D926	法律
海峡两岸公权力机关交往的回顾、检视与展望	法制与社会发展	2014	3	D618	法律
论我国留守儿童性权利的法律保护——基于十起典型案例的实证分析	法学论坛	2016	3	D922.183	法律
试论行政诉讼中规范性文件合法性审查的限度	法学论坛	2015	5	D925.3	法律

续表

文章题目	文献来源	出版年	出刊期	中图分类号	学科
海峡两岸食品安全犯罪规制对策比较研究	政法论丛	2016	3	D924.3	法律
我国在南海争议区域内海上维权执法探析	政法论丛	2015	3	D993.5	法律
论经济补偿制度的法律定位与规范功能——从两岸三地的比较切入	政法论丛	2014	3	D922.5	法律
论商业秘密侵权惩罚性赔偿的适用	知识产权	2015	11	D922.294	法律
台湾地区"智慧财产法院"诉讼制度考察与借鉴	知识产权	2015	10	D923；D926	法律
位置商标可注册性浅析——以欧盟"Button in ear"案为例	知识产权	2014	12	D923.43；D913	法律
专利资产证券化"真实销售"问题解析	知识产权	2014	10	D923.42；D922.287	法律
专利专门性法院的先驱者——美国联邦巡回上诉法院的发展	知识产权	2014	4	D971.2	法律
建设用地使用权期限届满法律后果比较观察	环球法律评论	2016	4	D923.2	法律
投资型保险契约无效时之保险费返还与缔约上过失责任——台湾地区"高等法院高雄分院"2012年上易字第255号民事判决评释	环球法律评论	2014	6	D912.28；D913	法律
论用人单位劳动规章的制定模式与效力控制——基于对德国、日本和我国台湾地区的比较分析	比较法研究	2016	1	D951.6；D931.3；D922.5	法律
论雇主劳动合同条款变更权之控制	比较法研究	2016	1	D912.5	法律
名誉侵权"过错"要件的比较研究——基于我国大陆和台湾地区典型判例的分析	比较法研究	2015	6	D923	法律
国际海洋法法庭"孟加拉湾划界案"之研析——兼论南海岛礁划界之启示	比较法研究	2014	5	D993.5；D910	法律
两岸刑事案件调查取证协助中的冲突及解决——以两岸证据制度的比较为视角	比较法研究	2014	3	D925.2	法律

续表

文章题目	文献来源	出版年	出刊期	中图分类号	学科
不能犯研究——以司法裁判对不能犯的认定为中心的展开	当代法学	2016	4	D924.1	法律
中日钓鱼岛之争中的条约动态解释悖论	当代法学	2015	4	D993.5；D829	法律
两岸食品安全犯罪刑事立法比较研究	当代法学	2015	2	D922.16；D924	法律
《保险法》第57条立法解析及其完善	当代法学	2014	2	D922.284	法律
论法定不动产担保物权隐秘性削减的修法趋势——以法国和台湾地区的经验看我国《合同法》第286条	法学杂志	2016	11	D923.6	法律
第三人撤销之诉原告适格问题研究	法学杂志	2016	6	D925.1	法律
醉驾刑罚完善之构想——以海峡两岸比较为中心	华东政法大学学报	2016	6	D924.3	法律
死后人工生殖之禁制与开放——以德国及台湾地区的裁判为中心	华东政法大学学报	2015	5	D912.1	法律
论依据一般法律原则的法律修正——以台湾地区"司法院大法官会议"释字362号为例	华东政法大学学报	2014	6	D90	法律
见义勇为与无因管理——从德国法及台湾地区法规定评河南法院判决	华东政法大学学报	2014	4	D913	法律
台湾地区法律经济学研究现状及其成因——基于法学知识生产的分析框架	华东政法大学学报	2014	1	D90－05	法律
海峡两岸反垄断法实施之比较分析	财经理论与实践	2016	1	D922.294	法律
台湾地区会计师惩戒制度及与大陆的比较	财贸研究	2016	1	D922.26	法律
融资融券及转融通保证金的法理基础与创新应用	证券市场导报	2014	2	D922.28	法律
政府采购行政救济制度在我国台湾地区的发展及其启示	价格理论与实践	2014	5	D922.2；F812.45	法律
两岸四地经济合作规则的法律实证分析	国际商务（对外经济贸易大学学报）	2015	1	D922.29；F127	法律
我国台湾地区的农村土地抵押：运行与启迪	现代经济探讨	2015	6	D923.2；D922.32	法律

续表

文章题目	文献来源	出版年	出刊期	中图分类号	学科
工资的对价学说及其法律解释力	社会科学	2015	8	D922.5	法律
海峡两岸共同打击犯罪问题新探讨	江海学刊	2014	1	D924；D926	法律
台湾地区判例制度之评析与检讨	江海学刊	2014	6	D927；D926.2	法律
海峡两岸罪犯移管制度探索	江海学刊	2015	1	D997；D997.9	法律
论台湾地区英美式法学教育模式之兴起	浙江社会科学	2014	1	D90-4；G642	法律
台湾地区刑事判例制度对大陆刑事案例指导制度的启发	南京社会科学	2015	8	D926.2	法律
中国闽台两地志愿服务立法的比较研究	社会科学战线	2014	6	D922.182；D927	法律
法律与情理视阈中的台湾"诽韩案"分析	社会科学战线	2016	4	D920.4	法律
国家责任的变迁：刑事赔偿与刑事补偿之区分	学习与探索	2015	11	D922.1；D925.2	法律
国家海洋利益的层次性与中国海洋利益维护	学习与探索	2016	11	D993.5	法律
论自然人死后身体权利与人身权的完善	学习与探索	2014	3	D923	法律
反垄断法中损害赔偿责任的比较研究	江西社会科学	2015	4	D922.294	法律
防范校园儿童性侵害的法律对策	江西社会科学	2014	5	D922.183；D669	法律
平潭实验区行政主体资格与管理权能的界定	东南学术	2014	2	D922.1	法律
论我国限定继承制度的完善——以我国台湾地区"民法"继承编为参照	东岳论丛	2015	6	D923.5	法律
两岸四地土地征收补偿制度比较研究	学术界	2016	3	D922.33	法律
论台湾残余土地一并征收制度——兼及对大陆立法之启示	河北学刊	2014	5	D922.3；D675.8	法律
文书提出命令制度司法适用研究——以2015年《关于适用〈中华人民共和国民事诉讼法〉解释》和台湾地区立法为中心	河北学刊	2015	6	D925.1	法律
海峡两岸行政复议制度的功能定位比较研究	山东社会科学	2015	S2	D922.11	法律

续表

文章题目	文献来源	出版年	出刊期	中图分类号	学科
诈骗与信任的社会机制分析——以中国台湾跨境电信诈骗现象为例	学术论坛	2016	5	D924.3	法律
欧洲逮捕令对我国区际逃犯移交制度的借鉴	学术论坛	2016	9	D95；D916；D924.3	法律
行政诉讼制度目的论辨析	学术交流	2016	8	D925.3	法律
区际司法协助视阈下的海峡两岸婚姻法律冲突之解决	学术交流	2014	6	D997；D923.9	法律
不当劳动行为禁止制度的内涵解析及本土化	学术交流	2015	11	D912.5	法律
竞争制度对区域一体化融合功能的法社会学分析——以欧盟竞争法为例	社会科学家	2016	5	D90－052	法律
中国台湾地区刑事判例制度与大陆案例指导制度之比较	北京社会科学	2014	11	D926.2；D924	法律
"在家教育"立法的现实诉求及框架构想——以北京市义务教育阶段为例	北京社会科学	2015	12	D922.16；G522.3	法律
法律新范式：通过法制建设社会——台湾家庭暴力防治立法的文本与体系分析	思想战线	2015	3	D927；D923.9	法律
台湾地区监听制度新近改革质评	甘肃社会科学	2016	3	D925.2	法律
主任检察官制度改革质评	甘肃社会科学	2014	4	D926.3	法律
海峡两岸涉外继承法律适用规则之比较	兰州学刊	2014	1	D923.5	法律
两岸互联网金融犯罪法律规制探析——兼以两岸非金融机构（电子）支付管理规则为核心	云南社会科学	2016	5	D924.33	法律
日本、韩国和我国台湾地区小微企业融资风险防范机制及启示	湖南社会科学	2015	2	D922.291.91；D922.287	法律
论两岸协议的法理定位	江汉论坛	2014	8	D920.4；D618	法律
论我国检察院的角色定位、具体权能及其尴尬	江汉论坛	2016	4	D926.3	法律
福建推进涉台立法先行先试的进路	福建论坛（人文社会科学版）	2015	12	D927	法律

续表

文章题目	文献来源	出版年	出刊期	中图分类号	学科
自然资源特许使用协议的性质认定——基于对双阶理论的批判性分析	中国地质大学学报（社会科学版）	2015	4	D925.3	法律
台湾地区土地征收中的利益衡量机制及其启示	华中科技大学学报（社会科学版）	2014	1	D922.3	法律
台湾家事审判制度的改革及其启示——以"家事事件法"为中心	厦门大学学报（哲学社会科学版）	2014	5	D923.9；D926.2	法律
台湾地区行政公益诉讼的立法与实践——以"美丽湾案"为切入点	武汉大学学报（哲学社会科学版）	2016	2	D925.3	法律
评《海峡两岸投资保护和促进协议》中的争端解决机制	武汉大学学报（哲学社会科学版）	2014	2	D922.29	法律
海峡两岸量刑规定比较研究	武汉大学学报（哲学社会科学版）	2014	4	D924.13	法律
不动产物权登记生效制度的实践困境与未来出路	山东大学学报（哲学社会科学版）	2015	2	D923.2	法律
既判力所及之特定继受人研究——以台湾地区的立法和司法实践为素材	上海交通大学学报（哲学社会科学版）	2015	4	D915.2；D927	法律
欧盟2012年第650号涉外继承条例研究	湖南科技大学学报（社会科学版）	2015	1	D95；D913	法律
论"或裁或审"条款中仲裁条款的效力——以海峡两岸司法实践为视角	西北大学学报（哲学社会科学版）	2014	4	D997.4	法律
论海峡两岸投资争端解决机制的演进与健全	云南师范大学学报（哲学社会科学版）	2014	2	D922.29	法律
《环境保护法》按日计罚制度适用问题研究——基于立法与执法视角	北京理工大学学报（社会科学版）	2016	6	D922.68	法律
污染场地修复的行为责任和状态责任	北京理工大学学报（社会科学版）	2015	6	D922.68	法律
两岸航空区际法律适用制度比较论纲	北京理工大学学报（社会科学版）	2015	5	D997；D922.296	法律
台湾养老保险制度现状、改革方向及启示	北京联合大学学报（人文社会科学版）	2015	3	D927；D922.182.3；F842.67	法律
两岸保险法中"意外"构成要件与举证责任分配研究	中南大学学报（社会科学版）	2015	3	D922.284	法律

文章题目	文献来源	出版年	出刊期	中图分类号	学科
两岸主任检察官制度比较与借鉴	中南大学学报（社会科学版）	2015	5	D926.3	法律
精神病鉴定中的"鉴定留置"问题研究	海南大学学报（人文社会科学版）	2014	5	D919.3	法律
对完善我国教育法律体系的思考	北京师范大学学报（社会科学版）	2016	2	D922.16	法律
保险市场退出时人寿保险合同指定移转制度的再造——以引入保险合同变更为路径	北京师范大学学报（社会科学版）	2016	4	D922.284；D931.3	法律
自贸园区的国际法律规制与中国自贸试验区的应对——以贸易公平为视角	福建师范大学学报（哲学社会科学版）	2016	3	D996.1	法律
台湾地区族群语言平等的法制叙述	福建师范大学学报（哲学社会科学版）	2014	3	D90－055；D927	法律
网络信息内容分级机制研究	中国行政管理	2016	10	D922.16	法律
专利侵权惩罚性赔偿立法：我国台湾地区的实践及其启示	科技管理研究	2016	12	D923.42	法律
两岸终身教育法律比较研究	高教探索	2015	8	D922.16	法律
当前家暴受虐儿童法律保护的局限与完善	学前教育研究	2016	8	D923.9；D924.3	法律
我国环境教育认证制度的构想	中国高教研究	2015	7	D912.6；X－4	法律
台湾程序监理人制度述评及其启示——以未成年人利益最大化为中心	中国青年研究	2014	5	D922.7	法律
台湾地区原住民族专业法庭制度设计探讨	中央民族大学学报（哲学社会科学版）	2016	5	D920.4	法律
媒介转型与媒体从业者的劳动权保护	新闻与传播研究	2016	3	D912.5；G214	法律
我国台湾地区知识产权保护非正式制度的建立与推广	编辑之友	2016	10	D923.4	法律
论两岸公共秩序保留制度中的政治因素	台湾研究	2016	6	D920.0	法律
台湾地区环境教育法制化研究	台湾研究	2015	5	D922.68	法律
台湾地区司法社会化改革研究	台湾研究	2015	3	D926；D675.8	法律
两岸投资争端解决机制的制度创新及其完善	台湾研究	2014	2	D922.295	法律

续表

文章题目	文献来源	出版年	出刊期	中图分类号	学科
台湾地区智慧财产法院特色机制及其运行评述	台湾研究	2014	2	D926.2	法律
台湾判例制度三论	台湾研究	2014	2	D926.2	法律
台湾地区个人资料保护制度的演进与启示	现代台湾研究	2016	3	D923	法律
台湾的两岸婚姻家庭权益政策评估标准探析	现代台湾研究	2015	6	D923.9；D675.8	法律
浅析大陆配偶在台湾的现状及其对策建议	现代台湾研究	2015	6	D923.9	法律
两岸银行业合作的现状及对策研究	现代台湾研究	2015	6	D922.281	法律
论两岸知识产权制度冲突与协调统一	现代台湾研究	2015	2	D923.4；D618	法律
论闽台两地知识产权司法协作	现代台湾研究	2014	2	D927；D923.4	法律
论完善涉台法律规范体系	现代台湾研究	2016	6	D921	法律
论日据时期台湾农田水利法制的殖民化	台湾研究集刊	2016	6	D929；D922.66；K29	法律
台湾地区司法判决中的两岸政治定位——以台湾地区"宪法"第四条的援用为中心	台湾研究集刊	2016	6	D920.0；D618	法律
台湾地区庭审录音录影公开规则的修改及其对祖国大陆相关制度的启示	台湾研究集刊	2016	6	D926.2	法律
台湾地区认罪协商程序的引入及实践成效分析	台湾研究集刊	2016	6	D925.2	法律
台湾证券团体诉讼制度：规范与借鉴	台湾研究集刊	2016	3	D922.287	法律
台湾地区司法决策机制及其借鉴研究——从司法决策的本来逻辑说起	台湾研究集刊	2016	3	D926	法律
台湾地区"通讯保障及监察法"修改研究	台湾研究集刊	2016	2	D920.4	法律
论海峡两岸刑事案件协助调查取证制度——以《海峡两岸共同打击犯罪及司法互助协议》第8条为基础	台湾研究集刊	2016	2	D925.2	法律
从台湾法官与司法辅助人员的关系看大陆法官员额制改革	台湾研究集刊	2015	6	D926.2	法律

文章题目	文献来源	出版年	出刊期	中图分类号	学科
海峡两岸"仲裁裁决参照民事判决认可与执行":立法悖谬与司法困境	台湾研究集刊	2015	4	D997	法律
论台湾立法机构审议监督两岸协议机制的发展及其影响——以"两岸协议监督条例草案"为对象	台湾研究集刊	2015	1	D927;D922.294	法律
司法专业化与社会化的适度平衡:台湾观审制改革及其启示	台湾研究集刊	2015	1	D926	法律
论大陆人民在台湾地区的法律地位——以"释字第710号解释"为中心	台湾研究集刊	2014	2	D927	法律
论大陆法院调解书在台湾地区的认可	台湾研究集刊	2014	1	D926	法律
借法异域:1874年台湾漂民案中的国际法话语建构	台湾研究集刊	2014	1	D99	法律
台湾参与国际海洋法法庭审理机制之前景及影响	台海研究	2015	3	D993.5;D618	法律
中国台湾地区情报通讯监察制度研究	情报杂志	2016	7	D922.14	法律
台湾地区统计法修改的制度逻辑及其启示	统计与决策	2015	18	D922.291	法律
两岸文物展览交流司法扣押豁免问题研究	故宫博物院院刊	2015	4	G269.2;D922.16;D997	法律
海峡两岸著作权法中图书馆合理使用的比较研究	图书馆	2014	2	D923.41	法律
大陆地区与台湾地区图书馆合理使用制度的分析与思考	图书馆建设	2014	3	G252;D923.41	法律

分报告之一：大陆期刊体系中涉台文献的计量学研究（2014 年）

一、样本分析及考察指标

（一）样本分析

本章研究样本以中国知网 CSSCI 来源期刊和大陆涉台研究专业期刊为基础数据库，通过中国知网－文献－高级检索页面，将"检索条件控制"的"主题"控制为"台湾"或含"两岸"，"发表时间"输入为 2014 年 1 月 1 日到 2016 年 12 月 31 日，在"文献来源"中依次输入预先选定的 536 种相关期刊名称，由此得出所有已选期刊在统计期间内刊载的涉台文章总数。由于本章研究对象限于 2014 年大陆涉台期刊论文学术热点，最后再从整体数据中人工筛选出 2014 年的所有样本文献，总共得到有效文献 503 篇。

（二）考察指标

样本数据库的建立只是整个计量分析过程的基础环节，要对所选数据进行计量模型构建，必须设置能直观反映文献多方面特性的研究指标。本章研究结合研究样本的特征及研究目的设置了多个一级指标，包括"研究主体特质差异指标""研究样本特质差异指标""涉台理论研究的热点主题"。为使研究更加精确，在每一个一级指标项下设置了多个二级指标：其一，"研究主体特质差异指标"囊括了作者分布情况、作者个人学术影响力、学术协同性（合著或独著）、研究机构分布与机构影响力；其二，"研究样本特质差异指标"项下设置了样本文献学科分布情况、样本文献发文期刊分布情况等多个二级指标；其三，在"涉台理论研究的热点主题"项下对样本文献关键词分布进行概述并对高频关键词进行共现分析，以此来挖掘 2014 年大陆涉台期刊论文学术研究的热点。

二、研究主体特质差异指标

（一）作者分布情况

本章研究从 503 篇文献中共抽取出作者 624 位（包含非第一作者，已考虑同名不同人的情况），篇均作者数（平均每篇文章的作者数）为 1.24。根据普赖斯定律，高生产能力作者集合的数量约等于全部科学作者总数的平方根，由此得出本章研究中排名前 25 位（$\sqrt{624} \approx 25$，这里只考虑第一作者的情况）的作者为高生产能力作者。在本章研究样本中（见表 1），高生产能力作者第 25 位是并列第 16 名的 38 人，因此，研究样本中高生产能力作者共 53 人，总计发文 132 篇（已考虑合著文献），其比重为全部研究样本的 26.1%。

表 1　高生产能力作者分布表

序号	名次	作者姓名								论文篇数	总计（人）
1	1	沈惠平	王　敏	周叶中	华晓红					5	4
2	5	陈　星	严安林	张文生						4	3
3	8	陈　思 周忠菲	陈先才	单玉丽	季　烨	李　鹏	邵忠海	周　恺		3	8
4	16	陈孔立 洪　娟 林哲弘 汪立峰 吴金希 郑敬蓉	陈小冲 胡石青 刘澈元 王　静 谢清果 朱　磊	戴双兴 黄俊凌 刘国奋 王　鹏 徐　青 祝　捷	邓利娟 李家泉 毛启蒙 王英津 杨德明	董玉洪 李细珠 盛九元 王媛媛 张宝蓉	冯　琳 李义虎 唐永红 翁之光 杨立宪	冯永琪 林　岗 王健民 吴凤娇 郑　伟		2	38

此外，从学术协同性视角而言，作者之间呈现出较高的合作性（如图 1），在 503 篇文献中独著篇数 352，占比约为 70%；合著篇数为 151，合著率（两人及以上合作撰写的论文占总论文的比重）约为 30%。笔者以为，这一现象利弊并存：一方面，文献合著能使观点荟萃，产出高水平的文章，群体对某一问题的共同关注能产生群体互补效应，即能使不同思维类型、知识结构、智能结构的研究者互相补充。① 同时，存在师承关系的合著可以发

---

① 王冰：《中国情报学期刊论文合著现象研究与思考》，载《情报科学》1992 年第 2 期。

挥传统的"传帮带"学术新人培育模式的作用，使年青研究者从中学到许多自我探索需要较多精力的东西，促进青年研究者的成长。① 另一方面，一些研究者并无实质性的理论创新成果，历来饱受学术界诟病的挂名发表现象出现的概率也会相应加大。

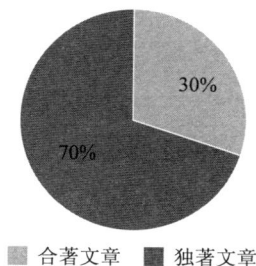

图 1　学术协同性

（二）作者学术影响力差异

衡量作者学术影响力差异的指标除了其个人学术成果数量差异以外，还有发表文章的被引用频次和被下载频次的差异。"对他人的学术论文进行引用，是学术研究传承的具体表现。学术论文被引用的频次能揭示其学术影响力，引用越多，表明其对学术交流和研究产生的作用越大。"② 但被引频次作为评价指标具有一定的滞后性，与此不同，被下载频次可以更直接地显示期刊文献被读者使用的情况，快速反映论文价值。在本次研究中，为得到科学严谨的数据结论，在统计图 2 样本文献高引作者（前 30 名）被引频次和统计图 3 样本文献高下载作者（前 30 名）被下载频次中，样本文献涉及二人及以上合著的，均只统计第一作者。将图 2、图 3 所涉作者进行关联对比不难发现，两图之间存在较高的竞合关系，李向阳、陈建奇、程大中、房宁、贺剑、黄祖辉、蒋月、孔立、苏友珊、王强、韦有周、吴金希、严安林、张扬、朱恒鹏、郑振清等 16 位作者均名列两类统计中。值得注意的是，被引用量名列第二的万毅教授未能进入被下载频次前 30 的行列，但这也正好佐证了被下载频度与被引用频度的关系，即通常而言，论文被下载频次和

---

① 庞远福：《绘制宪法实施理论研究的知识地图——基于 100 篇高影响力论文的计量分析》，载《时代法学》2015 年第 4 期。

② 刘明泓：《被引频次和下载频次分析》，载《江苏科技大学学报（社会科学版）》2011 年第 2 期。

被引用频次存在很大程度上的关联关系，但又并非如同函数般一一对应。①此外，严安林、吴金希、季烨更是 2014 年度的高生产能力作者，在高生产能力作者、高引作者、高下载作者等三次统计中均榜上有名，显示以上几位学者在 2014 年涉台研究领域较为杰出的学术建树及文章具有的高学术价值和影响力。

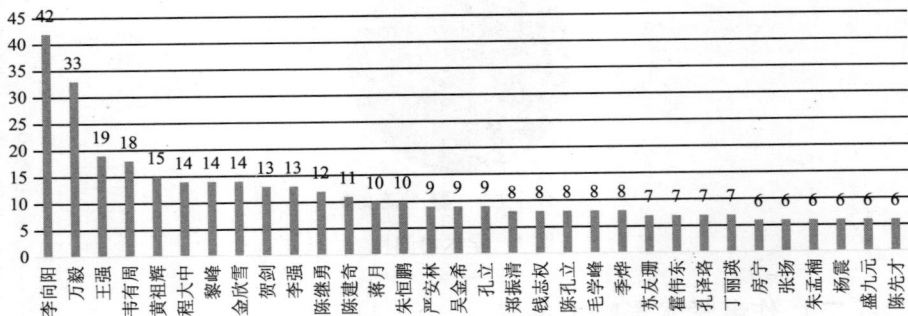

图 2　样本文献高引作者（前 30 名）被引频次

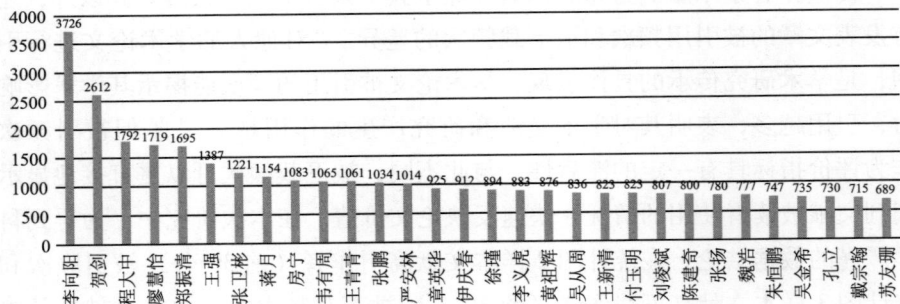

图 3　样本文献高下载作者（前 30 名）被下载频次

（三）研究机构分布与机构学术影响力

关于研究机构的统计，需要说明的是，为避免评估不当，只统计每篇文献的第一署名单位。经统计，503 篇文献的研究机构共 171 所，包含高等院校、党政部门、科研单位等。从研究机构学术成果数量差异的视角而言（如图 4），前十所研究机构共计发文 242 篇，占比高达 48%，其中，高等院校和科研单位的产文数量悬殊不大，科研单位的强势劲头主要归功于中国社

---

①　赵修华等：《"国家安全" 理论研究现状评析——基于〈江南社会学院学报〉1990—2013 年数据》，载《现代国际关系》2014 年第 4 期。

会科学院、福建社会科学院、上海国际问题研究院等单位的发力。从更具体的面向上来看，厦门大学以 74 篇位居第一，中国社会科学院以 52 篇的成绩紧随其后，其下属的台湾研究所贡献最大。福建社会科学院以 23 篇的成绩跻身前三，成为福建省台湾研究的主力军之一。中国人民大学、武汉大学产文量也相对较高，分别为 19 篇、18 篇。除以上 5 家机构外，其他 5 家机构的研究成果数量都呈相对平缓的递减趋势，上海国际问题研究院 14 篇、北京大学 13 篇、福建师范大学 12 篇、北京联合大学台湾研究院 9 篇、对外经济贸易大学 8 篇。

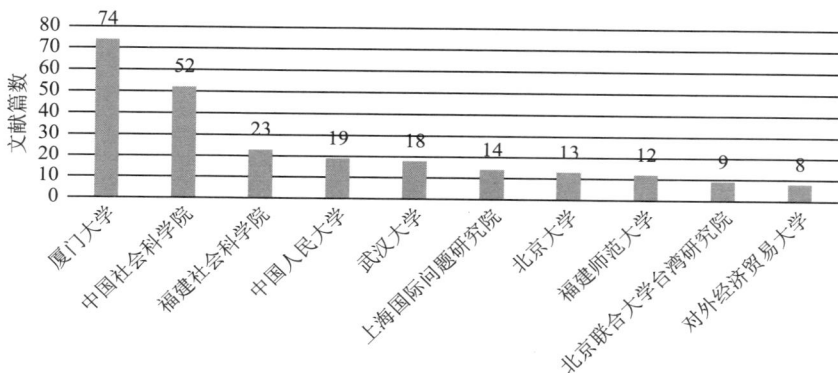

图 4　样本文献研究机构（前 10 名）分布图

就样本文献的地域分布而言（如图 5），呈现偏沿海地区集聚的态势，除了湖北、陕西和台湾之外，发文量跻居前十的另七个省或直辖市都位于沿海经济发达地带或政治中心。北京以 156 篇文献居首，这主要是北京大学、中国人民大学、中国社会科学院、北京联合大学台湾研究院等高校和科研院所，致力于涉台理论研究的结果。在台湾研究方面可谓占据着天然的地理优势和文化优势的福建省排第二，省内的厦门大学、福建社会科学院、福建师范大学是台湾理论研究的主力军，共计发文 125 篇。上海、浙江、江苏、广东、天津等省或直辖市入围前十，充分证明了理论研究的繁荣程度与经济发展水平存在一定的契合关系。而湖北省、陕西省等经济发展程度相对落后的地区也能榜上有名，充分说明了该区域内高校对文化教育和学术研究高度重视。就湖北省来说，武汉大学的产文量远高于省内其他高校；陕西省依靠的是西北政法大学、西安财经大学、长安大学、西北大学等高校的共同努力。

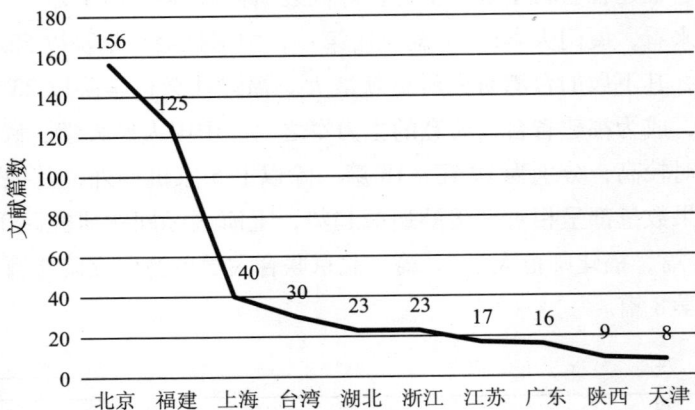

图 5 样本文献省区（前 10 名）分布图

三、研究样本特质差异指标

（一） 样本学科来源分析

主题来源学科分布情况能够从宏观层面反映出研究主题在研究过程中所用的基本理论、基本方法及应用范围。[①] 就本章样本文献的学科分布差异而言，首先需要说明：由于在确定基础数据库时就通过查询中图分类号的方式对初始文献进行学科分类，将最终的文献样本限定在政治、经济、法律、历史等学科范围类，因此，本处的学科分布情况分析也只针对这几类学科。如图 6 所示，政治学科占据了约 43% 的比例，经济学科占比约为 35% ，是2014 年度大陆涉台期刊论文学术研究的主要领域。法学学科也是涉台理论

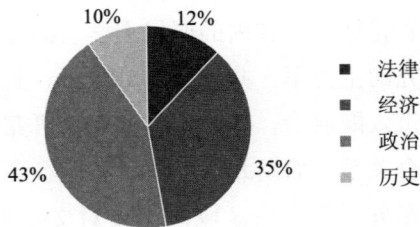

图 6 样本文献学科分布图

---

① 赵蓉英等：《计量视角下的我国人文社会科学领域大数据研究热点挖掘与分析》，载《情报杂志》2016 年第 2 期。

研究的主流学科，但在本年度占比相对较少，约为 12%，除了从法律角度对时政热点进行透析外，绝大部分集中在台湾地区相关法律制度和原则的研究。历史学科占比约 10%，在本年度台湾理论研究中虽不具有主导地位，但也使得大陆对台湾历史制度和历史文化的研究持续更新，不断丰富该领域的研究。

（二）载文期刊分布情况

在对样本文献的刊载期刊分布情况进行研究的时候，大多数研究者会引入布拉德福定律，据此来划定理论研究的核心区期刊、相关区期刊和离散区期刊。[①] 此次研究也尝试通过该规律来分析期刊的分布情况。本章研究在 503 篇文献中共抽取出 168 种期刊，其中涉台研究《台湾研究》《现代台湾研究》《台湾研究集刊》和《台海研究》等四大专业期刊的发文量共计 201 篇，占比高达 40%，是大陆涉台研究的主力军，故本次引入布拉德福定律对发文期刊进行研究时，只对剩余的 164 种期刊进行研究。这 164 种期刊载文 302 篇，将这 164 种期刊按照发表涉台理论研究论文数量的多少降序排列，并划分为核心区期刊、相关区期刊、非相关区期刊，使每个区文献容量大致相等，约为 101 篇。划分结果如表 2 所示，得到三个划分区域的期刊数比例为：$19:45:100 = 1:2.3:5.3 \approx 1:2.3:2.3^2$，符合 $1:n:n^2$（n 的平方）的比例关系，布拉德福离散系数为 2.3。由此，我们判定样本文献发文期刊载文数三篇及以上的期刊是大陆涉台研究的发文重地。在此将包括四大专业期刊在内的核心区期刊载文情况列出。具体情况如表 3 所示，《台湾研究》《现代台湾研究》《台湾研究集刊》《台海研究》分别以 64 篇、63 篇、42 篇、32 篇的发文量占据前四，无疑是大陆涉台研究的核心区期刊。除去四大专业期刊的核心区期刊共 19 种，发文量共计 100 篇。其中，《亚太经济》以 15 篇的不俗成绩名列前茅，这与该年度经济类文献占较大比重的态势相适应；《厦门大学学报》和《东南学术》分别以 10 篇和 9 篇的成绩紧追其后。值得注意的是，这 19 种期刊中共有 6 种期刊属于高校学报类，这正好从侧面反映这些高校对学术研究的重视和资源投入的状况。当然，这种划分只是提供一个大致的参考。因为一方面，布拉德福定律本来是用于科技期刊的分类，不一定完全适用于社会科学；另一方面，本章研究在使用该定律时

---

① 邱均平：《信息计量学》，武汉大学出版社 2007 年版，第 105 页。

将四大类专业期刊排除在外，一定程度上影响了研究结论的精确性。

表2　布拉德福离散系数划分表

分区	论文数	期刊数	载文数
核心区	100	19	≥3
相关区	100	45	3－2
离散区	102	100	≤2

表3　样本文献发文期刊（核心区）分布表

序号	核心区期刊名	发文量
1	台湾研究	64
2	现代台湾研究	63
3	台湾研究集刊	42
4	台海研究	32
5	亚太经济	15
6	厦门大学学报（哲学社会科学版）	10
7	东南学术	9
8	福建论坛（人文社会科学版）	8
9	北京联合大学学报（人文社会科学版）、太平洋学报、北京行政学院学报	5
10	科技进步与对策、福建师范大学学报（哲学社会科学版）、武汉大学学报（哲学社会科学版）、国际贸易、价格理论与实践、近代史研究、国际政治研究	4
11	国际经贸探索、中国青年研究、统计与决策、东南大学学报（哲学社会科学版）、科技管理研究	3

（三）研究样本影响力关联指标

研究样本的学术影响力是指研究成果在学术界和同行间的影响力。目前关于文献学术影响力的研究成果或报道是比较多的，内容也比较成熟。主要是通过样本文献的被引证频度、被下载频度、论文影响值、绝对高影响力等文献计量的方式对研究成果的质量、学术影响力进行评价。其中被引频度和被下载频度也是测度作者个人学术影响力的重要指标，通常而言，学术影响力越强的作者，其文章影响力值越高。此外，样本文献的被引频度和被下载频度之间也存在很大程度上的相关关系，但又并非都呈现出正相关关系。①
表 4 选取了高引频次前 20 名文献，表 5 选取了高下载频次前 20 名文献，通
过两表之间的关联对比，发现有 9 篇文章在两类统计中均有上榜。这一结果
正好印证了前述结论，即文献被引频次和被下载频次之间具有相关关系，但
又不完全是正相关。从样本文献学科分布视角来看，经济学、政治学、法学
等引领着大陆涉台学术研究的主流，其中，经济学科的影响力最为显著。在
样本文献单篇高引频次文献中，经济学、政治学、法学以 15∶4∶3 的比例包
揽了前 20 名，历史学文献未能上榜。在样本文献单篇高下载频次文献中，
样本学科分布差异相对较小，经济学文献和政治学文献都是 7 篇，法学文献
6 篇。

表 4　高引频次文献（前 20 名）分布表

名次	篇名	作者	被引频次	来源期刊	发表时间	隶属学科
1	论海上丝绸之路的多元化合作机制	李向阳	42	世界经济与政治	2014/11/14	经济
2	主任检察官制度改革质评	万　毅	33	甘肃社会科学	2014/7/25	法律
3	1990—2009 年中国区域能源效率时空分异特征与成因	王　强、樊　杰伍代世	19	地理研究	2014/1/15	经济
4	建设"海上丝绸之路"背景下我国远洋渔业发展路径研究	韦有周、赵　锐林香红	18	现代经济探讨	2014/7/15	经济
5	现代农业能否支撑城镇化？	黄祖辉	15	西北农林科技大学学报（社会科学版）	2014/1/10	经济
6	全球生产网络下的贸易收益及核算——基于中国的实证	黎　峰	14	国际贸易问题	2014/6/15	经济
6	中国增加值贸易隐含的要素流向扭曲程度分析	程大中	14	经济研究	2014/9/20	经济
6	区域金融生态环境评价与实证	金欣雪、谢邦昌	14	统计与决策	2014/8/7	经济
9	论婚姻法回归民法的基本思路——以法定夫妻财产制为重点	贺　剑	13	中外法学	2014/12/15	法律

① 参见丁佐奇、郑晓南、吴晓明：《科技论文被引频次与下载频次的相关性分析》，载《中国科技期刊研究》2010 年第 4 期。

名次	篇名	作者	被引频次	来源期刊	发表时间	隶属学科
9	基于 Copula 的我国台湾和韩国股票市场相关性研究	李　强、周孝华	13	管理工程学报	2014/4/15	经济
11	论美国主导下的 TPP 对中国的挑战	陈继勇、王保双　王玮楠	12	湖北社会科学	2014/7/10	经济
12	对外直接投资推动产业结构升级：赶超经济体的经验	陈建奇	11	当代经济科学	2014/11/15	经济
13	台湾家事审判制度的改革及其启示——以"家事事件法"为中心	蒋　月、冯　源	10	厦门大学学报（哲学社会科学版）	2014/9/28	法律
13	财政补偿体制演变与公立医院去行政化改革	朱恒鹏、昝　馨　向　辉	10	经济学动态	2014/12/18	经济
15	台湾"太阳花学运"：性质、根源及其影响探析	严安林	9	台海研究	2014/6/30	政治
15	论公立产业技术研究院与战略新兴产业发展	吴金希	9	中国软科学	2014/3/28	经济
15	有机农业适度规模经营研究——基于我国台湾地区数据的空间分析	孔　立、朱立志	9	农业技术经济	2014/6/26	经济
18	贫富差距扩大的政治效应——全球金融危机以来东亚选举政治变迁研究	郑振清、巫永平	8	中国社会科学	2014/11/10	政治
18	东亚生产网络、产业内贸易与二氧化碳排放——基于中国与东亚经济体间面板数据分析	钱志权、杨来科　林　基	8	国际贸易问题	2014/4/15	经济
18	两岸之间的文化冲突	陈孔立	8	台湾研究集刊	2014/2/15	政治
18	国际食物消费启示与中国食物缺口分析：基于历史数据	毛学峰、刘靖朱　信　凯	8	经济理论与经济管理	2014/8/16	经济
18	台湾立法机构审议两岸服务贸易协议的实践评析	季　烨	8	台湾研究集刊	2014/4/15	政治

表5　高下载频次文献（前20名）分布表

名次	篇名	作者	下载频次	来源期刊	发表时间	隶属学科
1	论海上丝绸之路的多元化合作机制	李向阳	3726	世界经济与政治	2014/11/14	经济
2	论婚姻法回归民法的基本思路——以法定夫妻财产制为重点	贺　剑	2612	中外法学	2014/12/15	法律
3	中国增加值贸易隐含的要素流向扭曲程度分析	程大中	1792	经济研究	2014/9/20	经济
4	基于《里山倡议》的乡村旅游发展途径初探——以台湾桃园地区对乡村旅游转型的需求为例	廖慧怡	1719	旅游学刊	2014/6/6	经济
5	贫富差距扩大的政治效应——全球金融危机以来东亚选举政治变迁研究	郑振清、巫永平	1695	中国社会科学	2014/11/10	政治
6	1990—2009 年中国区域能源效率时空分异特征与成因	王　强、樊　杰、伍世代	1387	地理研究	2014/1/15	经济
7	国际法上的"附属岛屿"与钓鱼岛问题	张卫彬	1221	法学家	2014/10/15	法律
8	台湾家事审判制度的改革及其启示——以"家事事件法"为中心	蒋　月、冯　源	1154	厦门大学学报（哲学社会科学版）	2014/9/28	法律
9	亚洲政治发展比较研究的理论性发现	房　宁	1083	中国社会科学	2014/2/10	政治
10	建设"海上丝绸之路"背景下我国远洋渔业发展路径研究	韦有周、赵　锐、林香红	1065	现代经济探讨	2014/7/15	经济
11	新世纪以来两岸关系的回顾与思考	王青青、李松林	1061	思想理论教育导刊	2014/3/20	政治
12	共有人优先购买权和房屋承租人优先购买权竞合之证伪——兼评《房屋租赁司法解释》第24 条第1 项的理解和适用	张　鹏	1034	法学	2014/12/20	法律
13	台湾"太阳花学运"：性质、根质及其影响探析	严安林	1014	台海研究	2014/6/30	政治
14	家庭结构的持续与变迁——海峡两岸老年人居住安排的比较	章英华、于若蓉	925	社会学研究	2014/5/20	政治

名次	篇名	作者	下载频次	来源期刊	发表时间	隶属学科
15	台湾地区家庭代间关系的持续与改变——资源与规范的交互作用	伊庆春	912	社会学研究	2014/5/20	政治
16	中等收入陷阱研究评述——兼对"东亚增长模式"的思考及启示	徐 瑾	894	经济学动态	2014/5/18	经济
17	作为新命题的"一国两制"台湾模式	李义虎	883	国际政治研究	2014/8/15	政治
18	现代农业能否支撑城镇化?	黄祖辉	876	西北农林科技大学学报（社会科学版）	2014/1/10	经济
19	见义勇为与无因管理——从德国法及台湾地区法规定评河南法院判决	吴从周	836	华东政法大学学报	2014/7/20	法律
20	论刑事诉讼当事人辅助制度	王新清	823	中国法学	2014/10/9	法律

就绝对高影响力文献而言，本章研究通过箱线图表法来确定高引频次文献及高下载频次文献的临界值，以此来确定绝对高影响力文献的范围。经科学计算，得出被引频次≥12且被下载频次≥525的文献是绝对高影响力文献。① 符合条件的有9篇，如表6所示，9篇绝对高影响力文献按下载频次降序排列。从中可以发现，这9篇文献的学科分布状况为经济学7篇，法学2篇，足见经济学研究在大陆涉台研究中的重要地位。此外，值得注意的是，部分高引文献（前20名）、高下载文献（前20名）、绝对高影响力文献（9篇）的题目信息并没有直接出现"台湾"或"两岸"的词项。可以说，这是样本文献较为宽泛的正常结果，即样本中存在相当一部分论文在题

---

① 根据箱图表法，先计算高引频次文献的临界值，在312篇有被引记录的样本文献中，最大值 max = 42，上四分位数 Q_3 = 4，中位数 med = 2，下四分位数 Q_1 = 1，最小值 min = 1，据此计算出极值 Q_3 = 3 + 3IQR = 12，也即被引频次≥12的文献被认为是绝对高引频次文献。在502篇有被下载记录的样本文献中，最大值 max = 3726，上四分位数 Q_3 = 278，中位数 med = 167，下四分位数 Q_1 = 104，最小值 min = 1，据此计算出极值 Q_3 = 3 + 3IQR = 525，也即被下载频次≥525的文献是绝对高下载文献。

目中并未直接体现出与台湾问题的绝对相关性，但是这部分论文在论证中仍
与台湾研究具有一定的相对相关性。

表6　绝对高影响力文献分布表

篇名	来源期刊	发表时间	作者	隶属学科	被引频次	下载频次
论海上丝绸之路的多元化合作机制	世界经济与政治	2014/11/14	李向阳	经济	42	3726
论婚姻法回归民法的基本思路——以法定夫妻财产制为重点	中外法学	2014/12/15	贺　剑	法律	13	2612
中国增加值贸易隐含的要素流向扭曲程度分析	经济研究	2014/9/20	程大中	经济	14	1792
1990—2009 年中国区域能源效率时空分异特征与成因	地理研究	2014/1/15	王　强、樊　杰伍世代	经济	19	1387
建设"海上丝绸之路"背景下我国远洋渔业发展路径研究	现代经济探讨	2014/7/15	韦有周、赵　锐林香红	经济	18	1065
现代农业能否支撑城镇化？	西北农林科技大学学报（社会科学版）	2014/1/10	黄祖辉	经济	15	876
主任检察官制度改革质评	甘肃社会科学	2014/7/25	万　毅	法律	33	686
全球生产网络下的贸易收益及核算——基于中国的实证	国际贸易问题	2014/6/15	黎　峰	经济	14	684
论美国主导下的 TPP 对中国的挑战	湖北社会科学	2014/7/10	陈继勇、王保双王玮楠	经济	12	533

四、2014 年大陆涉台研究学术热点

　　关键词是作者学术思想和学术观点的凝练，是论文内容的索引，能够反
映文章的核心内容和研究主题。对关键词词频统计能在一定程度上说明人文
社会科学领域研究文献的研究主题，但却无法挖掘主题之间的关联性，从而
无法较好地实现对研究主题的识别、归类，进而无法有效地揭示某个领域学
术研究的现状与趋势、学科增长点与突破口。为解决这一问题，本次研究在

对关键词的词频进行统计之后，利用共词分析法①对关键词进行两两统计，并进行关键词共现聚类分析，通过关键词之间的关联和结合揭示本年度大陆涉台期刊论文学术研究的热点主题。

（一）样本文献关键词词频分析

对 503 篇样本文献的关键词进行抽取和词频统计，发现这 503 篇文献数据中共含有 1636 个关键词，总共词频为 2286 次，平均词频为 1.39 次，平均每篇文章 4.5 个关键词，关键词词频最高的是"两岸关系"，共出现 75次，出现频次为 1 的关键词共有 1400 个。从表 7 的统计中可以看到关键词的标准差为 3.1，与关键词的均值 1.39 相比差别较大，这说明关键词的分布较为分散。

表 7　关键词描述统计表

	N	极小值	极大值	和	均值	标准差	方差
频次	1400		1	75	2286	1.39	3.1	9.61

在高频词的筛选上，本章研究首先尝试引入齐普夫第二定律，该定律主要是用来统计文献中高频关键词和低频关键词的分布状况及其相互关系，在具体操作上通过计算公式 $n = (-1 + \sqrt{1 + 8 \times I})/2$，I 为词频数为 1 的关键词数量，计算出高频关键词与低频关键词的临界点 n 的值。② 经计算，本次研究中高低频关键词之间的临界点值为 52.5，即高于 52.5 的值为高频关键词，低于 52.5 的为低频关键词。但是，在本次研究样本的所有关键词中，只有"两岸关系"词频高于 52.5，故该定律在此不适用。在此引入第二种方法即经验分析法③来确定高频词与低频词的临界值。根据第二种方法，本章研究将关键词词频为前 35 名的关键词划定为高频关键词，得到 37 个关键词（关键词词频≥5），具体分布见表 8。

---

① 共词分析法：是计量分析的重要方法之一，是内容分析法的一种，其主要是对统计文献中词对出现的次数（或强度）进行分析，以此来反映词对关系的紧密程度，进而发现学科和主题结构的变化。参见邱均平：《信息计量学》，武汉大学出版社 2007 年版，第 317 页。

② 储节旺等：《文献计量分析的知识管理学科规范研究》，中国社会科学出版社 2015 年版，第151 页。

③ 肖明等：《基于共词分析的我国用户信息行为研究结构探讨》，载《情报杂志》2010 年 S2期。

表 8　高频关键词（前 35 名）分布表

关键词	频次	关键词	频次	关键词	频次	关键词	频次	关键词	频次
两岸关系	75	民进党	12	中美关系	8	台湾人	6	前景	5
台湾	42	两岸经济	12	政治对话	8	和平发展	6	两岸经济关系	5
海峡两岸	21	台湾问题	11	两岸经贸	8	钓鱼岛	6	两岸交流	5
台湾经济	15	台湾民众	10	影响因素	7	大陆政策	6	国民党	5
两岸政治	15	九二共识	10	国家认同	7	大陆	6	比较	5
台湾地区	14	ECFA	10	服务贸易协议	7	一国两制	5		
两岸政策	13	台湾社会	9	对台政策	7	台湾当局	5		
两岸	13	美国	9	影响	6	日本	5		

（二）高频关键词共现分析

在高频关键词全部确定后，为了深入挖掘整个研究领域在一定期限内的关注热点，需要对高频关键词取两两并集，进行共现分析。经过对《高频关键词（前 35 名）分布表》显示的 37 个关键词进行共现计算，发现累计出现 150 对高频关键词共现对，其中共现频次仅为 1 的有 74 对，共现频次为 2 的有 36 对，共现频次为 3 及以上的有 40 对。表 9 列出了共现频次在 2 次及以上的高频关键词共现对。两个高频关键词一起出现的频次越高，表明两个关键词之间关系的紧密程度越高，某一关键词与其他关键词组合成共现对的频次越多，说明该关键词与其他关键词都具有关联关系，是研究领域的研究重点。

表 9　高频关键词共现对及共现频次分布表

高频关键词共现对	频次	高频关键词共现对	频次	高频关键词共现对	频次
两岸关系 + 两岸政治	15	两岸关系 + 影响	3	两岸政治 + 一国两制	2
两岸关系 + "九二共识"	10	两岸关系 + 两岸经济关系	3	两岸政治 + 两岸经济关系	2
两岸关系 + 台湾经济	9	海峡两岸 + 两岸经济	3	台湾地区 + 比较	2
两岸关系 + 两岸政策	8	海峡两岸 + 服务贸易协议	3	两岸政策 + 民进党	2
两岸关系 + 台湾问题	8	台湾经济 + 台湾民众	3	两岸政策 + 政治对话	2
两岸关系 + 政治对话	7	两岸政治 + 对台政策	3	两岸政策 + 对台政策	2
台湾经济 + 两岸经济	6	两岸政治 + 台湾人	3	两岸政策 + 大陆政策	2
两岸政治 + 台湾问题	6	两岸政策 + 台湾民众	3	两岸政策 + 台湾当局	2
两岸政治 + 政治对话	6	民进党 + 国民党	3	两岸 + ECFA	2

高频关键词共现对	频次	高频关键词共现对	频次	高频关键词共现对	频次
两岸关系 + 两岸经济	5	两岸经济 + 服务贸易协议	3	民进党 + 大陆政策	2
两岸关系 + 台湾民众	5	台湾问题 + 对台政策	3	民进党 + 前景	2
两岸关系 + 和平发展	5	台湾民众 + "九二共识"	3	民进党 + 两岸交流	2
台湾经济 + 两岸政治	5	台湾民众 + 政治对话	3	两岸经济 + 台湾民众	2
台湾经济 + "九二共识"	5	"九二共识" + 对台政策	3	台湾问题 + "九二共识"	2
两岸政治 + "九二共识"	5	两岸关系 + 台湾地区	2	台湾问题 + 台湾社会	2
台湾地区 + 大陆	5	两岸关系 + 中美关系	2	台湾问题 + 政治对话	2
两岸关系 + 服务贸易协议	4	两岸关系 + 台湾人	2	台湾问题 + 台湾人	2
两岸关系 + 对台政策	4	两岸关系 + 大陆政策	2	台湾民众 + 台湾社会	2
两岸关系 + 台湾当局	4	两岸关系 + 大陆	2	"九二共识" + 台湾社会	2
两岸政治 + 两岸政策	4	两岸关系 + 一国两制	2	"九二共识" + 政治对话	2
两岸政治 + 台湾民众	4	两岸关系 + 国民党	2	"九二共识" + 国家认同	2
两岸政策 + "九二共识"	4	台湾 + 中美关系	2	台湾社会 + 台湾人	2
两岸政策 + 台湾社会	4	台湾 + 钓鱼岛	2	对台政策 + 台湾人	2
两岸关系 + 台湾社会	3	海峡两岸 + ECFA	2	大陆 + 比较	2
两岸关系 + 美国	3	台湾经济 + 政治对话	2		
两岸关系 + 国家认同	3	两岸政治 + 台湾社会	2		

（三）大陆涉台期刊理论研究热点解析

通过对样本文献研究主题的逐一梳理及对上述高频关键词词频、高频关键词共现对频次的归纳分析，可将 2014 年度大陆涉台期刊学术论文研究热点归纳为狭义的两岸关系研究、台湾地区内部相关问题的研究、两岸有关理论及制度的比较研究等三大范畴。

第一，狭义的两岸关系研究。两岸关系研究是台湾问题研究中一个十分庞杂且相当重要的部分，其研究在大陆对台政策中的地位和作用也在提高，甚至有专家学者提议建立"两岸关系学"或"两岸学"。[1] 通过对"两岸关系""台湾问题""'九二共识'""国家认同""对台政策"等高频关键词及"两岸关系 + '九二共识'""两岸关系 + 台湾问题""两岸关系 + 对台政

---

[1]　刘国奋：《大陆两岸关系研究的现状、问题及发展方向》，载《台湾研究》2009 年第 1 期。

策""两岸政治 + '九二共识'""两岸关系 + 两岸政治""两岸关系 + 两岸经济""两岸关系 + 服务贸易协议"等高频关键词共现对的梳理，可以发现，两岸关系研究涉及两岸关系和平发展、"九二共识"、对台政策、两岸经济关系、两岸法律关系、两岸关系回顾与展望等多个方面。"九二共识"明确界定了两岸关系的根本性质，和平发展是 2014 年两岸关系的主题之一，对台政策是处理两岸关系，最终实现国家统一目标的具体措施。"九二共识"、两岸关系和平发展、对台政策等议题之间具有紧密的逻辑联系，研究的核心目的是在坚持"九二共识"的基础上推进两岸关系的和平发展，并以一系列的理论建构为基础，积极探讨对台政策的内容及方向。两岸经济关系一直都是大陆学界涉台研究的重点，本年度的研究主要聚焦于 ECFA、两岸服务业合作、台商大陆投资、两岸农业合作等问题。海峡两岸交往与和合作中出现的一系列法律问题使得两岸法律关系的研究极具迫切性和现实针对性。本年度两岸法律关系的研究主要涉及两岸交往中的法律问题、两岸合作机制的法律问题。此外，除了以上几类占据主导地位的研究，也不乏学者从两岸历史渊源、两岸文化关系及两岸关系历史发展进程的角度对两岸关系进行探讨。如董玉洪、王青青等学者对新世纪以来两岸关系的发展情况进行回顾、对未来发展予以展望。

第二，台湾地区内部相关问题研究。除了对两岸关系多视角的研究外，对台湾地区具体情况的研究在大陆涉台期刊论文学术研究中也占据一定的比重。通过对"台湾""台湾经济""台湾社会""台湾民众""台湾当局"等高频关键词及"两岸关系 + 台湾经济""台湾经济 + 两岸经济""两岸关系 + 台湾民众""两岸关系 + 台湾当局""两岸政策 + 台湾社会""两岸政治 + 台湾民众"等高频关键词共现对的归纳分析，可将 2014 年关于台湾地区具体情况的研究归纳为台湾经济、台湾政治、台湾法律、台湾历史、台湾社会等多个领域。

就台湾经济而言，其研究重点在于台湾近几年经济发展的总体情况、ECFA 经济合作框架对台湾农业、工业、服务业、商业等多个领域的影响。如单玉丽等人在对 2013 年经济发展状况评估之后，认为台湾 2014 年经济发展将迎来国际经济有望复苏、两岸关系稳健发展、大陆经济稳定增长及国际招商取得的成效将在 2014 年逐步发酵等利好因素。[①] 就台湾政治而言，其

[①]　单玉丽：《2014 年台湾经济展望及其政经影响》，载《现代台湾研究》2014 年第 1 期。

研究焦点主要在于台湾地区 2013 年与 2014 年发生的时政热点，包括"太阳花学运""九合一选举"等。学者们从不同的角度对这些热点问题进行剖析，以此来反映台湾整体的政治生态。如严安林重点分析了"太阳花学运"的性质、根源及其影响，指出以"反服贸"为主要诉求的"太阳花学运"，是台湾近几年来影响重大的政治事件，对台湾政治发展具有重要的影响。[①] 郭建青等人认为"九合一选举"造成的"蓝消绿长"的政治局势，是 2014 年台湾政治生态尤其是政党实力变化的突出体现。[②] 就台湾法律制度而言，该领域研究涵盖了立法、司法、行政三大系统，论及多个部门法的原则或制度。主要聚焦于台湾地区比较有特色的民商事制度、刑事制度、司法制度等。就台湾历史而言，其研究主要集中于清朝时期台湾的相关史实和制度设计、甲午中日战争割台及日本殖民统治对台湾历史进程的影响、钓鱼岛问题、国民党历史等。就台湾社会而言，其研究主要及于台湾民众、台湾社会结构的变迁等。

第三，两岸有关理论及制度的比较研究。台湾地区独特的政治、经济、法律环境，使其各领域的理论建构和制度设计都具有一定的独特性，其中不乏可供大陆方面借鉴学习的有益经验。因此，许多大陆学者在对台湾进行研究时，倾向从两岸比较的视角构建自己的理论学说体系。通过对"比较""两岸经济""两岸政治""两岸交流""两岸法律"等高频关键词及"台湾经济 + 两岸经济""台湾经济 + 两岸政治""比较 + 海峡两岸"等高频关键词共现对的梳理，可将两岸相关的比较研究归纳为两岸经济制度的比较、两岸政治制度的比较、两岸法律制度的比较、两岸社会管理制度的比较等领域。具体来看，本年度两岸经济制度的比较研究囊括了两岸现代服务业发展比较、两岸服务贸易国际竞争力比较、两岸多层次资本市场比较及合作路径探析、两岸中小企业私募债券比较等内容。两岸政治制度的比较研究包括海峡两岸政府预算制度的比较、海峡两岸地方税收制度比较、两岸政治关系比较分析等。两岸法律制度的比较研究涵盖了中国台湾地区刑事判例制度与大陆案例指导制度比较、海峡两岸涉外继承法律适用规则比较、海峡两岸量刑规定比较、两岸证据制度比较及闽台两地志愿服务立法的比较等多方面的内容。涉及两岸社会管理制度比较的议题有两岸城市社区治理模式比较、两岸

---

① 严安林：《台湾"太阳花学运"：性质、根源及影响探析》，载《台海研究》2014 年第 1 期。
② 郭建青：《台湾"九合一"选举结果的几点观察》，载《现代台湾研究》2014 年 Z1 期。

公共养老制度的比较等。从这些比较研究的具体领域来看，其研究内容既涵盖了宏观上的理论设计和制度安排的比较，又包括了解决某一具体问题的举措比较。

五、结论

本章研究通过对 2014 年的 503 篇涉台文献进行计量统计和可视化的处理，大致梳理出了 2014 年大陆涉台学术研究的整体概况及总体特征。在此，总结出如下几个规律：首先，从研究主体的特征来看，高生产能力作者、高产机构、高产省区、高产地域的分布呈现出较强的一致性，大多分布在沿海经济发达地区或政治中心，这充分说明了经济、政治、文化发展水平与学术研究水平具有较高的契合关系，北京、上海、厦门等地是大陆涉台学术研究的重地。此外，作者之间的学术协同程度较高，由此反映了该领域良好的学术合作与学术传承氛围。其次，从研究客体即样本文献的特征来看，样本文献的学科分布主要集中在经济、政治、法律等学科。其中属于经济学科的样本文献最多，经济学在本年度涉台研究中占据首要地位，其次是政治学科，并且政治、经济学科关注的主题大多与时政热点密切相关。样本文献载文期刊主要集中于《台湾研究》《现代台湾研究》《台湾研究集刊》和《台海研究》四种涉台专业期刊，大陆涉台研究的核心区期刊分布较为分散，载文数量差距较大。2014 年的样本文献中具有高影响力的研究成果，一些文献的被下载量、被引用量及绝对影响力值一致偏高。第三，从年度研究热点来看，2014 年大陆涉台期刊论文学术研究热点涵盖了狭义的两岸关系研究、台湾地区内部相关问题的研究、两岸有关理论及制度的比较研究等三大领域。狭义的两岸关系研究涉及两岸关系和平发展、"九二共识"、对台政策、两岸经济关系、两岸法律关系、两岸关系回顾与展望等多个方面。台湾地区具体情况的研究囊括了台湾经济、台湾政治、台湾法律、台湾历史、台湾社会及台湾民众等多个领域。两岸相关的比较研究则涉及两岸经济制度的比较、两岸政治制度的比较、两岸法律制度的比较、两岸社会管理制度的比较等。

附表 1　关键词分布表

关键词	频次	关键词	频次	关键词	频次	关键词	频次
两岸关系	75	越南	1	日本军国主义	1	灰区	1

续表

关键词	频次	关键词	频次	关键词	频次	关键词	频次
台湾	42	远东军事法庭	1	日本海外扩张	1	黄尾屿	1
海峡两岸	21	远程作证	1	认知过程	1	"皇国史观"	1
台湾经济	15	远程庭审	1	认知差异	1	华山会议	1
两岸政治	15	远程审判	1	认同重构	1	华人社会	1
台湾地区	14	原则	1	认定	1	互信关系	1
两岸政策	13	原因分析	1	人民币离岸市场	1	互惠原则	1
两岸	13	原产地证书	1	人民币国际化	1	互惠交换	1
民进党	12	预算法比较	1	人民币	1	互动模式	1
两岸经济	12	预算	1	人口变化	1	互动关系	1
台湾问题	11	预付制度	1	人均收入	1	胡适	1
台湾民众	10	预测	1	人的现代化	1	后现代社会	1
"九二共识"	10	语言平等	1	让与担保	1	后藤新平	1
ECFA	10	语言法制	1	缺陷	1	后冷战时代	1
台湾社会	9	舆论准备	1	泉州港	1	宏观调控	1
美国	9	有限理性	1	全效力	1	宏观经济政策	1
中美关系	8	有奖发票制度	1	全球生产网络	1	黑金政治	1
政治对话	8	有机农业	1	全球经济结构调整	1	核武器	1
两岸经贸	8	游说	1	全球价值链	1	核威慑	1
影响因素	7	佣工模式	1	全球化问题	1	和平统一	1
国家认同	7	硬实力	1	全球化	1	和平发展战略	1
服务贸易协议	7	英美法系	1	全盘西化	1	和平发展特征	1
对台政策	7	英德关系	1	全面经济合作	1	合作经营	1
影响	6	印度洋	1	权钱	1	合并审理	1
台湾人	6	隐性强制条款	1	权力结构	1	行政救济	1
和平发展	6	隐形社会	1	权力斗争	1	行政管制	1
钓鱼岛	6	银行业	1	权力部门	1	行政革新	1
大陆政策	6	银行改革	1	权衡	1	行业类型	1
大陆	6	银行	1	圈子	1	行业结构	1
一国两制	5	因子分析法	1	去行政化	1	行动者	1
台湾当局	5	因特网接入	1	曲解	1	汉族文化	1
日本	5	意识对抗	1	趋势模型	1	韩国	1
前景	5	异化	1	驱动因素	1	海洋文化	1

续表

关键词	频次	关键词	频次	关键词	频次	关键词	频次
两岸经济关系	5	异地就医	1	区域能源效率	1	海洋经济	1
两岸交流	5	艺术成就	1	区域内贸易	1	海峡两岸农业合作试验区	1
国民党	5	以经促政	1	区域贸易协定	1	海峡两岸农业	1
钓鱼岛	5	移植模型	1	区域经济整合	1	海峡两岸暨香港	1
比较	5	夷洲	1	区域经济一体化	1	海峡两岸关系	1
中日关系	4	依赖程度	1	区域经济合作	1	海峡经济区	1
政策	4	依附关系	1	区域经济	1	海上贸易	1
土地改革	4	医疗保险制度	1	区域合作	1	海商	1
挑战	4	医疗保险机构	1	区域创新体系建设	1	海权	1
台湾政局	4	伊泽弥喜太	1	区域创新能力	1	海军提督	1
施琅	4	一中原则	1	区位选择	1	海盗	1
日据时期	4	一国四币	1	区际司法协助	1	过程论	1
闽台合作	4	一国两制在台湾的民调	1	区际合作	1	国族建构	1
"两个中国"	4	一个中国认同	1	丘宏达	1	国语运动	1
两岸政治关系	4	一个问题	1	情绪政治	1	国务院台办	1
两岸协议	4	一并征收	1	情感	1	国泰世华银行	1
经济合作	4	一般法律原则	1	清中期	1	国民政府	1
蒋介石	4	野草莓	1	清人	1	国民年金	1
合作	4	要素流向	1	清末	1	国民党当局	1
钓鱼岛问题	4	姚启圣	1	清美	1	国家统一委员会	1
比较研究	4	养老保险	1	清初	1	国家统一	1
祖国统一	3	演进路径	1	倾向评分匹配法	1	国家力量	1
中国台湾	3	演化路径	1	青年学生	1	国家结构形式	1
中国梦	3	演变特点	1	青年	1	国家技术能力	1
中国大陆	3	演变	1	亲缘关系	1	2014	1
中国	3	颜色革命	1	亲诚惠容理念	1	国家行为	1
中等收入陷阱	3	研究综述	1	侵华日军	1	国家创新体系	1
制度化	3	研究中心	1	窃占	1	国际组织	1
政治议题	3	研究旨趣	1	桥接	1	国际政治经济学	1
政治生态	3	研究特点	1	启示	1	国际争端	1

关键词	频次	关键词	频次	关键词	频次	关键词	频次
早期收获	3	研究阶段	1	企业总部	1	国际战略形势	1
一国两区	3	研发效率	1	企业生存率	1	国际战略	1
先行先试	3	研发合作	1	企业交易成本	1	国际研究中心	1
土地制度	3	研发产业	1	企业集团	1	国际学术讨论会	1
"太阳花学运"	3	延续	1	企业创新主体	1	国际协定	1
台湾政治	3	亚洲政治	1	期间	1	国际条约	1
台湾模式	3	亚洲四小龙	1	"七合一"选举	1	国际空间	1
台海局势	3	亚太主要经济体	1	埔里社	1	国际经济关系	1
认同	3	亚太战略	1	评议裁处制度	1	国际经济	1
全要素生产率	3	亚太新局	1	评价指标	1	国际环境	1
弃台论	3	亚太区域经济一体化安排	1	平台	1	国际关系理论	1
判例	3	亚太区域合作	1	平均地权	1	国际公法	1
闽台	3	亚太区域	1	贫富分化	1	国际费雪效应	1
民族复兴	3	亚太经济一体化	1	贫富差距	1	国际地位	1
民意	3	亚太合作	1	配偶	1	国会议员	1
美国外交	3	鸦片渐禁政策	1	判决的承认和执行	1	规制政策	1
路径	3	训练模型	1	派系	1	规范设计	1
两岸合作	3	学运	1	欧债危机	1	规范解释	1
"立法院"	3	学术史	1	欧陆法系	1	归属	1
康熙朝	3	学科建设	1	女大学生	1	广义帕累托分布	1
开罗宣言	3	选区划分	1	农业经营主体	1	广东移民	1
竞争力	3	选情分析	1	农民	1	广东	1
甲午战争	3	许寿裳	1	农会	1	管制性规范	1
一家亲	3	"修宪"	1	农地重划	1	管辖权	1
合作模式	3	性质	1	农地开发管制	1	管理意思	1
"行政院"	3	性别歧视问题	1	农村建设	1	管理权说	1
海峡两岸投资保护和促进协议	3	幸福感	1	农村家庭承包制	1	管理创新服务	1
国际竞争力	3	形式理由	1	尼克松政府	1	管理	1
服务业合作	3	刑事诉讼参与人	1	尼克松	1	观点	1
服务贸易自由化	3	刑事司法合作	1	内销市场	1	股指期权	1

续表

关键词	频次	关键词	频次	关键词	频次	关键词	频次
服务贸易	3	刑事判例制度	1	内生性	1	股市恐慌	1
动因	3	刑事辅助	1	内容分析	1	古贺辰四郎	1
产业合作	3	信托	1	内湖科技园区	1	古典经济学	1
策略	3	新自由制度主义	1	南中国海	1	贡献	1
中共中央总书记	2	新中国	1	南台湾政治	1	共有知识	1
治权	2	新兴社会集团	1	南雅厅	1	共有人优先购买权	1
制约因素	2	新兴产业	1	南太平洋岛国	1	共同选择	1
指导性案例	2	新型两岸关系	1	南台湾	1	共同体感	1
知识产权	2	新闻传播	1	南满	1	共同体	1
政治因素	2	新台币	1	南京协议	1	共同打击犯罪	1
政治协商	2	新世纪	1	南海争端	1	功能定位	1
政治互信	2	新趋势	1	南海	1	公权力	1
政治定位	2	辛亥百年	1	南部科学园区	1	公职人员	1
政经关系	2	心史	1	目的地	1	公私协力	1
政经	2	协助侦查	1	明晰化	1	公权力机关	1
争端解决机制	2	协助调查取证	1	闽台转运	1	公平原则	1
战略新兴产业	2	协整理论	1	闽台文学	1	公立医院	1
"原住民"	2	协议	1	闽台两岸	1	公共政策	1
原因	2	协同性	1	闽台经济	1	公共问责	1
一中框架	2	协同创新	1	闽台产业	1	公共外交	1
一体化	2	协调机制	1	闽南文化	1	公共管理	1
亚太再平衡	2	协商谈判	1	闽籍	1	根源	1
亚太经济	2	效果	1	民族情	1	个人资源	1
选举制度	2	校园性侵害	1	民族国家	1	个人特征	1
选举政治	2	小微金融	1	民主质量	1	戈尔茨坦	1
兴柜市场	2	销项税额	1	民进党转型	1	高频字词统计分析	1
新竹科学园	2	销售货物	1	民进党本质	1	高科技产业	1
谢长廷	2	萧乾	1	民间社会	1	高度敏感性	1
宪法一中	2	香港问题	1	密度预测评估	1	港澳台同胞	1
宪法共识	2	相互竞合	1	孟加拉湾	1	感知	1
宪法各表	2	乡村旅游	1	美中日关系	1	概率积分变换	1
现状	2	乡村建设	1	美台军售	1	改革开放战略	1

关键词	频次	关键词	频次	关键词	频次	关键词	频次
误区	2	宪法认同	1	美日关系	1	改革开放大业	1
吴伯雄	2	宪法	1	美国台海政策	1	改革行政	1
问题	2	现状	1	美国联邦巡回上诉法院	1	改革进程	1
文化交流	2	现代农业	1	美国对台政策	1	复合权力结构	1
晚清	2	现代国际法	1	美国对华政策	1	附属岛屿	1
完善	2	现代服务业	1	贸易增长速度	1	柏林自由大学	1
图书馆	2	显著性	1	贸易余额	1	父系文化规范	1
特点	2	显示性比较优势	1	贸易投资紧密度	1	辅助人	1
台湾政坛	2	衔接模式	1	贸易统计	1	辅导政策体系	1
台湾政党	2	先占原则	1	贸易条件冲击	1	辅导政策	1
台湾学运	2	西沙群岛	1	贸易格局	1	抚臣	1
台湾选举	2	西方之眼	1	贸易的要素含量	1	福摩萨情结	1
台湾史	2	西北民族大学	1	麦克阿瑟	1	福利政策	1
台湾青年	2	雾社事件	1	马关条约	1	福利文化	1
台湾民主	2	物流业	1	马尔可夫链	1	福建	1
台湾民意	2	武职占垦	1	妈祖文化	1	服务业就业	1
台湾居民	2	吴人	1	绿化	1	服务业竞争力	1
台商投资	2	吴会	1	旅游影响	1	服务业	1
司法互助	2	吴国桢	1	旅游经济合作区	1	服务贸易总额	1
熟番	2	无因管理	1	旅游共生理论	1	服务贸易竞争力	1
社会矛盾	2	我国远洋渔业	1	吕世宜	1	服贸协议	1
社会福利	2	我国台湾地区	1	论统一	1	夫妻共同债务	1
社会保障	2	文化重建	1	伦理	1	夫妻共同财产	1
日本侵台	2	文化协会	1	乱云飞渡	1	夫妻财产制	1
全面深化改革	2	文化认同	1	路线转型	1	佛教	1
趋势	2	文化区域	1	陆资银行	1	风险控制	1
侵略扩张	2	文化交流意义	1	陆资入台	1	风险分配	1
企业价值	2	文化价值	1	六都版图	1	风格特征	1
平潭综合实验区	2	文化冲突	1	琉球针路	1	分位数回归	1
农地改革	2	位置商标	1	琉球群岛	1	分税制	1
南沙群岛	2	尾部相关系数	1	流求	1	分配	1

续表

关键词	频次	关键词	频次	关键词	频次	关键词	频次
命运共同体	2	伪书	1	刘易斯转折点力	1	废除死刑	1
闽浙总督	2	维持现状	1	刘易斯转折	1	斐济	1
闽台经贸	2	唯物史观	1	领土主权	1	菲律宾共产主义运动	1
民族认同	2	微观机制	1	领土争端	1	非政府组织	1
民主转型	2	威权政治	1	领导者	1	非线性单位根	1
民营银行	2	网络	1	领导	1	非声索国	1
贸易国内增加值	2	王世杰	1	临海水土志	1	非射线效率	1
毛泽东	2	汪辜会谈	1	林献堂	1	非对称性	1
两岸政治定位	2	汪道涵	1	邻厚君薄	1	非传统安全	1
两岸政策	2	外资银行	1	廖正井	1	访台行为	1
两岸经济合作	2	外向型经济	1	量刑情节	1	房屋承租人优先购买权	1
两岸经济	2	外贸依存度	1	量刑基本原则	1	房地产市场	1
两岸金融合作	2	外部性	1	量刑方法	1	防止及减少损失义务	1
两岸互信	2	托管	1	谅解议事录	1	防空识别区	1
立法监督	2	屯丁	1	"两国论"	1	方法路径	1
历史记忆	2	推动策略	1	两岸投保协议	1	方案设计	1
劳动力成本	2	土地征用	1	两岸统合	1	反洗钱	1
蓝绿	2	土地征收	1	两岸生产性服务业	1	反核运动	1
拉丁美洲	2	土地流转	1	两岸商业银行	1	反割台运动	1
军事对抗	2	土地管理	1	两岸区域性金融中心	1	反腐工作	1
决议文	2	土地产权	1	两岸区域经济合作	1	反服贸学运	1
经济整合	2	投资争端	1	两岸南海合作	1	番银	1
经济增长	2	投资型保险	1	两岸贸易	1	番目	1
经济发展	2	投入产出模型	1	两岸论述	1	傅斯年	1
经济持续增长	2	投融资制度	1	两岸军事互信机制	1	傅立叶函数	1
金融危机	2	统一	1	两岸经贸关系	1	法学教育模式	1
结构	2	同住	1	两岸经济交流	1	法学方法	1
接受制度	2	同等对待准则	1	两岸交往	1	法西斯国家	1
建构主义	2	同城化	1	两岸价格贸易条件	1	法人化改革	1
家族企业	2	同步化	1	两岸话语论争	1	法律制度	1

关键词	频次	关键词	频次	关键词	频次	关键词	频次
基层民众	2	通货膨胀	1	两岸化	1	法律修正	1
机遇	2	调整趋向	1	两岸和平协议	1	法律系	1
核心利益	2	调整	1	两岸海洋合作	1	法律适用	1
合作机制	2	调控政策	1	两岸关系民族复兴	1	法律经济学	1
合情合理安排	2	调解书	1	两岸共同市场	1	法律保护	1
合理使用	2	调解笔录	1	两岸共识	1	"法理台独"	1
行政体制	2	调查时间	1	两岸服务业合作	1	法理定位	1
海峡两岸服务贸易协议	2	调查对象	1	两岸服务贸易协议	1	法国	1
海上丝绸之路	2	调查	1	两岸法制	1	法官异议	1
海基会董事长	2	条约解释	1	两岸发展	1	法定继承权	1
国际经验	2	条约必须信守	1	两岸电子信息制造业	1	法治方式	1
国际关系研究	2	田中角荣	1	两岸次区域合作	1	法治化程度	1
国际多角化经营绩效	2	天下体系	1	两岸产业转移	1	法学研究	1
股权结构	2	特征	1	两岸产业合作	1	发展阶段	1
公司绩效	2	特色机制	1	两岸产业	1	发展概况	1
公共治理	2	特定群体	1	两岸比较	1	发展模式	1
公共养老制度	2	唐通事	1	粮食自给率	1	发展现状	1
高技术产品	2	汤翼海	1	粮食政策	1	发展时期	1
反服贸风波	2	谈话节目	1	粮食安全	1	发展趋势	1
反服贸	2	态度	1	廉政	1	恩庇－侍从结构	1
番地	2	台资	1	联合报	1	遏制	1
发展路径	2	台州路桥	1	连横	1	恶意诉讼	1
发展历程	2	台中市	1	利益相关者	1	二氧化碳排放	1
对台工作	2	台湾总兵关防	1	利益所在	1	二阶段论	1
动力	2	台湾专利	1	利益驱动性	1	二二八事件	1
东亚生产网络	2	台湾主体性	1	利益衡量机制	1	儿童性侵害	1
地区与国别政治	2	台湾中小企业	1	立宪模式	1	对外开放力度	1
地区领导人	2	台湾政治大学	1	"立委"	1	对外经济关系	1
地区经济	2	台湾证券柜台市场	1	历史沿革	1	对外反倾销	1

续表

关键词	频次	关键词	频次	关键词	频次	关键词	频次
代理理论	2	台湾"原住民"	1	历史文化学院	1	对美关系研究	1
代间关系	2	台湾与东盟经济关系	1	历史书写	1	对华关系正常化	1
次贷危机	2	台湾意识	1	历史潮流	1	对等性	1
出口贸易	2	台湾研究	1	历史	1	对策思考	1
城镇化	2	台湾学者观点	1	历程回顾	1	都市乡村化	1
成因	2	台湾学界	1	理性选择	1	动员群众	1
产业技术研究院	2	台湾形象	1	理念层面	1	动态战略联盟	1
产业集群	2	台湾新公民运动	1	理论与实践	1	东亚政治	1
差异	2	台湾文化	1	理论意义	1	东亚增长模式	1
层次分析	2	台湾同胞	1	理论体系	1	东亚一体化	1
残疾人	2	台湾通史	1	理论内涵	1	东亚研究所	1
蔡英文	2	台湾特色的中华文化	1	理论假说	1	东亚区域	1
变迁	2	台湾司法	1	理解差异	1	东亚局势	1
TPP	2	台湾省地方自治纲要	1	里山倡议	1	东亚共同体	1
taiwan	2	台湾省编译馆	1	里根政府	1	东南亚战场	1
Legal	2	台湾省	1	李义山无题诗试释	1	东南亚地区	1
CAFTA	2	台湾生活方式	1	李炎全	1	东盟国家	1
2013 年	2	台湾农地政策	1	离岸中心	1	东京学派	1
1949 年	2	台湾民主国	1	离岸金融中心	1	东金澎	1
佐藤执政时期	1	台湾民众党	1	冷战	1	东海	1
最优货币区	1	台湾民间	1	冷眼看台湾	1	定制服务	1
最低注册资本	1	台湾民粹主义	1	老年社会学	1	定位问题	1
最大熵GARCH 模型	1	台湾绿党	1	老年人	1	定群追踪	1
最大诚信原则	1	台湾历史	1	劳动所得退税补贴	1	顶层设计	1
钻石模型	1	台湾抗日斗争	1	劳动密集型产业	1	电子信息产业	1
祖国现代化	1	台湾经验	1	劳动就业	1	电报建设	1
组织发展	1	台湾经济关系	1	蓝鼎元	1	缔约上过失	1
组织传播	1	台湾建省	1	来源地	1	第一次鸦片战争	1

续表

关键词	频次	关键词	频次	关键词	频次	关键词	频次
组织承诺	1	台湾回归	1	跨境主义	1	第三主体	1
族群语言	1	台湾环境问题	1	跨境人民币	1	第二含义	1
族群意识	1	台湾海峡危机	1	跨境经济合作区	1	地域文化	1
族群关系	1	台湾海峡	1	跨阶层联盟	1	地位	1
走向	1	台湾"国际空间"	1	空间集聚	1	地区分布	1
总出口额	1	台湾共产党	1	空间关联	1	地理信息系统	1
综述	1	台湾工业技术研究院	1	空间分析	1	地方税	1
自治权	1	台湾工研院	1	客家文化	1	地方派系	1
自由贸易协定	1	台湾高铁市场化	1	客观利益	1	地方官	1
自由贸易区战略	1	台湾服务业	1	科技研发机构	1	敌强我弱	1
自由经济示范区	1	台湾法学	1	科技接受度	1	敌后战场	1
自由经济区	1	台湾对外关系	1	科技交流合作	1	迪韦尔热法则	1
自选集	1	"台湾独立"	1	科技服务	1	低速增长	1
自下而上	1	台湾地区寿险	1	考试制度	1	邓小平	1
自举抽样法	1	台湾地区农业 FDI	1	考量	1	邓世昌	1
自发性流迁	1	台湾地区家庭	1	抗日战争期间	1	等距/相关情况划界法	1
资产证券化	1	台湾地区出租车业	1	抗日武装	1	等方差检验	1
资本因子	1	台湾当局政治地位	1	抗日民族统一战线	1	德国	1
资本密集型产业	1	台湾当局亚太经济战略	1	抗日救国	1	道德滑坡	1
资本充足率	1	台湾"大选"	1	康熙统一台湾	1	导游管理体制	1
准据法	1	台商大陆投资	1	看见十九世纪台湾	1	党国体制	1
追赶策略	1	台日渔业谈判	1	开山抚番	1	档案史料	1
转移份额分析	1	台籍日本兵	1	开放性逻辑	1	当局	1
转型升级	1	台海危机	1	开放	1	当地农民增收效应	1
转融通	1	台海和平	1	卡内基	1	淡水同知	1
转板	1	台海地区	1	喀尔吉善	1	单一划界线	1
专门职业及技术人员	1	台共	1	均衡汇率	1	代间交换	1
专利专门性法院	1	"台独"势力	1	均富	1	大学数量	1

续表

关键词	频次	关键词	频次	关键词	频次	关键词	频次
专利活动	1	"台独"史观	1	军事交流	1	大陆游客	1
专利	1	"台独"路线	1	军事对峙	1	大陆因素	1
专家	1	"台独"话语权	1	军事比较	1	大陆学界	1
著作权	1	"台独"党纲	1	军事安全互信机制	1	大陆人民	1
主体地位	1	"台独"	1	军国主义	1	大陆企业	1
主任检察官	1	台北知府	1	决策过程	1	大陆经贸政策	1
主权国家	1	台北大陆政策	1	具体内容	1	大陆国家	1
主权归属	1	台胞投资保护法	1	拒证权	1	大陆地区	1
主权观念	1	台胞	1	九十年代	1	大陈岛	1
主权独立	1	锁模	1	"九合一"选举	1	达沃斯论坛	1
主权	1	孙吴	1	靖边患	1	低增长	1
主计	1	孙立人	1	竞争优势	1	多元化合作机制	1
主观感受	1	碎片化	1	竞争力评价	1	多层次资本市场	1
主持人	1	诉讼成本	1	竞争力模型	1	对外直接投资	1
主成分分析	1	诉讼标的	1	竞选广告	1	对外投资	1
周恩来	1	宋代	1	竞合	1	传统侨团	1
周边形势	1	四都	1	警务合作	1	传媒市场	1
重要演讲	1	死刑存废之争	1	景气复苏	1	传媒人	1
重复征税	1	思想解放	1	景观变迁	1	传媒经济	1
重复诉讼	1	司法责任	1	精神病鉴定	1	传媒角色	1
重大政治问题	1	司法协作	1	经验总结	1	传媒功能	1
仲裁条款效力	1	司法独立	1	经验验证	1	传教士	1
仲裁条款独立性	1	司法的民主性	1	经验借鉴	1	传播政策	1
中央日报	1	顺风相送	1	经贸谈判	1	出租车合作社	1
中小商业银行	1	税制比较	1	经济转型发展	1	出游空间变化	1
中小企业私募债券	1	税务机关	1	经济周期	1	出口相似度	1
中小企业	1	税收制度	1	经济整合	1	出口竞争力	1
中日关系	1	税收成本	1	经济展望	1	出口价格指数	1
中美关系正常化	1	水师提督	1	经济一体化	1	出口产品	1
中美大使级会谈	1	数字融合	1	经济条件	1	出境旅游	1
中美博弈	1	数据驱动平滑检验	1	经济衰退	1	出版史	1

续表

关键词	频次	关键词	频次	关键词	频次	关键词	频次
中坜事件	1	属权贸易收益	1	经济全球化	1	筹资制度	1
中华自贸区	1	属地贸易收益	1	经济目标	1	筹海图编	1
中华民族	1	书面同意	1	经济困境	1	赤尾屿	1
"中华民国宪法"	1	书法	1	经济合作架构协议	1	持续高速增长时限	1
中国制造	1	寿险需求	1	经济合作机制	1	程序问题	1
中国政治与外交	1	首相决断型	1	经济关系	1	程序监理人	1
中国现代社会	1	收支平衡	1	经济概况	1	程曦	1
中国特色	1	释字第710号解释	1	经济分析	1	城乡治理	1
中国时报	1	适用制度	1	经济发展方式转换	1	城乡一体	1
中国社会科学院	1	适度规模经营	1	经济补偿	1	城市社区	1
中国内战	1	侍从主义	1	禁止反言	1	城市化	1
中国抗战	1	事实行为	1	晋江县	1	承认	1
中国经济增长	1	市地重划	1	近现代	1	成长率	1
中国近代史	1	市场制度	1	近代中国	1	成本决定	1
中国国民党主席	1	市场机制	1	近代史研究所	1	陈寅恪	1
中国国民党	1	世界秩序	1	近代诗歌	1	陈星聚	1
中国共产党	1	世界投入 – 产出表	1	近代日本	1	陈诚	1
中国东盟合作	1	世界权力转移	1	进口价格指数	1	沉默权	1
中国大陆寿险	1	世界经济	1	进口	1	撤退	1
中国丛报	1	世代轮替	1	金融消费者	1	朝日新闻	1
中共	1	食物消费	1	金融体制改革	1	慈善组织	1
中俄关系	1	食物缺口	1	金融生态	1	慈善	1
中部科学园区	1	食品安全危机	1	金融排斥	1	慈济基金会	1
中巴建交	1	食品安全	1	金融开放	1	创新业绩	1
中巴关系	1	实质理由	1	金融竞争力	1	创新	1
智慧财产法院	1	实事求是	1	金融监理合作 了解备忘录	1	创新模式	1
治台论	1	实施细则	1	金融机构	1	产业结构升级	1
治台方略	1	实力消长	1	金融辐射力	1	产业结构	1
治理能力	1	实践路径	1	金融犯罪	1	产品质量	1
治理机制	1	实际利率平价	1	金融包容性增长	1	产业合作	1
制造业投资	1	时空分异	1	金门	1	产业链	1

续表

关键词	频次	关键词	频次	关键词	频次	关键词	频次
制度性经济合作	1	时代性	1	解决方法	1	产业内贸易	1
制度性	1	施侯租	1	解雇行为	1	产业竞争力	1
制度完善	1	施动群	1	解放思想	1	产业结构转型	1
制度建设	1	诗史心史	1	解除戒严	1	产业转移	1
志愿者	1	师源性侵害	1	捷运	1	产业集聚	1
志愿服务	1	尸体上权利	1	结构性演进	1	产学合作机制	1
志工文化	1	省县自治法	1	结构性压力	1	参拜靖国神社	1
殖民扩张	1	生活共同体	1	结构性难题施	1	裁判认可	1
直辖市自治法	1	生存分析	1	结构位置	1	裁定	1
执政时期	1	生产要素	1	结构调整	1	财政补偿体制	1
知识生产	1	升科	1	结构式向量自我回归	1	财产法	1
知识社群	1	审计监督	1	结构崩解	1	层次性	1
知识产权法院	1	审计	1	教授访谈	1	差异性分析	1
政治制度主义	1	沈莹	1	角色转变	1	曾琦	1
政治运作	1	沈起元	1	焦虑感	1	层次分析因子分析	1
政治营销	1	神经网络	1	交互影响	1	策略性措施	1
政治艺术	1	深度访谈	1	蒋廷黻	1	策略联盟	1
政治效益	1	身体所有权说	1	蒋陈关系	1	测评体系	1
政治文化冲突	1	身份权	1	江户幕府	1	册封使录	1
政治体系	1	身份法	1	江丙坤	1	残余土地	1
政治生态适应力	1	涉外继承	1	鉴定留置	1	参与国家管理	1
政治社会化	1	涉台外交	1	渐进式升级	1	参访团	1
政治认同	1	社区自治	1	健康保险	1	不可分割性	1
政治前提	1	社区治理	1	建议	1	不对称依赖	1
政治领导权	1	社会资源	1	建立互信	1	不当得利	1
政治立场	1	社会制度	1	建构性规范	1	部分请求	1
政治关系	1	社会责任	1	建构性关系	1	不可回复点	1
政治多极化	1	社会运动	1	见义勇为	1	补偿	1
政治地位	1	社会与观念变迁	1	检验功效	1	波兹坦公告	1
政治传播	1	社会性	1	检讨纪要	1	波动溢出效应	1
政治安排	1	社会心理	1	检察长	1	并购	1

续表

关键词	频次	关键词	频次	关键词	频次	关键词	频次
政权更迭	1	社会网络	1	检察官	1	辩证	1
政局演变	1	社会条件	1	检察改革	1	比较优势	1
政府预算	1	社会适应性	1	监管体制	1	保护制度	1
政府审计	1	社会史	1	监管体系	1	办案人员	1
政府采购	1	社会生态生产性景观	1	价值链	1	本土化	1
政党制度	1	社会生成	1	价格发现	1	保证金	1
政党政治	1	社会融合	1	假牙	1	保卫钓鱼岛	1
政党体系	1	社会认同	1	家庭结构	1	保理业务	1
政党特性	1	社会建构	1	家事调查官	1	保护合作	1
政党	1	社会观护	1	家事事件法	1	保大	1
政策走向	1	社会分歧	1	家事事件	1	标志性事件	1
政策主张	1	社会发展	1	家事审判	1	保险法	1
政策演进	1	社会动员	1	家人文化结构	1	北洋海军	1
政策研究	1	社会变迁	1	加值	1	北洋大臣	1
政策性融资	1	社会保险	1	加工贸易	1	北京对台政策	1
政策及影响	1	邵友濂	1	绩效审计	1	碑刻文献	1
郑思肖	1	上柜市场	1	绩效	1	比较分析	1
郑克	1	商业性融资	1	技术溢出	1	办案组织	1
郑经	1	商品结构	1	技术商业化	1	办案期限	1
郑成功	1	商贸服务业	1	技术创新	1	板桥林家	1
正效应	1	厦漳泉同城化	1	集体身份	1	巴基斯坦	1
正面战场	1	厦金同城化	1	集体记忆	1	澳门问题	1
征信业	1	厦金合作	1	集点	1	奥巴马政府	1
征税范围	1	厦防同知	1	极化	1	案例指导制度	1
争取民心	1	三权财政	1	基层社会治理	1	安全认知	1
争论	1	三民主义	1	基本医疗保险	1	安全困境	1
真实销售	1	三都	1	基本认知	1	TFP	1
浙江经济	1	赛德克族	1	基本盘	1	S 模型	1
障碍	1	软实力	1	机制运行	1	Sheffield	1
账户价值	1	软法	1	机制	1	Put – Call Parity	1
长三角	1	儒家文化	1	机遇与挑战	1	judicial	1

续表

关键词	频次	关键词	频次	关键词	频次	关键词	频次
长崎国旗事件	1	融资租赁公司	1	机构式养老服务	1	Hybrid DEA 模型	1
彰化县	1	融资体系	1	机构设立	1	HOV 模型	1
张王会	1	融资融券	1	货币一体化	1	HLM 效应	1
张登	1	融合性统一模式	1	或裁或审条款	1	DEA 模型	1
战略与结构匹配	1	融合发展	1	活路外交	1	Cox 模型	1
战略目标	1	融合	1	混乱与失序	1	courses	1
增值税制度	1	荣誉主席连战	1	婚姻家庭	1	Copula 函数	1
增加值贸易	1	荣誉主席	1	婚姻法律冲突	1	BCA 法	1
早期开发	1	日内风险传染	1	会计师	1	3·18 学运	1
在线调查	1	日本殖民统治	1	汇率失调	1	21 世纪海上丝绸之路	1
再平衡	1	日本一鉴	1	汇率升值	1	1949—1978 年	1
恽南田研究	1	日本文化	1	回顾	1	20 世纪 90 年代	1
运行成效	1	日本侵略者	1	回测检验	1	GTAP	1
运动用品	1	日本联合舰队	1	灰色关联度	1	GTAP 模拟	1

分报告之二：大陆期刊体系中涉台文献的计量学研究（2015 年）

一、样本筛选综述

本章的研究样本是 2015 年刊载于中国知网 CSSCI 来源期刊（2014—2015）和内地涉台研究专业期刊的符合本次研究主题的论文。具体而言，在中国知网的"高级检索"页面以"台湾"或者"两岸"为主题词，"2015 年 1 月 1 日到 2015 年 12 月 31 日"为限定时段，CSSCI 来源期刊（2014—2015）目录中所含有的 533 种期刊和《台湾研究》《台海研究》《现代台湾研究》为文章来源，论文来源、题名、中图分类号、学科、被引、下载、作者、单位、发表时间、期数、关键词为输出信息进行检索，最后一次检索的时间是 2017 年 3 月 18 日。要说明的是，台湾研究虽然是综合性交叉学科，是不同学科研究人员共同参与的综合性研究领域，但是，在进行样本的初步筛选时，为研究需要，根据大陆涉台研究的实际情况，本章仅将属于经济、法律、政治、历史四个学科类别的文献保留作为研究样本。[①] 将征稿启事、会议通知、会议综述、人物专访、书讯、文章摘编、重复文献、非相关文献等不符合研究目的的对象剔除后，最后得到的论文数量即为本章研究的样本总量。经过多轮人工筛选后，最后纳入统计范围的样本总量为 518。

[①] 具体做法是：对检索所得的样本文献逐一检索，将从知网上获取的"分类号"与《中国图书馆分类法》的"中图分类号"——匹配，保留属于 D0 – D87（政治）、D9 – DF992（法学）、F（经济）、K0 – K887（历史）这四个学科的文献。要说明的是，由于"台湾研究"是一个关涉政治、经济、社会和文化等诸多方面的复杂问题，一篇论文隶属多个学科比较普遍，为避免评估不当，本章只统计每篇文献第一个中图分类号所属的学科。

二、研究主体基本属性

（一）作者分布情况

论文作者是科学研究的主体，他们的研究方向直接影响着学科的发展动态。运用普赖斯定律可以从宏观角度评析研究者和研究成果之间的相对关系，估算高产作者的规模以及研究者的著述能力。本章将论文作者进行初步筛选后发现，在 518 篇论文中，1 篇论文的作者标识不详，517 篇论文标有清晰作者（本章只把第一作者纳入统计和研究范围）。从 517 篇文章中共抽取出 413 名作者（基本考虑同名不同人情况），作者均发论文 1.25 篇，说明涉台研究作者群体比较广泛。研究人员当中既有学术界的著名学者、教授、研究员，又有党政机关、刊物编辑部成员，但均篇数较低。每一作者按发文篇数统计，发文最多的为 5 篇，其他依次为 4 篇、3 篇、2 篇、1 篇。根据普赖斯定律可得出前 20 位（$\sqrt{413} \approx 20.3$）是高生产能力作者（高生产能力作者仅考虑第一作者的情况）。如表 1 所示，在本次研究样本中，高生产能力作者第 20 位是并列第 7 名的 15 人，因此，研究样本中高生产能力作者共 21 人，总计发文 70 篇，占全部研究样本的比重为 13.5%。这一作者群体是 2015 年度大陆涉台研究领域的重要贡献者，他们对于学术研究具有带头作用和示范效应，能够促进台湾研究这一领域的发展。

表 1　高生产能力作者分布表

序号	论文篇数	作者（按姓名首字母排序）	总计（人）
1	5	严安林	1
2	4	林　冈　刘相平　童立群　吴晓林　钟厚涛	5
3	3	曹小衡　陈先才　邓利娟　冯　琳　黄宗昊　李　非　李　龙 林炳坤　刘国深　刘凌斌　盛九元　王鸿志　王　英　王英津 祝　捷	15

本章中共包含合著论文 160 篇，合作率①为 31%（160/517 ≈ 0.31），说

---

①　合作率 =（一定时期内相关论文）合作论文量/（一定时期内相关论文）论文总量，在科学计量学中通常用来表征某一学科的合作情况。参见张玲玲：《中国刑事警察学院期刊论文统计分析》，载《情报探索》2015 年第 5 期。

明在 2015 年度，涉台研究领域作者有合作发文的倾向。适当的合作可以充分发挥集体的协作优势，集思广益，深化研究层次，提高论文质量。但整理相关数据后发现，合作多发生于高生产能力作者和其他作者之间，而表 1 中所包含的高生产能力作者之间的合作较少，只有一篇（黄宗昊、林冈合作撰写的《产业政策与金融：台湾地区发展经验》）为高生产能力作者合作撰写的论文。

（二）作者个人学术影响力

学术影响力，指的是研究者的科学研究成果在公开发表后，对该领域学术界或同行影响的深度和广度。[①] 文献被引证数和下载频次是衡量一个作者学术影响力的重要维度。出于研究的需要，本章将被引频次大于等于 5（≥5）的作者设定为高引作者（仅考虑第一作者），如表 2 所示；将被下载频次大于等于 900（≥900）的作者认定为高下载作者（仅考虑第一作者），如图 1 所示。将表 2 和图 1 进行对比后发现，曹小衡、程大中、李龙、罗剑朝、彭海阳、王文宇、吴晓林、吴振坤、徐晓红、薛永慧、杨士林等 11 人在两个图表中均名列其中。这说明在 2015 年度，这 11 位研究者在涉台研究领域比较活跃，且研究成绩不俗。要说明的是，虽然被引用频次和下载频次深受发表时间的影响，[②] 在年度结果的绝对数量上可能存在一定的偏差，但因本章选取的样本都是在 2015 年发表的，所以这一偏差对总体结论并无较大影响。

表 2　样本文献高引作者（被引频次≥5）被引频次分布图

作者	被引频次	作者	被引频次	作者	被引频次
罗剑朝	21	吴晓林	17	程大中	13
张卫彬	10	徐晓红	9	吴振坤	9
董学立	9	王　敏	9	盛九元	9
汪习根	8	彭海阳	8	王英津	8
杨士林	7	黄世政	7	王鸿志	7
刘国深	7	薛永慧	7	王文宇	6
张冠华	6	梅德祥	5	熊俊莉	5
王　英	5	曹小衡	5	单玉丽	5
李　龙	5	严志兰	5		

① 参见叶宏明、麦林：《大陆地区台湾研究发展脉络视角下的〈台湾研究〉学术影响力评价——基于 CNKI、CSSCI 与〈人大复印报刊资料〉的统计分析》，载《台湾研究》2014 年第 1 期。
② 美国学者普赖斯认为，论文在发表后的两年间达到被引峰值，也被称为"研究峰值"。

4440 3897 3372 2679 2658 2587 1635 1607 1519 1418 1357 1332 1288 1256 1239 1153 1100 1072 1069 1038 968 943

吴晓林　孙亮　刘相平　薛永慧　徐晓红　罗剑朝　孟姒建　李香菊　朱卫东　朱晓喆　李龙

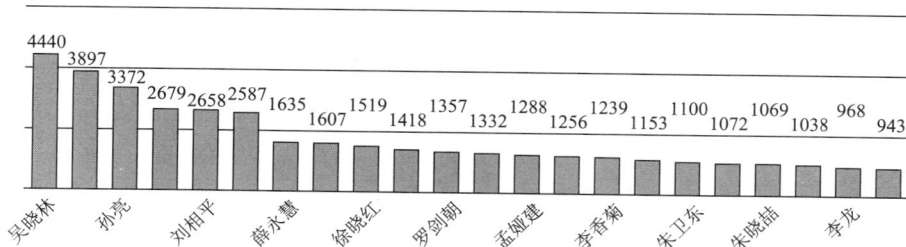

图 1　样本文献高下载作者（被下载频次≥900）被下载频次分布表

（三）研究机构分布与机构影响力情况

文献数量是衡量机构科研成果的重要尺度之一，从机构发文量可以看出该机构在台湾研究方面的实力。本章共计筛选出 200 个机构（合著论文仅统计第一作者的第一署名单位[①]）。其中，高校系统的机构有 140 个，发文量 354；研究机构（创新中心、社科院、研究院、研究所）27 个，发文 121 篇；期刊 7 个，发文 8 篇；党校 5 个，发文 7 篇；其他类型如行政机关、博物馆、商业公司等 21 个，发文 28 篇；各类型机构发文数量如表 3 所示。从表中可以看出，高校系统无论是机构数量还是发文数量都以明显的优势居于首位，说明高校人才荟萃，学术研究空气浓厚，科研实力雄厚，是大陆涉台研究的龙头和主要阵地。而研究机构虽然在机构数量上远少于高校系统，但是却占有相当的发文量。这表明高校学术团队与研究机构的建设基本上能与台湾研究这一学科的发展相适应，既有范围广泛的高校系统，又有具备雄厚实力的涉台研究机构。

表 3　机构类型分布及发文数量

机构类型	机构数量（个）	发文（篇）
高校	140	354
研究机构	27	121
期刊	7	8
党校	5	7
其他	21	28

①　其中，两岸关系和平发展协同创新中心是 2013 年由厦门大学、复旦大学、福建师范大学和中国社科院台湾研究所等三校一所联合建立的协同创新中心，因其不属于实体机构，所以将第一署名单位为两岸关系和平发展协同创新中心的论文的第二单位视为第一单位。

　　高水平的研究机构是确保研究成果质量的关键，也是引领研究方向的标杆。发文数量排名前 10 的单位如图 2 所示，包含 7 所高等院校和 3 所科研机构，这些高校和机构共发文 215 篇，占全部样本的 41.5%。从图 2 中可以看出，发文量前十的机构中，排名第一的是厦门大学（69 篇）。其中，厦门大学台湾研究院为厦门大学贡献了过半数的发文数量，它的前身为厦门大学台湾研究所，成立于 1980 年 7 月 9 日，是全国最早成立的台湾研究学术机构。① 目前为止，已经形成了一批高素质的科研团队，在台湾研究领域成绩斐然。发文量位于第二的是中国社会科学院（46 篇），从统计数据来看，过半数的发文量都是社科院下设的台湾研究所贡献的，台湾研究所底蕴深厚，是一个全面研究台湾政治、经济、社会、文化、对外关系以及两岸问题的综合性学术机构。这两个机构的发文数量均居于领先地位，其地位和影响力不容小觑。随后的福建社会科学院、中国人民大学、上海国际问题研究院、上海交通大学、武汉大学在 2015 年度的发文量都达到了 10 篇以上，对该年度的大陆涉台研究贡献巨大。若将图 2 与表 1（高生产能力作者分布表）结合来看，大部分高生产能力作者的署名单位都为排名前十的机构，因此，在某种程度上，研究者的论文产出能力与所在机构的研究实力存在一定的正向关联度。

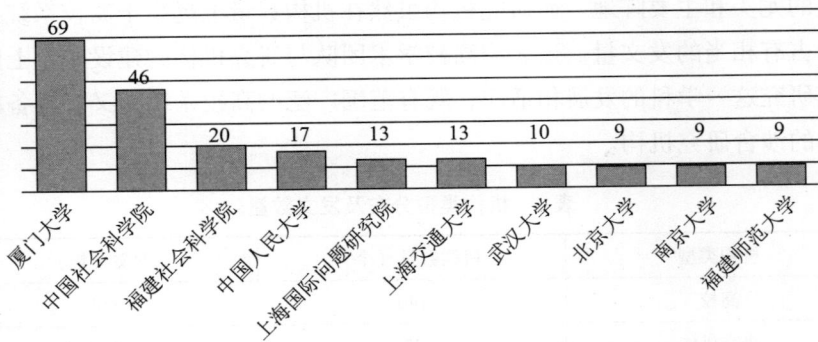

图 2　样本文献研究机构（前 10 名）分布图

　　中国各省域之间涉台研究水平差距明显，具有显著的区域性特征。图 3 列出了样本文献省域分布前十名的地区，它们共发文 440 篇，占全部样本的 85%。观察图表可以看出，北京以 133 篇居于领先地位，紧随其后的是仅与

---

　　① 路阳：《中国大陆台湾研究的现状与趋势——基于 1991—2013 年国家社科基金台湾研究立项项目的量化分析》，载《台湾研究集刊》2013 年第 5 期。

北京有 6 篇之差的福建，两地在 2015 年度共计发文 260 篇，是研究样本的 50%，凸显出两地的研究力量最为雄厚。联系图 2 样本文献研究机构分布图，在地域上，涉台研究可以被划分为北京和福建两个中心。北京地区由于其政治中心地位，机构众多，人员集聚，中国社会科学院、中国人民大学、北京大学、清华大学在台湾研究方面也都显示出其较强的研究实力；福建是大陆离台湾最近的省份，拥有厦门大学、福建社会科学院、福建师范大学等众多知名研究机构。此外，涉台研究省域分布与经济发展也不无关系，上海、江苏、浙江、天津等地均属我国经济比较发达地区，一方面，经济发展吸引了法律学者向该地的流动，另一方面，发达的经济又为学术研究提供了一定程度上的支持。而湖北和安徽在相对远离政治中心且不具备地理和经济优势的条件下独立做出了有影响的学术工作，能够取得如此成绩实属不易。另一个要引起我们注意的情况是，台湾以 25 篇文献位列第五，这说明台湾学者有在大陆学术刊物发表论文的倾向。

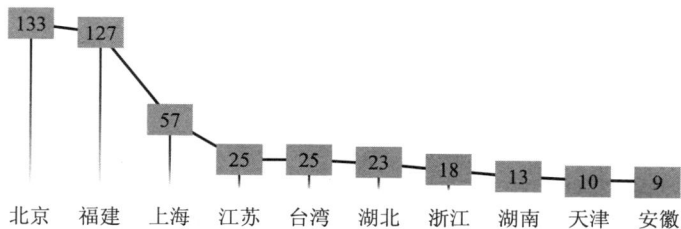

图3　样本文献省区（前10名）分布图

三、研究样本基本属性

（一）研究样本影响力关联指标

在文献计量学中，文献的被引率和下载频次一般认为是测度样本文献影响力的相关因素。文献的被引率指的是一位学者发表的作品被后继学者所引用的总次率①，这个指标在一定程度上可反映出文献的研究水平和学术价值，同时也可以反映出它们被同领域的其他成员所接受的程度。而下载频次也是学术影响力大小的直观反映，总下载量的多少反映了普通读者对期刊的

---

① 参见霍跃红：《对译者影响力的文献计量分析——以第四次翻译高潮中的三位文学译者为例》，载《外语与外语教学》2011 年第 6 期。

关注程度。但是，如果仅考虑其中一个变量的影响，未免有以偏概全之嫌，也会造成结果的不准确。为全面客观地评估研究样本的学术影响力，本章采用箱线图表法作为研究方法，对文献的被引率和下载频次两个变量同时予以考察。

第一步，确定高频被引论文。将样本文献按照被引率进行排序，根据算法计算出五个特征值，其中最大值 Max = 21、上四分位数 Q_3 = 2、中位数 Q_2 = 0、下四分位数 Q_1 = 0、最小值 Min = 0，那么极值 $Q_3 + 3IQR$ = 8，也即被引率在 8 次及以上（≥8）的文献为高频被引论文，在本章中一共有 9 篇论文符合要求，如表 4 所示。

表 4　样本文献单篇高频被引文献分布表

名次	题目	作者	来源期刊	被引频次	隶属学科
1	农地抵押融资运行模式国际比较及其启示	罗剑朝、庸　晖庞玺成	中国农村经济	21	经济
2	中国参与全球价值链分工的程度及演变趋势——基于跨国投入－产出分析	程大中	经济研究	13	经济
3	中国城乡居民收入差距代际传递变动趋势：2002—2012	徐晓红	中国工业经济	9	经济
3	我国自贸区发展策略选择与税收政策构想——兼论福建自贸区发展策略	吴振坤、张　毅李栋文	福建论坛（人文社会科学版）	9	经济
3	不动产物权登记生效制度的实践困境与未来出路	董学立、王　隽	山东大学学报（哲学社会科学版）	9	法律
3	台湾地区社区建设政策的制度变迁	吴晓林	南京师大学报（社会科学版）	9	政治
7	陪审制度的比较与评论——以日本、韩国、台湾地区模式为样本	汪习根	法制与社会发展	8	法律
7	台湾参与"21 世纪海上丝绸之路"的战略构想与可行路径	王　敏	亚太经济	8	经济
7	基于厦门前沿的福建自贸区对台合作新探索	彭海阳、詹圣泽郭英远	中国软科学	8	经济

第二步，确定高频下载论文。将样本文献按照下载频次进行排序，得出五个特征值分别为：最大值 Max = 3897、上四分位数 Q_3 = 263、中位数 Q_2 =

162、下四分位数 $Q_1 = 103$、最小值 Min = 0，因此极值 $Q_3 + 3IQR = 743$。
在样本文献中，下载频次在 743 次及以上（≥743）的论文有 25 篇，如表
5 所示。

表5　样本文献单篇高下载文献分布表

序号	题目	作者	来源期刊	隶属学科	下载频次
1	中国参与全球价值链分工的程度及演变趋势——基于跨国投入－产出分析	程大中	经济研究	经济	3897
2	推进股票发行注册制改革的路径研究	孙　亮	上海经济研究	经济	3372
3	台湾城市社区的治理结构及其"去代理化"逻辑——一个来自台北市的调查	吴晓林	公共管理学报	政治	2705
4	我国自贸区发展策略选择与税收政策构想——兼论福建自贸区发展策略	吴振坤、张　毅 李栋文	福建论坛（人文社会科学版）	经济	2679
5	基于厦门前沿的福建自贸区对台合作新探索	彭海阳、詹圣泽 郭英远	中国软科学	经济	2587
6	概论 1987 年至 2012 年两岸关系发展脉络	孙亚夫	政治学研究	政治	1607
7	中国城乡居民收入差距代际传递变动趋势：2002—2012	徐晓红	中国工业经济	经济	1519
8	从商法特色论民法典编纂——兼论台湾地区民商合一法制	王文宇	清华法学	法律	1418
9	从台湾法官与司法辅助人员的关系看大陆法官员额制改革	薛永慧	台湾研究集刊	法律	1412
10	农地抵押融资运行模式国际比较及其启示	罗剑朝、庞晖 庞玺成	中国农村经济	经济	1357
11	试论行政诉讼中规范性文件合法性审查的限度	杨士林	法学论坛	法律	1332
12	浅析两岸关系发展面临的新形势与新问题	孟娅建	现代台湾研究	政治	1288
13	中国奢侈品消费外流的税收政策研究	李香菊、赵　娜	中南财经政法大学学报	经济	1239
14	"九二共识"与大陆对台政策之关系述论——兼论中国共产党对"九二共识"的坚持与实践	刘相平	台湾研究集刊	政治	1184

序号	题目	作者	来源期刊	隶属学科	下载频次
15	瑕疵担保、加害给付与请求权竞合 债法总则给付障碍中的固有利益损害赔偿	朱晓喆	中外法学	法律	1069
16	台湾学界如何研究城市社区治理?	吴晓林	中国行政管理	政治	948
17	大陆大学生在台湾的旅游动机及旅游形象感知评价	史坤博、杨永春	资源科学	经济	943
18	兵马未动；粮草先行："一带一路"与金融基础设施建设	邓海清	国际经济评论	经济	897
19	陪审制度的比较与评论——以日本、韩国、台湾地区模式为样本	汪习根	法制与社会发展	法律	889
20	新常态下的海峡两岸旅游发展	林德荣、贾衍菊	旅游学刊	经济	844
21	如何构建中美新型大国军事关系	金灿荣、王 博	现代国际关系	政治	831
22	游客环境责任行为驱动因素研究——以台湾为例	余晓婷、吴小根 张玉玲、王 嫒	旅游学刊	经济	804
23	蔡英文"新南向政策"评析	刘相平	台湾研究	政治	784
24	文化与制度因素对政府质量感知的影响研究——基于中国大陆与中国台湾地区的比较	王永杰、曹 静	公共管理学报	政治	763
25	"一带一路"视角下深化两岸经济合作的机遇与挑战	曹小衡、黄利文	台湾研究	经济	759

第三步，将高引文献和高下载文献进行关联对比，找出绝对高影响力文献。经过筛选可知，同时符合被引率大于等于8（≥8）和下载频次大于等于743（≥743）两个条件的论文有六篇，如表6所示。在入选的六篇文献中，五篇属于经济学科，只有一篇属于法学范畴，说明经济学研究在大陆涉台研究占有举足轻重的地位。

表6 绝对高影响力文献分布表

序号	题目	作者	来源期刊	隶属学科	被引频次	下载频次
1	农地抵押融资运行模式国际比较及其启示	罗剑朝、庸 晖 庞玺成	中国农村经济	经济	21	1357

续表

序号	题目	作者	来源期刊	隶属学科	被引频次	下载频次
2	中国参与全球价值链分工的程度及演变趋势——基于跨国投入－产出分析	程大中	经济研究	经济	13	3897
3	中国城乡居民收入差距代际传递变动趋势：2002—2012	徐晓红	中国工业经济	经济	9	1519
4	我国自贸区发展策略选择与税收政策构想——兼论福建自贸区发展策略	吴振坤、张　毅李栋文	福建论坛（人文社会科学版）	经济	9	2679
5	陪审制度的比较与评论——以日本、韩国、台湾地区模式为样本	汪习根	法制与社会发展	法律	8	889
6	基于厦门前沿的福建自贸区对台合作新探索	彭海阳、詹圣泽郭英远	中国软科学	经济	8	2587

（二）样本文献学科分布情况

正如上文所说，本章所涉及的学科分类是在经济学、政治学、法学、历史学这四个学科范畴内进行的。在 518 篇样本文献中，隶属政治学的文献有 246 篇、历史学科 57 篇、经济学科 157 篇、法律学科 58 篇，各科分布占百分比如图 4 所示。通过图 4 可以看出，政治学科和经济学科的比例高达 78%，这一比例也和现实中大陆涉台研究的情况大体相符。在实践中，自 1979 年两岸结束封闭对立开始开放交流以来，两岸经济交往增多，由此催生了大量研究人员对两岸经济制度的对比研究及台湾本岛经济的研究等，并产生了大量研究成果。而要推动两岸关系向和平统一方面发展，两岸政治制度及政治现象是不容回避的现实问题，由此引发了大陆研究人员对涉台政治

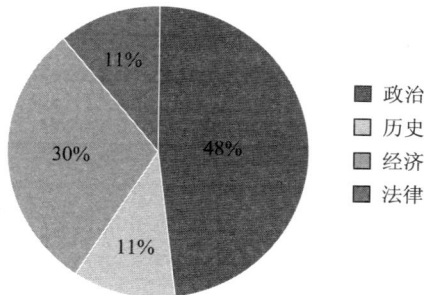

图 4　样本文献学科分布图

领域问题的高度关注。此外，法学和历史学也具有一定的发文量，从侧面表明台湾研究是一个研究视角非常广泛的学科。

（三）样本文献发文期刊分布情况

学术期刊是学术成果的传播载体和学术交流的平台，对样本文献的发文期刊的分布进行研究，有利于我们更深入地了解涉台研究的发文规律，为大陆进一步深化对台研究或两岸学者开展两岸关系研究等提供信息参考。在本章中，2015 年度共计 171 种期刊发表过台湾研究的相关论文（共计 518 篇），其中包括《台海研究》等四种大陆涉台研究的专业性期刊，其他的 167 类期刊虽然不是涉台研究的专业性期刊，但是根据布拉德福的理论，一种专门面向一个专业学科的期刊，可能含有对别的学科有用的论文。[①] 这些论文在期刊中并不是均匀分布的，而是具有明显的集中与离散规律，所以需要利用布拉德福定律，对这 167 种期刊进行一个简要分类，以确定核心期刊的数量。将全部刊物按照刊文数量递减的顺序进行排列，然后将其划分为三个论文数量大致均等的区域，划分结果如表 7 所示。三个区域的期刊数的比例为 $20:45:102 = 1:2.25:5.1 \approx 1:2.25:2.25^2$（2.25 的平方），符合布拉德福定律中的 $1:n:n^2$ 的关系，如表 7 所示。因此布拉德福定律可以适用于本次研究，布拉德福系数为 2.25，核心区期刊也就是刊文三篇及以上的刊物。但是要注意的是，布拉德福定律与文献分布的实际情况具有较好的一致性，但也存在一定的差异，其原因可能是理论本身的缺陷，亦有可能是对客观实际的反映的失真问题。[②] 因此，本章运用布拉德福定律来界定大陆涉台研究的核心区期刊、相关区期刊和离散区期刊，只是为从事涉台研究的研究者提供一个参考。

表 7　布拉德福定律划分表

分区	论文数	期刊数	载文数（篇）
核心区	106	20	≥3
相关区	100	45	3—2
离散区	103	102	≤2

① 参见丘均平：《信息计量学》，武汉大学出版社 2007 年版，第 99 页。
② 参见丘均平：《信息计量学》，武汉大学出版社 2007 年版，第 111 页。

　　表 8 是 2015 年度载文数在三次及以上的刊物，也即本章根据布拉德福定律确定的核心期刊，共计 33 种，占全部样本期刊的 66%。《台湾研究》《台湾研究集刊》《现代台湾研究》《台海研究》作为大陆涉台研究的专业性期刊，分别以 66 篇、53 篇、52 篇、38 篇居于前列，在一定程度上表明了涉台研究的专业化趋向。这四种期刊虽然创刊时间长短不等，但其影响力均得到了研究者的认可，相较其他非涉台专业类期刊而言，研究者更倾向于在这些期刊上发文。紧随其后的《亚太经济》（曾用刊名为《台湾与东亚》）与《福建论坛》（人文社会科学版）都是福建社科院主办的，在 2015 年度也发表了较多关涉台湾的论文。其他期刊虽然主要涉及领域各有不同，但也从侧面印证了布拉德福定律的一个理论基础——科学虽然有不同的学科之分，但它是一个具有统一性的整体，一个学科或多或少、或远或近都会与其他任何一个学科存在关联。①

表 8　样本文献发文期刊（核心区）分布表

期刊名称	载文数	期刊名称	载文数	期刊名称	载文数
台湾研究	66	台湾研究集刊	53	现代台湾研究	52
台海研究	38	亚太经济	21	福建论坛（人文社会科学版）	12
太平洋学报	9	安徽史学	6	暨南学报（哲学社会科学版）	5
东南学术	5	上海交通大学学报（哲学社会科学版）	4	美国研究	4
旅游学刊	4	兰州学刊	4	经济问题探索	4
福建师范大学学报（哲学社会科学版）	4	资源科学	3	中南大学学报（社会科学版）	3
中国管理科学	3	中国边疆史地研究	3	世界经济与政治论坛	3
世界经济研究	3	史学月刊	3	理论视野	3
江西社会科学	3	厦门大学学报（哲学社会科学版）	3	科技管理研究	3
江海学刊	3	国际政治研究	3	北京联合大学学报（人文社会科学版）	3
华南师范大学学报（社会科学版）	3	当代中国史研究	3	法学论坛	3

---

① 参见丘均平：《信息计量学》，武汉大学出版社 2007 年版，第 99 页。

四、2015 年中国大陆涉台研究学术热点追踪

(一) 样本文献关键词分布情况概述

关键词作为作者对于文章核心的概括和精炼，是学术文献的必备要素，它能简洁、全面地反映出文献所涉及的主要内容。在大量同专业文献的关键词集合中，隐含着该专业的总体特征、发展过程、发展趋势和专业分布等线索。所以，关键词可以成为对文献内容进行大样本统计分析的有效途径。[①] 在对样本文献进行全面整理的基础上，本章从 518 篇文献中提取有效关键词 2258 个，通过对所提取有效关键词的统计分析得出所有样本文献中包含的不同关键词总数为 1684 个，平均每篇文献含有 4.4 个，平均词频为 1.34 次。从图 5 可以看出，涉台研究的关键词分布特点是既具有广泛性，又具有相对的集中性，极少部分的关键词分布频率特别高，这些关键词可能是涉台研究的热点问题。而大部分关键词分布较为分散，出现频次比较低。

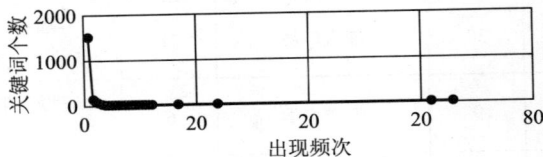

图 5　关键词个数、频次分布图

对于高频关键词的确定，在文献计量学中常用的方法是利用齐普夫定律。齐普夫定律以"最省力法则"为基础，定量地揭示关键词出现频率的分布规律。其计算公式为：$n = (-1 + \sqrt{1 + 8 \times I_1})/2$，[②] 如 $n = (-1 + \sqrt{1 + 8 \times 1491})/2 \approx 54.1$，也即关键词词频高于 54.1 的是高频关键词。通过图 6 可以看出，在本次的统计结果中，只有两个关键词的词频高于 54.1（分别为"台湾"和"两岸关系"），因此利用齐普夫定律并不能得出本次研究所需要的高频关键词。词频分布本身就是一个很复杂的问题，一些定律

---

① 朱永兴、龚永新、周巨根：《基于关键词统计的中国茶科技现状与趋势研究》，载《科技通讯》2005 年第 3 期。

② 其中，I_1 是词频数为 1 的关键词数量，计算结果 n 是高频关键词与低频关键词的临界值，在本章中，I_1 的值为 1491。

的适用范围具有一定的局限性，就需要借助研究者的经验来划分高频关键词的界限，也即研究者经验分析法。根据涉台研究的现状，本章拟将高于或等于 10 的关键词设定为高频关键词，共有 10 个关键词符合条件，如表 9 所示。

表 9　高频关键词（词频≥10）分布表

序号	关键词	频次	序号	关键词	频次
1	台湾	66	2	两岸关系	62
3	海峡两岸	24	4	台湾地区	17
5	和平发展	12	5	"九二共识"	12
5	"九合一"选举	12	8	民进党	11
9	美国	10	9	中美关系	10

（二）高频关键词共现分析

共现分析是将各种信息载体中的共现信息定量化的分析方法，用以揭示信息的内容关联和特征项所隐含的意义。文献计量研究中，共同出现的特征项之间一定存在着某种关联，关联程度可用共现频次来测度。[①] 透过论文某些共同出现的关键词频次可以分析大陆涉台研究状况，客观反映各学科研究的重点、热点、现状及未来发展方向。在本章中，将表 9 的 10 个高频关键词进行共现计算之后，得出一共有 45 对，其中出现频次在 1 次及以上的有 14 对，如表 10 所示。

表 10　高频关键词共现对及其共现频次（≥2）分布图

高频关键词共现对	频次	高频关键词共现对	频次
两岸关系＋和平发展	10	两岸关系＋"九二共识"	6
两岸关系＋"九合一"选举	4	台湾＋两岸关系	3
台湾＋美国	3	两岸关系＋中美关系	3
台湾＋中美关系	2	两岸关系＋海峡两岸	2
两岸关系＋民进党	2	和平发展＋"九二共识"	2
"九合一"选举＋民进党	2	海峡两岸＋台湾地区	1
和平发展＋民进党	1	"九二共识"＋"九合一"选举	1

---

① 焦宏官：《基于的国际针灸热点及合作团队研究》，中国中医科学院博士学位论文，2013 年。

　　作者在撰写论文时用到的关键词与作者的研究内容密切相关，而一篇论文中共同出现的多个关键词在研究内容上具有相关性。对以上 14 对高频关键词进行归纳分析之后，可发现当前大陆涉台研究涉及的主题主要分布在政治领域，且内容具有集中性。具体而言，可分为宏观和微观两个层面：

　　在宏观层面，集中于对基础理论进行研究。"两岸关系 + 和平发展""两岸关系 + '九二共识'""台湾 + 两岸关系""两岸关系 + 海峡两岸""和平发展 + '九二共识'""海峡两岸 + 台湾地区"等高频关键词对都体现了大陆涉台研究者对基础理论的关注，大体可分为三个主题：1）海峡两岸。海峡两岸一直都是同衰共荣的命运共同体，这一性质并不会因为两岸在政治上的暂时隔绝而有所改变。强调两岸的共同记忆和加强两岸的内在联系也就有了深刻的当下意义。因此，这类主题范围内的样本文献多涉及对两岸共同抗战的回忆、两岸经济的羁绊关系（旅游、渔业、农业、贸易合作）和两岸司法合作的开展，典型文献如朱双一的《海峡两岸共同抵御外敌的历史传统和当下意义》、曹小衡与柳晓明的《海峡两岸区域间经济合作的前景与路径研究》、何勤华与李守进的《海峡两岸罪犯移管制度探索》。2）和平发展。党的十六大以来，大陆确定了对台的和平发展战略，两岸关系得到了积极改善。但 2014 年以来，岛内政治生态发生的新变化，增加了台湾政治的不稳定因素，也对两岸关系发展产生连带效应，[①] 两岸关系面临重大考验。在两岸关系发展面临新问题的情况下，探究和平发展的新内涵，拓宽和平发展的新途径，也就具有了很强的紧迫性和现实针对性。因此，这类主题的样本文献多涉及一个中国框架和对和平发展道路的理性思考，典型的文献如董玉洪的《两岸关系和平发展的影响因素、前景与思考》、李国林的《两岸关系和平发展的经验与启示》、孟娅建的《浅析两岸关系发展面临的新形势与新问题》。3）"九二共识"。2014 年年末，民进党籍候选人蔡英文提出"处理两岸关系的基本原则就是'维持两岸现状'"[②]，并多次发表不利于两岸政治互信的言论，"九二共识"作为两岸关系和平发展政治基础的地位及其认受度将在台湾遭遇前所未有的挑战。因此，这个主题的样本文献多涉及台湾地区政治态势变化对"九二共识"乃至两岸关系的影响，典型文献如柳金

---

　　①　孟娅建：《浅析两岸关系发展面临的新形势与新问题》，载《现代台湾研究》2015 年第 5 期。

　　②　《蔡英文：维持两岸现状是基本原则》，载《联合早报》，原文链接：http://www.zaobao.com/realtime/china/story20150409 - 466756，最后访问日期：2017 年 5 月 10 日。

财的《台湾地方选举对两岸关系之影响透析》、黄嘉树的《两岸政治"关系"解析——兼析蔡英文"维持现状"说》。

在微观层面，多涉及对具体问题进行研究。"两岸关系＋'九合一'选举""两岸关系＋民进党""'九合一'选举＋民进党""台湾＋美国""两岸关系＋中美关系""台湾＋中美关系""和平发展＋民进党""'九二共识'＋'九合一'选举"等高频关键词对均属于涉台研究具体问题的范畴，大体可分为三个主题：1）"九合一"选举。2014 年年末的"九合一"选举结果对台湾政党政治的发展趋势产生了重大影响。"九合一"选举之后，台湾地区呈现"国退民进"的政治态势，[①] 致使国民党在 2016 年台湾"大选"中面临严峻考验，政党轮替几乎已成定局，这种状况给两岸关系的发展带来诸多不确定因素。因此，这个主题的文献多是对"九合一"选举及其相关政治现象的观察与分析，典型文献如林冈等著的《2014 年台湾"九合一"选举对两岸关系的影响》、黄皖毅的《从"九合一"选举看台湾青年的政治参与》。2）民进党。民进党一直被认为是代表台湾本土"台独"力量的政党，在民进党籍领导人上台执政期间，利用执政资源全方位地实施"去中国化"政策，不断充实台湾"实质独立"内涵[②]。2016 年民进党有可能再次执政，其将会实行的两岸政策也成为两岸关注的焦点。因此，这个主题的文献多是对民进党未来政治路线的预测以及对大陆应对方式的探讨，典型文献如朱卫东的《民进党"台独"路线转型的轨迹与规律之探讨——兼论蔡英文两岸政策的变与不变》、严安林的《蔡英文再任党主席后的两岸政策评析》。3）大国关系。台海问题虽然是中国的内政，但一直都具有国际色彩，其起源、发展与未来的结局都与中美间的相互关系的演变密切相关。[③] 美国的对台政策一直随着国际战略格局的变化和海峡两岸的政治角力而不断发生变化，可以说，台湾问题是美国用来与中国进行利益博弈的一个工具。因此，这个主题的文献多涉及分析中美关系中的台湾因素、美国对台政策的变化，典型文献如黄日涵与张华的《台湾在美国"亚太再平衡"战略中的角色及其影响》、孙翠萍的《不情愿的让步：美台纺织品贸易谈判（1969—

---

① 孟娅建：《浅析两岸关系发展面临的新形势与新问题》，载《现代台湾研究》2015 年第 5 期。

② 朱卫东：《民进党"台独"路线转型的轨迹与规律之探讨——兼论蔡英文两岸政策的变与不变》，载《台湾研究》2015 年第 1 期。

③ 刘义飞：《台湾两党政治对台海问题中美台三方博弈的影响》，山东大学硕士学位论文，2013 年。

1971)》、袁鹏的《台湾变局与中美新型大国关系》。

五、结论

本章运用定量分析和数据统计的方法对中国知网 CSSCI 来源期刊（2014—2015）和内地涉台研究专业期刊中符合主题要求的 518 篇文献，从研究样本基本属性、研究主体基本属性、大陆涉台研究学术热点分析等三个方面进行了全方位的考察，力图探究涉台理论成果的体系结构和数量变化规律，分析和估测大陆涉台研究领域学术热点的变迁特征及发展趋势。研究结果表明：1）大陆涉台研究以政治学科为主，经济学科其次，二者构成大陆涉台研究的优势学科。2）四种涉台研究的专业性期刊（《台海研究》《台湾研究》《台湾研究集刊》《现代台湾研究》）是大陆涉台研究成果的主要传播载体和学术交流平台，其他相关期刊的发文数量与这四类刊物存在明显差距。3）大陆涉台研究的高产作者、高产机构、高产省区的分布相对集中，具有一定的相关性，高产作者、高产机构的辐射力明显更强，涉台研究主体的分布还与政治、地理、经济发展状况密切相关，区域间涉台研究水平呈现出不均衡的态势，但同时也有非常明显的聚集作用。4）2015 年度涉台研究的热点问题集中分布在政治领域。在宏观层面，集中于对基础理论进行研究，其中，海峡两岸、和平发展、"九二共识"是基础理论研究的重点；在微观层面，侧重于对具体问题的研究，其中，"九合一"选举、民进党、大国关系是研究者常常加以关照的主题。

附表 1　关键词分布表

关键词	频次	关键词	频次	关键词	频次	关键词	频次
台湾	66	两岸关系	62	海峡两岸	24	台湾地区	17
和平发展	12	"九二共识"	12	"九合一"选举	12	民进党	11
美国	10	中美关系	10	蔡英文	9	国民党	9
两岸政策	8	台湾经济	8	台湾社会	8	两岸	7
台湾问题	7	ECFA	6	钓鱼岛	6	对台政策	6
两岸合作	6	日本	6	台湾当局	6	台湾民众	6
台湾青年	6	TPP	5	蒋介石	5	抗日战争	5
两岸贸易	5	模式	5	台湾政局	5	福建自贸区	4
国家认同	4	经济合作	4	两岸经济	4	两岸政治关系	4

关键词	频次	关键词	频次	关键词	频次	关键词	频次
马英九	4	闽台	4	命运共同体	4	南海	4
南海问题	4	前景	4	区域经济	4	台湾光复	4
一带一路	4	影响	4	中国	4	2014 年	3
比较分析	3	大陆	3	大陆居民	3	都市更新	3
发展趋势	3	反服贸运动	3	服务贸易	3	公共外交	3
和平统一	3	机遇	3	建构	3	柯文哲	3
美国军事与外交	3	民族主义	3	启示	3	清代	3
趋势	3	认同	3	日本侵略者	3	社会运动	3
台湾人	3	台湾史	3	台湾选举	3	特点	3
习近平	3	现状	3	新世代	3	影响因素	3
政治参与	3	制度因素	3	中间选民	3	主权	3
21 世纪海上丝绸之路	2	比较	2	策略	2	大国关系	2
大陆配偶	2	党团协商	2	地方选举	2	第三势力	2
钓鱼岛问题	2	动力机制	2	对策	2	发展	2
法治思维	2	福建	2	共同体	2	国际比较	2
国家战略	2	海上丝绸之路	2	合作	2	合作路径	2
环境教育	2	回顾	2	机制	2	甲午战争	2
郊行	2	结构	2	解决之道	2	金融合作	2
经贸关系	2	"九合一"	2	决议文	2	抗战时期	2
可持续发展	2	困境	2	"立法院"	2	两岸产业合作	2
两岸关系和平发展	2	两岸婚姻	2	两岸金融合作	2	两岸经济合作	2
两岸经贸	2	两岸经贸关系	2	两岸四地	2	两岸协议	2
流求	2	琉球	2	陆资	2	贸易结构	2
美国因素	2	"美国在台协会"	2	民意调查	2	南海小组	2
南海政策	2	南海主权争端	2	南京国民政府	2	内涵	2
农村金融	2	判断标准	2	偏离份额分析法	2	青年世代	2
区位熵分析	2	全民族抗战	2	全球价值链	2	群际文化	2
日本帝国主义	2	日据	2	社会变迁	2	社会资本	2
社区发展协会	2	社区建设	2	社区营造	2	社区治理	2
孙中山	2	台日关系	2	台商投资	2	台湾模式	2
台湾人民	2	台湾政党	2	挑战	2	调整	2

关键词	频次	关键词	频次	关键词	频次	关键词	频次
王金平	2	维持两岸现状	2	文化交流	2	文化认同	2
文哲	2	先行先试	2	新媒体	2	新形势	2
新型大国关系	2	选举	2	学校教育	2	亚太再平衡	2
一国两制	2	一致政府	2	因子分析法	2	引力模型	2
隐蔽行动	2	展望	2	战略构想	2	郑成功	2
政策	2	政党体系	2	政党政治	2	政治	2
政治谈判	2	制度化	2	制造业集聚	2	治理结构	2
治权	2	中国大陆	2	中国梦	2	中国政治与外交	2
祖国统一	2	RCEP	1	台湾"大选"	1	1940 年新疆国际阴谋暴动案	1
2011 年以来	1	20 世纪 90 年代	1	7 大区域	1	ARIMA 模型	1
BP 滤波	1	CEPA	1	CMS	1	DEA	1
FDI	1	Kernel 密度	1	Logistic 模型	1	Malmquist – Luenberger 指数	1
Malmquist 指数法	1	MCS 检验	1	Metafrontier 方法	1	PAM	1
R&D 投入	1	SDM	1	Shadow	1	VAR	1
VaR 模型	1	VEC	1	θ 指数分析	1	安徽大学	1
安全	1	案例指导制度	1	奥巴马政府	1	澳大利亚	1
澳门回归	1	澳门问题	1	八十四	1	八姓入闽	1
八姓入闽传说	1	八重山列岛	1	霸权国家	1	白银走私	1
办案组织	1	半定量化研究	1	半总统制	1	帮派文化	1
包价旅游合同	1	宝岛台湾	1	保钓运动	1	保七南巡	1
保险法	1	北基垃圾处理合作案	1	贝叶斯分析	1	被套牢	1
比较优势理论	1	避战	1	标志性事件	1	表达自由	1
并购效率	1	不当劳动行为	1	不对称性	1	部门负责人	1
波茨坦公告	1	不动产	1	不利益变更	1	财产公开	1
波动规律	1	不动产市场因子	1	不完全给付	1	财产申报	1
波幅	1	不动产物权	1	不真正连带	1	财税支撑策略	1
财政收支	1	参选人	1	残余势力	1	差异表述	1
裁决认可	1	参与区域经济整合	1	藏学	1	产权	1
采用行为	1	参与原因	1	策略变化	1	产业分工	1
蔡氏	1	残疾人	1	策略选择	1	产业联动	1

续表

关键词	频次	关键词	频次	关键词	频次	关键词	频次
产业链	1	产业要素	1	朝鲜战争	1	陈仪	1
产业内贸易	1	产业园区聚集	1	陈诚	1	陈致中	1
产业生命周期	1	产业政策	1	陈诚日记	1	成果回顾	1
产业梯度	1	朝贡贸易	1	陈公博	1	成吉思汗	1
成效	1	港澳台	1	金融基础设施	1	面临的问题	1
成效评估	1	高附加值产业	1	金融监管	1	苗族	1
城市家庭	1	高科技企业	1	金融市场	1	民粹文化	1
城市交流	1	高雄市	1	金融危机	1	民粹主义	1
城市经济质量	1	革新	1	金融自由化	1	民法典编撰	1
城市土地用途管制	1	隔绝状态	1	进攻性现实主义	1	民国时期	1
城市引力模型	1	个人旅游	1	近代	1	民国史	1
城乡统筹	1	个人所得税	1	近代中国	1	民间交流	1
城乡统筹发展	1	工业化进程	1	经济发展	1	民间宗教经卷	1
城乡一体化	1	工资	1	经济合作机制	1	民进党主席	1
城镇组团	1	公共价值	1	经济绩效	1	民商合一	1
城镇组团簇群	1	公共决策	1	经济前瞻	1	民事行为能力	1
城中村改造	1	公共利益	1	经济全球化	1	民意表达	1
惩罚性赔偿	1	公共文化服务	1	经济融合	1	民意代表	1
冲绳岛	1	公共性	1	经济一体化	1	民意动向	1
冲突性质	1	公平	1	经济战	1	民意基础	1
抽象审查	1	公私合作（PPP）	1	经济折旧	1	民营化	1
出兵	1	"公投台独党纲"	1	经济整合	1	民主	1
出口变动	1	公营事业	1	经济治理模式	1	民主参与	1
出口加工区	1	功能	1	经济自由化	1	民主化合作社	1
出口竞争力	1	功能定位	1	经贸政治版图	1	民主品质	1
出口贸易	1	共产党	1	经验	1	民族复兴	1
传播	1	共建共享	1	经验启示	1	民族记忆	1
传播过程	1	共同抵御外敌	1	经营绩效	1	民族利益	1
传导机制	1	共同经济周期	1	经营绩效评价	1	民族主义：理论、类型与学者	1
传染效应	1	共享价值	1	景点景区	1	民族主义研究	1
传说时代	1	共有知识	1	景气循环	1	闽南郊商	1

续表

关键词	频次	关键词	频次	关键词	频次	关键词	频次
船只组织	1	供应链	1	竞合关系	1	闽台"南南"合作	1
创新	1	构成要件	1	竞合式治理	1	闽台财政改革	1
创新型人才	1	购买力平价	1	竞争性贬值	1	闽台出洋商渔船只	1
创意农业合作	1	谷歌趋势	1	九莲经	1	闽台创意农业	1
垂直与水平分工	1	股票交易策略	1	九州岛	1	闽台合作	1
慈济基金会	1	股市	1	旧金山和约	1	闽台经济合作	1
慈善资源	1	故宫博物院	1	救济机制	1	闽台亲缘	1
慈善组织	1	顾孟余	1	就业	1	闽台商缘	1
次级选举	1	雇主风险	1	居民收入占比	1	闽台园区合作	1
村里	1	关说文化	1	举证责任	1	名誉侵权	1
存款保险公司	1	关系	1	拒绝适用	1	名嘴	1
存款保险制度	1	关系网络	1	军事背景	1	明朝海商	1
措施	1	观审制	1	军事关系	1	明洪武	1
大法官解释	1	管理	1	军事行动	1	明郑政权台湾史	1
大国博弈	1	惯常居所	1	军售	1	明治	1
大后方	1	光复	1	开罗会议	1	模糊综合法	1
大陆地区	1	广播宣传	1	康熙帝	1	模式与路径	1
大陆经济	1	广义谱检验	1	康熙年间	1	目的地形象	1
大陆农产品	1	规定	1	抗法斗争	1	募兵制	1
大陆市场	1	规范目的	1	抗战	1	纳税人家庭	1
大陆台资企业	1	规范认同	1	抗战老兵	1	南海换防	1
大陆学界	1	规范性文件	1	柯文哲现象	1	南海争端	1
大陆游客	1	轨迹与规律	1	科层制	1	南海诸岛	1
大陆政策	1	国共合作	1	科举士人	1	南海主权	1
大学区	1	国共谈判	1	科学园区	1	南沙群岛	1
大学杂志	1	国会	1	可行路径	1	内阁制	1
大中华	1	国际比较项目	1	刻板印象	1	内容要点	1
大中华区股市	1	国际法原则	1	空间聚类	1	尼克松	1
代表省区	1	国际分工	1	空间链	1	年金改革	1
代际收入弹性	1	国际关系	1	孔庙	1	农产品贸易	1
担保体系	1	国际关系理论	1	"恐中"情绪	1	农村分化	1
单行法	1	国际海洋法法庭	1	跨国投入-产出分析	1	农地抵押融资	1

续表

关键词	频次	关键词	频次	关键词	频次	关键词	频次
单位名义	1	国际税收	1	跨境电子商务	1	农地金融	1
单位洗钱规模	1	国际研究中心	1	跨境经济合作区	1	农民合作社	1
单一窗口	1	国际政治	1	跨太平洋伙伴协议（TPP）	1	农民组合	1
当代	1	国际组织	1	跨域治理	1	农业开发	1
当代国际关系	1	国际组织活动	1	辣椒	1	农业生产效率	1
档案	1	国家关系	1	来华旅游	1	农业信用保证基金	1
档案资源整合查询平台	1	国家利益	1	来往文书	1	女性视角	1
党际交往	1	国家旅游局	1	蓝鼎元	1	欧盟涉外继承条例	1
党营企业	1	国家统一	1	蓝绿	1	欧洲继承证书	1
党政关系	1	国家形象	1	蓝绿基本盘	1		
登记生效	1	国家责任	1	劳动报酬	1	胚胎保护	1
邓小平	1	国境交流特区	1	乐活 LOHAS	1	陪审	1
敌后战场	1	国民党军	1	冷战	1	培育式发展	1
地方名称	1	国民党政权	1	冷战时期	1	澎湖列岛	1
地方政治	1	国民党执政	1	李春生	1	偏安	1
地名	1	国民政府	1	李光地	1	偏差指数	1
地区经济	1	国民政府主计处	1	李石曾	1	偏见	1
地区领导人	1	国统区	1	李义虎	1	品牌输入	1
地区旅游业	1	过错	1	理论创新	1	平等对待准则	1
地区与国别政治	1	海防	1	理论架构	1	平等原则	1
地缘政治	1	海禁	1	理论视野	1	评估标准	1
第 2758 号决议	1	海权	1	理学	1	歧见	1
典型性	1	海西经济区	1	力量分析模型	1	歧视	1
电子口岸	1	海峡股权交易中心	1	历史性会面	1	企业并购	1
钓鱼岛及其附属岛屿	1	海峡两岸关系	1	历史依据	1	企业规模	1
订立形式与内容	1	海峡两岸经济合作框架协议	1	立法	1	企业技术学习	1
东海	1	海峡两岸经贸	1	立法模式	1	企业链	1
东海合作	1	海洋安全	1	立法特点	1	弃台论	1

关键词	频次	关键词	频次	关键词	频次	关键词	频次
东海丝绸之路	1	海洋合作路径	1	立法原则	1	潜舰国造	1
东海争端	1	海洋环境	1	利益协调	1	潜力	1
东山岛	1	海洋经世思想	1	利益主体	1	潜艇	1
东吴大学	1	海洋问题	1	连带责任	1	遣返	1
东亚朝贡体系	1	海运	1	连带债务	1	强势回归	1
东亚资本主义	1	韩国	1	连胜文	1	侨务工作	1
动力分析框架	1	汉光演习	1	联动发展	1	侵权	1
动量效应	1	行为责任	1	联合国中国代表权	1	侵权责任能力	1
动态 SBM 方法	1	行业协会	1	联合劝募	1	亲民党	1
动态比较优势	1	行政复议	1	梁漱溟	1	亲日仇华	1
动态分布	1	行政契约	1	两岸产业合作示范	1	亲属伦理	1
动态解释	1	行政与立法关系	1	两岸产业链	1	亲缘	1
动态联动性	1	航空法律冲突	1	两岸产业政策	1	青年	1
动态条件相关	1	耗羨	1	两岸创意农业合作	1	青年大学生	1
都市治理	1	合理性	1	两岸次区域合作	1	青年投票	1
独行侠	1	合情合理	1	两岸对接	1	青年选民	1
短期资金市场	1	合作对策	1	两岸服务贸易协议	1	青年学生	1
断代	1	合作绩效	1	两岸高新技术产业	1	青年占领运动	1
对策建议	1	合作前景	1	两岸公民共同体	1	青少年	1
对策研究	1	和平发展战略	1	两岸关系和平发展理论	1	清代台湾	1
对华民主输出	1	和平协议	1	两岸关系史	1	清末	1
对华政策	1	和平与发展	1	两岸和平发展	1	情绪	1
对价	1	荷据时期	1	两岸和平协议	1	情绪感染	1
对接合作	1	荷兰	1	两岸化	1	请求权竞合	1
对立与合作	1	荷兰殖民者	1	两岸环境保护合作协议	1	邱国霖	1
对台方针政策	1	核力量	1	两岸金融	1	区别对待准则	1
对台工作	1	赫尔利使华	1	两岸经合	1	区段征收	1
对台经济合作	1	黑箱作业	1	两岸经济关系	1	区际法律适用	1
对外工作	1	横向一体化 vs. 纵向一体化	1	两岸经济交流特点	1	区际司法协助	1

续表

关键词	频次	关键词	频次	关键词	频次	关键词	频次
对外关系	1	宏观经济	1	两岸经济融合	1	区位选择	1
对外投资	1	候选人提名	1	两岸经贸合作	1	区域合作	1
对外政策	1	胡适	1	两岸领导人	1	区域货币	1
对外政策讨论	1	胡志强	1	两岸南海合作	1	区域间经济合作	1
多数人债务体系	1	互动	1	两岸区域	1	区域经济合作	1
多样性	1	互动管理	1	两岸人民关系条例	1	区域经济一体化	1
多元GARCH类模型	1	互动模式	1	两岸社会关系	1	区域全面经济伙伴协议（RCEP）	1
多指标	1	互联网＋时代	1	两岸深度一体化	1	区域性银行	1
俄罗斯	1	互联网精神	1	两岸统合论	1	驱动因素	1
二二八事件	1	互联网思维	1	两岸投保协议	1	去中心化	1
发展路径	1	护税	1	两岸投资	1	权力监督	1
发展模式	1	华人	1	两岸文化交流	1	权力结构	1
发展型国家理论	1	华人社区	1	两岸文教交流	1	权利保护	1
法的适用的安定性	1	华夷秩序	1	两岸文物展览	1	权利变换	1
法的适用的妥当性	1	华裔新生代	1	两岸协议监督条例	1	权威	1
法官	1	话语共识	1	两岸新论述	1	权益维护	1
法官评鉴	1	环境库兹涅茨效应	1	两岸信任	1	全国教育会议	1
法官选任	1	环境责任行为	1	两岸学界	1	全面深化改革	1
法官助理	1	缓议案	1	两岸一家亲	1	全球化	1
法律	1	皇朝经世文编	1	两岸因素	1	全球化战略	1
法律冲突	1	"皇民化"	1	两岸银行业	1	全体中国人民	1
法律地位问题	1	黄信介	1	两岸政治话语	1	全体中华儿女	1
法律规范	1	灰色关联分析	1	两岸政治谈判	1	全域	1
法律全球化	1	汇率	1	两岸政治协商	1	缺失	1
法律实效	1	汇率政策	1	两岸知识产权	1	群际情绪	1
法律实证分析	1	会计审计	1	两岸直航	1	群体偏执	1
法律体系	1	会面	1	"两个中国"	1	群体认同	1
法律选择比较	1	婚姻家庭权益	1	两阶段生产过程	1	人才流动	1
法学理论	1	货币一体化	1	林则徐	1	人民币离岸市场	1
法益均衡	1	霍尔果斯跨境自贸区	1	领导部门	1	人民观审	1
法制	1	机制化	1	领土条约	1	人民观审团机制	1

续表

关键词	频次	关键词	频次	关键词	频次	关键词	频次
法治	1	机制化合作	1	领土主权	1	人事行政	1
法治精神	1	机制转换协整	1	刘铭传	1	人物	1
番俗图	1	基本标志	1	刘易斯第一拐点	1	仁贤	1
反服贸	1	基本矛盾	1	留日学生	1	认可与执行	1
"反攻大陆"	1	基本问题	1	流动人口	1	认识思考	1
反家暴	1	基层实力	1	流民	1	认同维系	1
反课纲	1	基层治理	1	琉球群岛	1	认同异化	1
反垄断法	1	基因表达规划法	1	垄断违法行为	1	认同政治	1
反全球化	1	基准点	1	鲁之裕	1	认证制度	1
泛北部湾合作	1	集成方法	1	路径	1	认知	1
泛蓝阵营	1	集群认知	1	路径模式	1	认知评价	1
泛绿阵营	1	集体协商	1	路径选择	1	日本农政	1
范式	1	计量偏误	1	路径与模式	1	日本侨俘	1
方向选择	1	纪念活动	1	逻辑自洽	1	日本因素	1
房地产公司	1	技术分析	1	吕秀莲	1	日本殖民统治	1
房地产市场	1	季节调整	1	旅游动机	1	日本自卫队	1
房地产税	1	既判力	1	旅游规划	1	日常生活史	1
房地产投资	1	加害给付	1	旅游体验	1	日记	1
房地产危机	1	家族企业	1	旅游业态	1	日台关系	1
房地产业	1	家族制度	1	旅游政策	1	日台和约	1
房屋价值	1	甲午	1	麻城县志	1	日治	1
纺织品贸易	1	贾德干	1	麻烦制造者	1	日著中译	1
非参数估计	1	假合作社	1	马关条约	1	容积移转	1
非参数核密度估计	1	价格水平	1	马来西亚	1	融合发展	1
非对称效应	1	价值链	1	马英九当局	1	融资风险防范机制	1
非对称性	1	"价值台独"	1			融资战略	1
非合作博弈	1	减步法	1	买办	1	入境旅游市场	1
非理性化	1	减刑救济	1	脉冲响应	1	入境人数	1
非理性因素	1	建构性关系	1	满意度	1	入境游客	1
非营利组织	1	建立外交关系	1	贸易附加值	1	软实力	1
肥西	1	将心比心	1	贸易互补	1	三倍损害赔偿	1
分裂国家理论	1	蒋介石政府	1	贸易机制	1	三国干涉还辽	1

续表

关键词	频次	关键词	频次	关键词	频次	关键词	频次
分裂势力	1	蒋介石政权	1	贸易开放	1	三海问题	1
分歧问题	1	蒋廷黻	1	贸易利益	1	三海一体	1
分权形态	1	交流	1	贸易流量	1	三角关系	1
风电产业	1	交往史	1	贸易潜力	1	三起	1
风险共担	1	教育	1	贸易状况	1	三煞截鬼经	1
风险管理	1	教育行政学院	1	贸易自由化	1	散点图	1
佛教	1	教育行政制度	1	媒体话语	1	散户投资者	1
否决点	1	阶级	1	媒体生态	1	厦金跨境经济合作区	1
否决者	1	阶级政治	1	美国公众	1	厦门与金门	1
服务贸易协议	1	结构变迁	1	美国立场	1	商贸网络	1
服务业合作	1	结构方程模型	1	美国民主输出	1	商贸物流	1
服务业领域	1	结构化	1	美国台海政策	1	商事单行法	1
福建省	1	结构向量自回归	1	美国外交	1	商事合同	1
福建自贸试验区	1	结构演变	1	美国战略	1	商事通则	1
福利态度	1	结构主义	1	美国资料中心	1	商事组织	1
福特政府	1	解放台湾	1	美浓	1	商业秘密	1
辅导型社区	1	解释与适用	1	蒙古人民共和国	1	熵值赋权	1
附带审查	1	解析	1	蒙古学	1	上海自贸区	1
附属岛屿	1	借鉴	1	米尔斯海默	1	少数政府	1
赴台投资	1	金融改革	1	密室文化	1	邵宗海	1
副校长	1	金融管制	1	面板数据模型	1	奢侈品税	1
噶玛兰	1	所得税法	1	土地抵押	1	新态势	1
改革	1	所得替代率	1	土地改革	1	新特点	1
改革创新	1	锁模	1	土地金融	1	新问题	1
改革理念	1	他者	1	土地融资	1	新型城镇化	1
奢侈品消费	1	"台独"	1	土地市场化	1	新型大国军事关系	1
社会分歧	1	"台独"路线转型	1	土地制度改革	1	新引擎	1
社会福利	1	台海危机	1	土牛之界	1	新政权	1
社会关怀	1	台海形势	1	团体	1	新住民	1
社会基础	1	台海巡防政策	1	推进路径	1	信任	1
社会绩效	1	台韩产品贸易竞争关系	1	拓展	1	信息不对称	1

关键词	频次	关键词	频次	关键词	频次	关键词	频次
社会建设	1	台南市	1	外部环境	1	信息共享	1
社会交往	1	台澎地位	1	外交政策	1	信息披露	1
社会科学学院	1	台企集聚	1	外来侵略	1	信用保证基金	1
社会矛盾	1	台日渔业协议	1	外蒙独立运动	1	信用担保	1
社会企业	1	台生群体	1	完善建议	1	信用合作	1
社会融合	1	台湾帮	1	网军	1	刑事补偿	1
社会史	1	台湾策略	1	网军现象	1	刑事判例制度	1
社会适应	1	台湾城市社区	1	网络搜索数据	1	刑事赔偿	1
社会文化	1	台湾当局政治地位	1	网络选举	1	刑事诉讼法	1
社会心理学	1	台湾地区本土银行	1	危机管理	1	刑事妥速审判法	1
社会养老服务	1	台湾地区政体形式	1	微观史学	1	形成	1
社会整合	1	台湾法制	1	维持现状	1	形成机理	1
社会治理	1	台湾番人	1	维护海洋权益	1	形象感知	1
社区发展	1	台湾反服贸运动	1	维权执法	1	性质	1
涉台立法	1	台湾服务业	1	尾部相关性	1	修昔底德	1
涉外关系	1	台湾共识	1	未来影响	1	修正的沃克重力模型	1
涉外继承	1	台湾共同体建构	1	文化差异	1	徐骧	1
申报制度	1	台湾"国际空间"问题	1	文化传承	1	许寿裳	1
深层次影响	1	台湾红十字组织	1	文化史	1	宣传鼓动	1
深层透视	1	台湾角色	1	文化特征	1	宣传战	1
深水区	1	台湾教科书	1	文化因素	1	选举过程	1
审议民主	1	台湾金融体制	1	文化自觉	1	选举人数	1
生态规划	1	台湾经济回温	1	文可	1	选举投票	1
生态绩效	1	台湾居民	1	文美	1	选举预测	1
生态文明	1	台湾开发	1	文书提出命令	1	选举制度	1
省际旅游	1	台湾历史	1	文物迁台	1	学术研究	1
盛世才	1	台湾历史课纲	1	文献述略	1	学院制	1
诗文集	1	台湾"立法院"	1	问卷调查	1	雪崩式	1
施动者	1	台湾民意	1	问题	1	训政时期	1
石油	1	台湾民众党	1	问题根源	1	雅尔塔协定	1

续表

关键词	频次	关键词	频次	关键词	频次	关键词	频次
时变混合 Copula	1	台湾农民创业园	1	问题与矛盾	1	亚太	1
时间	1	台湾农民运动	1	污染场地	1	亚太地区	1
时间节点	1	台湾农业技术	1	无辜平民	1	亚太再平衡战略	1
时间序列法	1	台湾期权市场	1	吴伯雄	1	亚太自由贸易区协议（FTAAP）	1
识别能力	1	台湾企业	1	吴汤兴	1	亚投行	1
实际偏差指数	1	台湾前途决议文	1	五国六方	1	研发	1
实际有效汇率	1	台湾人心理系	1	武汉保卫战	1	研发服务业	1
实践	1	台湾认同	1	务实策略	1	研究报告	1
实现路径	1	台湾社区治理	1	雾社事件	1	研究中心	1
食材旅行	1	台湾事务	1	西班牙	1	研究综述	1
食品安全	1	台湾收复	1	西部边境地区	1	奄美群岛	1
史料汇编	1	台湾特色的社会关系文化	1	西方文献	1	演变特征	1
世代政治	1	台湾铁路	1	西文地图	1	演化博弈	1
世界产业结构	1	台湾现状	1	吸引惯性指数	1	演化模式	1
世界经济	1	台湾新闻报	1	洗钱规模测度模型	1	演进解释	1
市场化	1	台湾证券柜台买卖中心	1	洗头兼洗脑	1	养老保险	1
市场开放效应	1	台湾政党政治	1	系统性洗钱风险	1	养廉银	1
市地重划	1	台湾政坛	1	瑕疵担保责任	1	姚文	1
市民心声	1	台湾政治版图	1	先试先行	1	姚莹	1
式馨堂文集	1	台湾政治环境	1	现代国际法	1	要素	1
事务管理	1	台湾政治制度	1	现实主义	1	一个中国	1
释义	1	台湾中南部	1	限定继承	1	一个中国框架	1
收入差距	1	台湾主体意识	1	限定继承相关条件和程序	1	一国两府一中央	1
收入再分配	1	台湾奏折上谕	1	限定继承制度	1	一体化	1
授权体制	1	台中市	1	限价委托簿	1	一五新观点	1
述评	1	台资企业	1	限制上诉	1	移动新媒体	1
数据包络分析	1	太平洋主义	1	宪法共识	1	移民	1
数据显示	1	太阳花	1	宪制 - 治理框架	1	移民传说	1

续表

关键词	频次	关键词	频次	关键词	频次	关键词	频次
数量	1	"太阳花学运"	1	乡村旅游	1	移民模式	1
衰变	1	谈判	1	乡村旅游创意	1	移民史	1
双阶理论	1	碳排放	1	乡村再造	1	乙未抗日	1
双轮驱动	1	碳排放效率	1	相关性	1	以德报怨	1
双首长制	1	桃园市	1	相互依存关系	1	议程阻绝	1
双样本工具变量法	1	特定继受	1	相似性	1	议会政治	1
水产品	1	特许使用协议	1	香港青年	1	意识形态	1
水沙连	1	特征	1	香港问题	1	意外伤害	1
水务业	1	特征价格模型	1	消费者剩余	1	溢出效应	1
税负公平	1	体制	1	消费者信心指数	1	因果关系	1
税收	1	体制对接	1	萧万长	1	因应	1
税收激励政策	1	体制障碍	1	小布什政府	1	音译	1
税收政策	1	田园城市	1	小黄变小红	1	银元	1
舜帝	1	田中角荣	1	小农场 vs. 大农场	1	引种	1
司法	1	挑战与机遇	1	小确幸	1	饮食文化	1
司法独立	1	统"独"	1	"小三通"	1	隐含风险厌恶	1
司法公信力	1	统独认同	1	小微企业	1	英国	1
司法公正	1	统计标准	1	小微企业融资	1	瀛台	1
司法扣押豁免	1	统计法	1	效率	1	影响力	1
司法社会化	1	统计分析	1	协商民主	1	用益物权	1
司法适用	1	投票行为	1	协税	1	优惠关税	1
司法文明	1	投票倾向	1	协调统一	1	优良传统	1
私利 vs. 公益	1	投入产出	1	协议	1	游客	1
私领域	1	投资	1	协作区	1	游客涉入度	1
私人生活史	1	投资待遇	1	新布兰登堡案	1	游说	1
思考	1	投资导向	1	新常态	1	有奖发票	1
思路	1	投资和贸易互补	1	新潮流系	1	有利条件	1
思维方式	1	投资和贸易替代	1	新党	1	右翼政客	1
思想专制	1	投资交流	1	新功能主义	1	渔业资源	1
斯大林	1	投资税收抵免	1	新股供给	1	渔业资源开发与保护	1
死后人工生殖	1	透明政治	1	新海洋战略	1	与那国岛	1

续表

关键词	频次	关键词	频次	关键词	频次	关键词	频次
搜索量	1	土地承包经营权	1	新南向政策	1	与台湾关系法	1
苏联	1	张玉法	1	政治化	1	中国经济竞争力	1
诉讼制度	1	长蘅	1	政治精神家园	1	中国认同	1
诉愿	1	长记忆性	1	政治精英	1	中国时报	1
速审权	1	涨跌停板制度	1	政治偏好	1	中国台湾	1
预测	1	真伪	1	政治认同	1	中国文化大学	1
预测绩效	1	争议焦点	1	政治社会化	1	中国西南地区	1
员额制	1	争议区域	1	政治生态	1	中国香港	1
原因探究	1	征信体系	1	政治文化	1	中国自由党	1
“原住民”	1	正和博弈	1	政治系	1	中韩 FTA 影响	1
越南	1	正面战场	1	政治现代化	1	中华民国	1
运行模式	1	证据收集	1	政治现实	1	中华民国大学院	1
运营效率	1	郑氏家族	1	政治心理	1	中华民族伟大复兴	1
运作	1	政策立场	1	政治型智库	1	中华人民共和国国家赔偿法	1
杂志社主编	1	政策评估	1	政治娱乐化	1	中华文化	1
灾害	1	政策协调	1	政治制度	1	中华优秀传统文化	1
灾害防救法	1	政策选择	1	支付矩阵	1	中美	1
在韩台湾研究	1	政策走向	1	知识密集型服务业	1	中美军事外交	1
在家教育	1	政党	1	执政联盟	1	中美新型大国关系	1
早期	1	政党动员方式	1	职务收取权	1	中日关系	1
早期收获	1	政党关系	1	职务移转权	1	中苏关系	1
造狱	1	政党利益	1	指使者	1	中苏研究	1
责任主体	1	政党轮替	1	制度安排	1	中苏友好同盟条约	1
增长极	1	政党外交	1	制度变迁	1	中信证券	1
债务风险	1	政党组织方式	1	制度冲突	1	中央党校	1
战略布局	1	政府行为	1	制度创新	1	中央日报	1
战略三角	1	政府继承	1	制度-行为-效率	1	中央委员会	1
战略性问题	1	政府权威	1	制度逻辑	1	中意关系	1
战略再平衡	1	政府推动	1	制度认同	1	中英关系	1
张俊宏	1	政府外交	1	制造业	1	终身教育	1
宗教	1	政府责任	1	治理	1	钟摆选举动能说	1

关键词	频次	关键词	频次	关键词	频次	关键词	频次
综合税负	1	政府质量感知	1	治理过程	1	仲裁裁决	1
综述	1	政治安全	1	治理能力	1	重游倾向	1
总体资料	1	政治操弄	1	治理转型	1	周钟瑄	1
总统大选	1	政治传播	1	智慧财产法院	1	朱熹	1
总统制	1	政治定位	1	中低速增长	1	诸罗县	1
走向	1	政治动员	1	中法关系	1	主计	1
族群	1	政治分歧	1	中共中央总书记	1	主力部队	1
最优货币区	1	政治关系制度化	1	中国大陆经济	1	主权归属	1
罪犯移管	1	自贸园区	1	中国对外战略	1	主任检察官	1
罪刑结构	1	自然资源	1	中国古代典籍	1	主要问题	1
自由经济区	1	自我更新	1	中国国民党	1	主要影响	1
自由经济示范区	1	自我排异	1	中国红十字会	1	主要原因	1
自由经贸区	1	自下而上	1	中国经济	1	注册制	1
自由贸易	1	自贸区	1	资源经济	1	转型发展	1
自由贸易试验区	1	自贸协定	1	自耕农	1	转型升级	1
自由中国	1	资本市场	1	追涨杀跌	1	转型正义	1
自治性	1	资产价格泡沫	1	酌定多倍损害赔偿	1	状态责任	1

分报告之三：大陆期刊体系中涉台文献的计量学研究（2016年）

自20个世纪80年代末以来，台湾问题为大陆学术界所持续关照。2016年台湾地区发生了第三次政党轮替，民进党实现了从"中央"到地方、从"行政"到"立法"的全面执政，两岸关系发展面临着巨大的挑战，甚至可能会从和平发展转变为新对抗。① 政治现实的波动变化影响着社会公众的关注程度，也牵制着涉台研究者的研究动态。

理论研究是现实的反映，也为现实提供着预测与指引。2016年台湾岛内政治生态的变化必然会投射到大陆涉台学术研究之中，也催生了涉台问题研究与理论建构的紧迫性。"期刊乃学术之载体，"② 涉台学术研究的理论成果可从相关期刊所刊载的文章中窥视。本研究将以2016年间CSSCI数据库和《台海研究》《现代台湾研究》《台湾研究》中涉及政治、法律、经济、历史等四个学科的涉台研究文献为样本进行文献数据计量与可视化处理，通过实证分析展示2016年大陆涉台学术研究的基本格局与相关特征，以期冀为未来涉台研究的开展提供可供比对的数据和结论。

一、研究样本及考察指标

研究样本的确定是文献数据计量的基础，文献样本的筛选影响着研究结论的真实度，必须采用科学合理的方法筛选样本，避免样本缺陷，使得样本能够在最大程度上代表整体、最为忠实地反映整体。③ 本次的研究样本为中

---

① 参见郭震远：《蔡英文执政后的两岸关系及其前景》，中评网：http://www.crntt.com/doc/1045/2/5/1/104525160.html? coluid = 245&kindid = 14256&docid = 104525160&mdate = 1229171618，最后访问时间：2017年4月23日。

② 刘怡达：《依法治国、法学期刊与法学研究——以CLSCI期刊载文为样本的分析》，载《江汉大学学报（社会科学版）》2016年第1期。

③ 参见［美］戴维·波普诺：《社会学（第十一版）》，李强等译，中国人民大学出版社2007年版，第49—51页。

国知网 CSSCI 来源期刊和三种内地涉台研究专业期刊（即《台海研究》《现代台湾研究》《台湾研究》）在统计期间（2016 年 1 月 1 日至 2016 年 12 月 31 日）内所刊载的涵括政治、法律、经济、历史等四个学科的 467 篇涉台文章。关于研究样本的筛选过程已在总报告中说明，于此不再赘述。需要指出的是，由于期刊上传至互联网的滞后性、知识产权保护等因素的存在，截至文献搜索结束时，知网中仍有极少数期刊尚未更新完毕，于此层面而言，本研究实证分析所得之结论在一定程度上与实际情况有所偏差，但是由于可供分析的样本总量相对较大，尚未更新完毕的期刊数量极少且鲜有涉台文章刊载其中，故此偏差对最终结论影响甚微。

样本数据库的建立是进行计量分析的基础环节，考察指标的选择则决定着计量分析的基本框架与逻辑理路。本次研究设置了三个一级指标即研究主体基本属性指标、研究样本基本属性指标、"中国大陆涉台研究学术热点追踪"指标，在各个一级指标项下又设置了多个二级指标。

二、研究主体基本属性指标

本研究为了准确测度研究主体的基本属性，在其下细化设立了作者分布情况、作者个人学术影响力和研究机构分布与机构影响力共三项二级指标。

（一）作者分布情况

本次研究从 467 篇文献中抽取出作者 387 位（只包含第一作者，已考虑同名不同人的情况）[①]。根据普赖斯定律，高生产能力作者的数量约等于全部作者总数的平方根，据此得出本次研究中排名前 20 位（$\sqrt{387} \approx 19.7$）的作者为高产作者。在本次研究样本中，高生产能力作者第 20 位是并列第 13 名的 49 人。因此，研究样本中高生产能力作者共 61 人，总计发文 141 篇（已考虑合著文献），占全部研究样本比重的 30.2%。具体如表 1 所示。

学术协同性与学术传承性集中体现于合著文献之中，一般联合署名发文的作者大多存在着师承关系。[②] 对研究样本中的 387 位作者进行逐一排查，

---

① 387 位作者包括 2 位姓名不详的作者、2 位以课题组方式署名的作者以及其余 383 位作者。

② 参见庞远福：《绘制宪法实施理论研究的知识地图——基于 100 篇高影响力论文的计量分析》，载《时代法学》2015 年第 4 期。

可以发现：467 篇文献中独著篇数为 311 篇，占比约为 67%，合著（两人及以上合作撰写的论文占总论文的比重）篇数为 156 篇，占比约为 33%。高产作者之间的合著篇数仅占 2 篇,[①] 占总合著篇数的比例约为 1.3%，高产作者与非高产作者之间的合著篇数为 21 篇，占总合著篇数的比例约为 13.5%，非高产作者与非高产作者之间的合著篇数为 133 篇，占总合著篇数的比例约为 85.2%。由此可知：一方面，从整体上来看，在大陆涉台学术研究领域，学者之间的学术交流水平与学术协同性程度较高，学者之间的合作有助于其发挥各自的专业长处和智识优势，从而更好地进行理论探索；另一方面，高产作者之间合作较少，说明高产作者具有较强的独立研究能力和较高的学术创新水平。在 21 篇高产作者与非高产作者合著的文献中，合著作者之间存在着师承关系的文献高达 14 篇。这一现象表明大陆涉台学术研究领域的学术传承性较强，传统"传帮带"的学术新人培养模式对于青年学者的培育发挥着积极的作用。[②]

表 1　高生产能力作者分布表

序号	名次	作者姓名（按姓氏首字母顺序）							论文篇数	总计（人）
1	1	陈　星	王伟男						5	2
2	3	陈孔立	单玉丽	杨开煌					4	3
3	6	褚静涛	黄继朝	李　龙	孙　璇	杨立宪	朱　磊	庄吟茜	3	7
4	13	曹小衡　陈斌华　陈桂清　陈先才　陈小冲　陈　颐　陈忠纯 程朝云　邓　婧　邓利娟　获　夫　杜　强　段皎琳　冯　琳 郭卫东　何卓恩　黄俊凌　李鸿阶　李仕燕　李细珠　林苍祥 林　冈　刘澈元　刘凌斌　刘世洋　庞建国　沈惠平　盛九元 石建勋　唐永红　田蕴祥　汪曙申　王　敏　王　勇　王贞威 吴常青　吴凤娇　熊俊莉　严安林　严　峻　杨天石　叶正国 于　强　张　华　张文生　张彦英　章和杰　郑碧强　周　赟							2	49

（二）作者个人学术影响力

作者个人的学术影响力的评价指标主要涵盖表 1 所示的高生产能力

---

① 两篇的高产作者之间的合著文献分别为：陈颐、刘澈元：《台湾区域比较优势与人口迁移的交互与嬗变研究》，载《台湾研究》2016 年第 4 期；邓婧、陈先才：《后殖民遗绪与台湾"主体性"意识建构》，载《台湾研究》2016 年第 6 期。

② 参见庞远福：《绘制宪法实施理论研究的知识地图——基于 100 篇高影响力论文的计量分析》，载《时代法学》2015 年第 4 期。

（发文数量）、图 1 所示的被引频次以及表 2 所示的被下载频次。

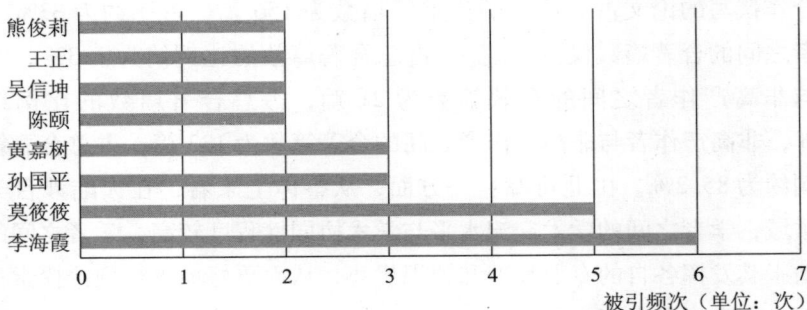

图 1　样本文献高引作者（被引频次≥2 次）被引频次分布图

表 2　样本文献高下载作者（被下载频次≥470 次）被下载频次分布表

姓名	下载频次	姓名	下载频次	姓名	下载频次	姓名	下载频次
李海霞	1770	黄嘉树	904	王瑞成	601	陈　星	501
严安林	1608	鲁洪柯	877	谢国娥	592	王　涛	485
莫筱筱	1320	许　娇	865	Gordon H. Hanson	563	王　栋	482
刘明兴	959	徐　泓	787	张　华	555	顾旭光	476
王青青	958	林莉红	689	巴殿君	505	孙国平	474

　　就样本文献被引频次而言，其通常意义上被视为一种知识规训，后人借此来梳理前辈学术成果，并由此达致理论创新。[①] 从某种意义上来说，被引频次代表了文献被同行认可的程度。引用他人的学术论文是学术传承的表现，彰显了被引作者的学术影响力，引用越多，说明其对学术交流和学术研究产生的作用越大。[②] 需要指出的是，由于被引频次对于学术影响力的评价具有滞后性，被引频次的多少往往与时间跨度的长短挂钩，本章样本为2016 年大陆涉台学术研究成果，样本发表时间距离当下的时间跨度较短，因而样本文献的被引频次普遍不高，由此影响被引频次作为衡量学术影响力的标准的可靠性。故在本章中被引频次是衡量学术影响力的参照标准而非绝对标准，被引频次仅选取被引频次前八名作为高引作者。与此不同，被下载频次与作者的知名度以及论文主题的受关注度有关，能更为直接地反映期刊

---

　　① 参见江国华、韩玉亭：《中国法律解释理论演化路径检视——基于法学类 CSSCI 来源数据库的分析》，载《法学论坛》2015 年第 1 期。
　　② 刘明泓：《被引频次和下载频次分析》，载《江苏科技大学学报（社会科学版）》2011 年第 2 期。

文献的浏览情况。①

在本次研究中，为得到科学严谨的数据结论，将图 1 所示样本文献高引作者（前八名，仅统计第一作者）与表 2 所示样本文献高下载频次作者（前 20 名，仅统计第一作者）进行比照分析，不难发现：李海霞、莫筱筱、黄嘉树以及孙国平在两类统计中均名列其中。其中，李海霞所著的文章《两岸四地土地征收补偿制度比较研究》的被引频次和被下载频次都高居榜首。值得注意的是，被下载量名列第二的严安林教授未能进入高引作者行列，这印证了论文被引频次与被下载频次并非如同函数般一一对应，② 同时也说明了被引频次作为衡量指标的可靠性可能会因样本文献发表时间距今较近而大打折扣。此外，陈星、张华和严安林这三位作者在高生产能力作者和高下载频次作者这两次统计中均榜上有名，可见这三位学者在 2016 年度涉台学术研究中成绩斐然、建树不凡，其文章具有相当高的学术价值与学术影响力。

（三）研究机构分布与机构影响力

为避免重复评估，关于研究机构的统计，只统计每篇文献的第一署名单位。467 篇样本文献中，剔除第一署名单位不详的 2 篇文献，剩余 465 篇文献。经统计，467 篇文献的研究机构共 172 所，包含高等院校、党政部门、科研单位等。

就研究机构学术成果数量而言，如图 2 所示，前十名研究机构有 10 所，总计发文 212 篇，占比高达 46%，这前 10 所研究机构是大陆涉台学术研究的主流机构，其中厦门大学、中国社会科学院以及福建社会科学院均发文超过 25 篇，名列前三。这一成绩主要归功于陈孔立（4 篇）、单玉丽（4 篇）、陈先才（2 篇）、唐永红（2 篇）、陈桂清（2 篇）等学者在大陆涉台学术研究领域的笔耕不止。除以上三所机构外，中国人民大学（14 篇）、北京大学（12 篇）、武汉大学（12 篇）、南开大学（10 篇）、上海交通大学（9 篇）、北京联合大学（9 篇）、福建师范大学（9 篇）依次位列于前 10 名。值得指出的是，武汉大学与其余研究机构相比并不占据政治、经济、文化或地理优

---

① 参见陆伟、钱坤、唐祥彬：《文献下载频次与被引频次的相关性研究——以图书情报领域为例》，载《情报科学》2016 年第 1 期。

② 参见赵修华、陈丙纯：《“国家安全”理论研究现状评析——基于〈江南社会学院学报〉1990—2013 年数据》，载《现代国际关系》2014 年第 4 期。

势，却能跻身第六名，主要归功于祝捷、田蕴祥、叶正国、林莉红、段磊等学者的共同努力。除此之外，德国慕尼黑大学、美国圣路易斯华盛顿大学、美国空军大学、新加坡南洋理工大学、东京外国语大学、台湾政治大学、澳门大学等境外研究机构也有不少发文，表明台湾问题研究主体的多元化特征。

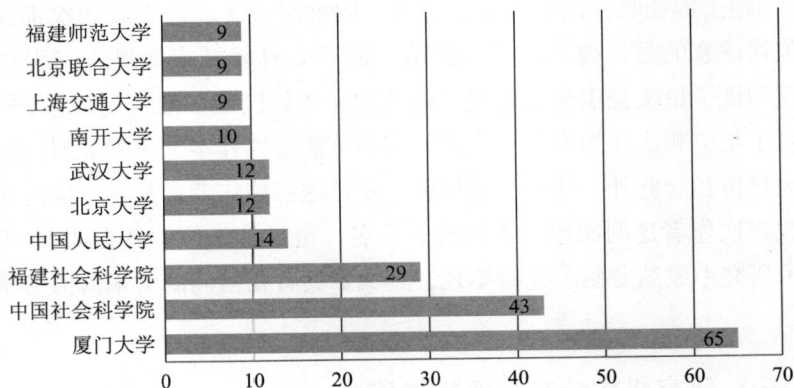

图2 样本文献研究机构（前10名）分布图

就样本文献的地域分布而言，如图3所示，呈现出"一超多强、分布不均"的样态，且多集中于经济政治文化中心或者东南沿海地区。北京以145篇文献独占榜首，这主要得益于北京大学、中国人民大学、中国社会科学院、北京联合大学台湾研究院等高校或科研单位丰硕的涉台研究成果。福建省凭借其得天独厚的地理优势和文化优势以109篇位居第二名，其区域内的厦门大学、福建社会科学院以及福建师范大学是涉台研究的主力军。上海、广东、浙江、天津、江苏等省或直辖市入围前十说明了涉台理论研究的繁荣程度与地方经济发展水平存在一定的契合关系。而湖北省、吉林省、辽

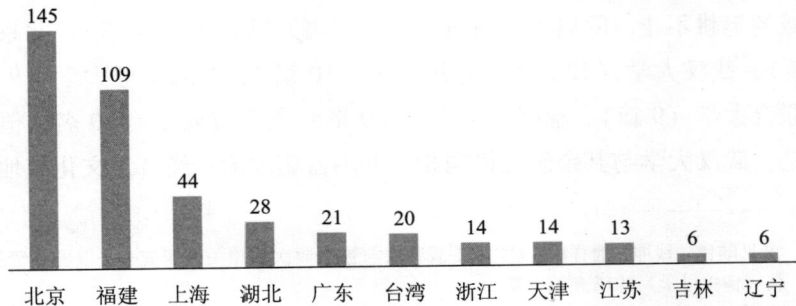

图3 样本文献省区（前10名）分布图

宁省等省份也能位居前十，则归功于其区位内高校研究机构的共同发力。就湖北省来说，武汉大学是最大的贡献者，其产文量远高于省内其他高校；吉林省则是依靠东北师范大学（4 篇）和吉林大学（2 篇）的学术成果。辽宁省的成绩也与其域内高校的学术贡献密不可分。

三、研究样本基本属性指标

（一）研究样本影响力关联指标

研究样本影响力关联指标主要涵括了文献被引频次、文献被下载频次和绝对高影响力这三项指标。① 其中，被引频次和被下载频次是测度作者个人学术影响力的重要指标，也是衡量文献学术价值的重要依据。通常而言，学术影响力越大的作者，其所著文章的影响力越大，这就是所谓的"明星"作者的"品牌效应"。样本文献的被引频次和被下载频次之间存在着很大程度上的相关关系，但又并非都呈现出正相关关系。② 二者的关系可见于对表3 与表 4 的比对分析之中。其中，表 3 选取了高引频次前八名文献，表 4 选取了高下载频次前八名文献。通过对两表进行关联对比，发现仅有《两岸四地土地征收补偿制度比较研究》《台湾社区营造的经验及启示》以及《2016 年台湾"大选"与两岸关系》三篇文章在两类统计中均有上榜。这一结果说明了文献被引频次和下载频次之间的相关关系并非绝对、完全的。可惜的是，陈孔立、褚静涛、孙璇、杨立宪等高生产能力作者，均未入围样本文献单篇高引频次和单篇高下载频次前八名的榜单。

从学科差异角度来看，2016 年度高引频次和高下载频次的文章都集中于经济、法学和政治学科。在高引频次的文献中，政治、经济以及法学的篇数分别为 3 篇、3 篇和 2 篇。在高下载频次的文献中，政治、经济以及法学的篇数分别为 6 篇、1 篇和 1 篇。这一数据表明，政治、经济和法学是大陆涉台学术研究的主要领域，引导着涉台研究的主流态势，其中政治学科的影响力最高。

① 参见徐建中、王名扬：《文献影响力的综合评价指标体系研究》，载《情报理论与实践》2014 年第 5 期。
② 参见丁佐奇、郑晓南、吴晓明：《科技论文被引频次与下载频次的相关性分析》，载《中国科技期刊研究》2010 年第 4 期。

表3 样本文献单篇高引频次文献（前8名）分布表

名次	篇名	来源期刊	发表刊次	作者	隶属学科	被引频次
1	两岸四地土地征收补偿制度比较研究	学术界	2016/03	李海霞	法学	6
2	台湾社区营造的经验及启示	城市发展研究	2016/01	莫筱筱 明 亮	政治	5
3	论雇主劳动合同条款变更权之控制	比较法研究	2016/01	孙国平	法学	3
3	2016年台湾"大选"与两岸关系	台湾研究	2016/01	黄嘉树	政治	3
5	跨界融合与跨界治理：论"一带一路"战略下两岸产业合作创新	福建论坛（人文社会科学版）	2016/02	陈 颐	经济	2
5	台湾民营银行发展历程及对大陆的启示	华东经济管理	2016/02	吴信坤 盛九元	经济	2
5	重建台湾青年中国认同的多棱视角与策略路径	台湾研究	2016/01	王 正	政治	2
5	2015年台湾经济回顾与展望	现代台湾研究	2016/01	熊俊莉	经济	2

表4 样本文献单篇高下载频次文献（前8名）分布表

名次	篇名	来源期刊	发表刊次	作者	隶属学科	下载频次
1	两岸四地土地征收补偿制度比较研究	学术界	2016/03	李海霞	法学	1770
2	蔡英文上台后的两岸关系走向	台湾研究	2016/01	严安林	政治	1608
3	台湾社区营造的经验及启示	城市发展研究	2016/01	莫筱筱、明 亮	政治	1320
4	中国政治精英的权力结构与经济分权的可持续性	经济学（季刊）	2016/01	刘明兴、张 冬 史宗翰、祝猛昌	政治	959
5	2015年两岸关系回顾及2016年台湾"大选"特点分析	思想理论教育导刊	2016/03	王青青、李松林	政治	958
6	2016年台湾"大选"与两岸关系	台湾研究	2016/01	黄嘉树	政治	904
7	两岸关系变局：前景、挑战和应对建议	现代台湾研究	2016/02	鲁洪柯	政治	877
8	"一带一路"交通基础设施建设的国际经贸效应	亚太经济	2016/03	许 娇、陈坤铭 杨书菲、林昱君	经济	865

从绝对高影响力文献角度来看，本次研究通过箱线图表法来确定高引频次文献及高下载频次文献的临界值，以此来确定绝对高影响力文献的范围。

经科学计算，得出被引频次≥1 且被下载频次≥581 的文献就是绝对高影响力文献。[①] 符合条件的有 4 篇，如表 5 所示，4 篇绝对高影响力文献按下载频次降序排列。从中可以发现，这 4 篇文献的学科分布状况为经济 1 篇、法学 1 篇、政治 2 篇，足见政治学科在大陆涉台研究中的重要地位。

表5　绝对高影响力文献分布表

篇名	来源期刊	发表刊次	作者	隶属学科	被引频次	下载频次
两岸四地土地征收补偿制度比较研究	学术界	2016/03	李海霞	法学	6	1770
台湾社区营造的经验及启示	城市发展研究	2016/01	莫筱筱、明　亮	政治	5	1320
2016 年台湾"大选"与两岸关系	台湾研究	2016/01	黄嘉树	政治	3	904
台湾地区服务贸易竞争力、影响因素及其对策研究	世界经济研究	2016/02	谢国娥、莫晓洁、杨逢珉	经济	1	592

（二）样本文献学科分布情况

从宏观层面上而言，主题来源学科的分布样态能表征研究主题在研究过程中所用的基本理论、基本方法及应用范围。[②] 就样本文献的学科分布差异而言，如图 4 所示，首先，政治学是大陆涉台学术研究的绝对主流学科，政治学类文献占据了 2016 年度涉台学术研究成果约 50% 的比重，这一现象与大陆涉台学术研究深受时政热点影响、学术研究关注政治议题密不可分；其次，经济学类文献占比约为 28%，是 2016 年度涉台学术研究的重要阵地之一；再次，法学类和历史类文献分别占比 11%，法学类的研究多集中于民商事的比较研究领域，历史类文献的研究多集中于台湾地区的历史文化领域，法学类与历史类文献的比重不大表明这两类学科的涉台研究有待加强，

---

① 根据箱图表法，先计算高引频次文献的临界值，在 39 篇有被引记录的样本文献中，最大值 max = 6，上四分位数 Q_3 = 1，中位数 med = 1，下四分位数 Q_1 = 1，最小值 min = 1，据此计算出极值为 Q_3 + 3IQR = 1，也即被引≥1 的文献被认为是绝对高引频次文献。在 467 篇有被下载记录的样本文献中，最大值 max = 1770，上四分位数 Q_3 = 179，中位数 med = 93，下四分位数 Q_1 = 45，最小值 min = 2，据此计算出极值 Q_3 + 3IQR = 581，也即被下载频次≥581 的文献是绝对高下载文献。

② 参见赵蓉英、魏绪秋：《计量视角下的我国人文社会科学领域大数据研究热点挖掘与分析》，载《情报杂志》2016 年第 2 期。

也预示着这两类学科或将是未来涉台研究的新的突破点。

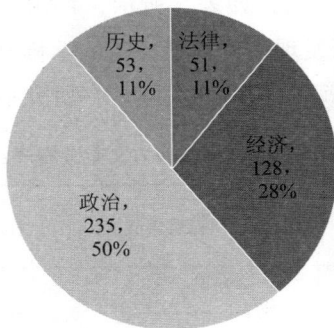

图4 样本文献学科分布图

（三）样本文献发文期刊分布情况

本次研究从467篇文献中共抽取出145种期刊，其中涉台研究的四大专业期刊：《台湾研究》《现代台湾研究》《台湾研究集刊》《台海研究》分别以61篇、68篇、47篇、31篇的发文量占据前四，占比约为44.3%。根据布拉德福定律①将涉台研究期刊划分为核心区期刊、相关区期刊和离散区期刊。需要说明的是，布拉德福定律原本是用于科技期刊的分类，本文将其引用到社会科学研究之中是一次大胆的尝试。因四种涉台专业期刊自然属于大陆涉台研究的核心期刊，故本次引入布拉德福定律对发文期刊进行研究时，只对剩余的141种期刊进行研究。这141种期刊载文260篇，将这141种期刊按照发表涉台研究论文的数量降序排列，划分为核心区、相关区、离散区，使每个区文献容量大致相等，约为86篇。如表6所示，核心区、相关区和离散区的期刊数比例为16∶39∶86 = 1∶2.438∶5.375 ≈ 1∶2.4∶2.4²，符合1∶n∶n²（n的平方）的比例关系，布拉德福离散系数为2.4。由此，我们可以得出样本文献发文期刊载文数3篇及以上的期刊是2016年大陆涉台研究的发文重地。剔除四大专业期刊的核心区期刊共有16种，发文量为86篇，具体如图7所示。其中，《福建论坛（人文社会科学版）》和《亚太经济》各自以12篇的成绩并列第一；《太平洋学报》和《中国青年研究》分别以8篇的成绩紧追其后。这与政治学和经济学是大陆涉台学术研究主流学科的基本格局相适配。值得指出的是，这16种期刊中共有5种期刊属于高校学报

---

① 参见邱均平：《信息计量学》，武汉大学出版社2007年版，第105页。

类，这反映出高校特别是沿海地区高校对于涉台学术研究的关注与重视。

表6　布拉德福定律划分表

分区	论文数	期刊数	载文数
核心区	86	16	≥3
相关区	86	39	2－3
离散区	88	86	≤2

表7　样本文献发文期刊（核心区）分布表

排序	期刊名	发文量	排序	期刊名	发文量
1	福建论坛（人文社会科学版）	12	1	亚太经济	12
3	太平洋学报	8	3	中国青年研究	8
5	抗日战争研究	5	6	福建师范大学学报（哲学社会科学版）	4
6	近代史研究	4	6	厦门大学学报（哲学社会科学版）	4
6	史学月刊	4	6	世界经济与政治论坛	4
6	中国行政管理	4	6	中国社会科学院研究生院学报	4
6	中山大学学报（社会科学版）	4	14	北京联合大学学报（人文社会科学版）	3
14	当代中国史研究	3	14	广东社会科学	3

四、2016 年大陆涉台研究学术热点分析

知识交流发展的最后是知识的技术化，是知识的脱离思考，关键词已经潜移默化，成为惯常不假思索的东西，因此它也许浓缩了一个时代某种学术的集体无意识或集体文化。对这个区域的调查将最可能显示知识发展或转变的轨迹。① 这意味着我们也许可以通过检测关键词词频变动趋势来探究它们之间的内在联系，从而确定 2016 年度大陆涉台学术研究的前沿领域和发展趋势。因此，本部分将通过对研究样本关键词的整理分析，筛选出涉台研究中的高频关键词，并对大陆涉台研究的学术热点进行探讨追踪。

（一）样本文献关键词词频分析

以 467 篇样本文献为基础进行人工筛选和定量计算，关键词描述统计量

---

① 参见成凡：《是不是正在发生？——外部学科知识对当代中国法学的影响，一个经验调查》，载《中外法学》2004 年第 5 期。

表如下所示。从表 8 中可以看出，全部样本文献共含有 1526 个关键词，总词频 1996 次，平均词频为 1.31 次，平均每篇文章 4.3 个关键词。4.3 的方差值意味着在 2016 年度，大陆涉台研究的关键词分布比较分散，学术研究覆盖范围比较广，共有 1354 个关键词出现的频次为 1，出现这种情况的原因也许是这些发文的研究方向相对分散，并未形成涉台研究的热点领域。出现频率最高的是"两岸关系"，共出现 53 次，表明大陆涉台研究者在 2016 年的发文大多是围绕这个关键词展开的。

表 8 关键词描述统计量表

	N	极小值	极大值	和	均值	标准差	方差
频次	1526	1	53	1996	1.31	2.07	4.3

在文献中，不同关键词的使用和出现是有一定规律的。对样本文献所筛选出来的全部关键词进行概括分析后，就要对这些关键词进行深入挖掘，以便从中发现规律。齐普夫第二定律就是常被运用于分析关键词分布的一个规律。根据其计算公式：$n = (-1 + \sqrt{1 + 8 \times I})/2$ 可以计算出高频关键词和低频关键词的临界值。[①] 具体到本次研究中，I 为 1354，$n = (-1 + \sqrt{1 + 8 \times 1354})/2 \approx 51.5$，即频次高于 51.5 的关键词为高频关键词，低于 51.5 的为低频关键词。但是，在本次研究样本的所有关键词中，只有"两岸关系"词频高于 51.5，故该定律在此不适用。所以只能借助第二种方法即经验分析法来确定高频词与低频词的临界值。要说明的是，这种方法比较依赖研究者自身的经验，所以其科学性有待考证。本文将关键词词频在 9 次及以上的关键词划定为高频关键词，得到如表 9 所示的 10 个关键词（关键词词频≥9）。

表 9 高频关键词（词频≥9 次）分布表

关键词	频次	关键词	频次	关键词	频次	关键词	频次
两岸关系	53	民进党	15	台湾经济	13	两岸政策	9
台湾	47	台湾地区	14	两岸	10		
蔡英文	17	"九二共识"	13	两岸经贸	9		

① I 是词频数为 1 的关键词数量，n 为高频关键词与低频关键词的临界点的值。参见储节旺、郭春侠：《文献计量分析的知识管理学科规范研究》，中国社会科学出版社 2015 年版，第 151 页。

（二）高频关键词共现分析

关键词共现可以有效地反映学科领域的研究热点，为科学研究提供辅助支持。一般认为词汇对在同一篇文献中出现的次数越多，则代表这两个主题的关系越紧密。由此，可以根据共词分析法挖掘某一科学研究的重要领域。经过对《高频关键词（词频≥9 次）分布表》显示的 10 个关键词进行聚类分析，可知共出现 20 对高频关键词共现对，其中共现频次仅为 1 的有 6 对，共现频次为 2 的有 2 对，共现频次为 3 及以上的有 12 对。表 10 列出了高频关键词共现对及其共现频次分布情况。其中，"两岸关系"与"九二共识"这一高频关键词共现对出现频次最多，显示出在"九二共识"的基础上推进两岸关系和平发展已成为大陆涉台研究几近共识性的研究成果。

表 10 高频关键词共现对及其共现频次分布表

高频关键词共现对	频次	高频关键词共现对	频次	高频关键词共现对	频次
两岸关系 + "九二共识"	11	两岸关系 + 两岸政策	4	台湾 + 两岸经贸	1
两岸关系 + 台湾	7	两岸政策 + "九二共识"	4	两岸 + "九二共识"	1
蔡英文 + 两岸政策	6	蔡英文 + "九二共识"	4	蔡英文 + 台湾	1
两岸关系 + 民进党	5	蔡英文 + 台湾经济	4	两岸 + 台湾	1
蔡英文 + 两岸关系	5	民进党 + 两岸政策	3	两岸经贸 + 台湾经济	1
台湾经济 + "九二共识"	4	蔡英文 + 民进党	2	民进党 + "九二共识"	1
台湾经济 + 两岸关系	4	台湾经济 + 两岸政策	2		

（三）样本文献的热点分析

通过对高频关键词及其共现对的分布情况进行归纳整理，可以分析出大陆涉台学术研究的主流样态。综合考虑表 9 与表 10 中的数据信息，本章将 2016 年度大陆学术界涉台研究热点归纳为以下四大类：

第一类，关于两岸关系与"九二共识"的研究。两岸关系一直是大陆涉台学术研究的热点主题。近年来，随着两岸交往的深入，在"九二共识"基础上推进两岸关系和平发展已经成为许多学者的研究共识。2016 年台湾地区发生政党轮替，虽然上台后的民进党不承认"九二共识"，但不可否认"九二共识"对两岸关系的和平发展仍有相当重要的意义，始终具有相当大的研究价值。推动两岸关系和平发展，关键在于坚持"九二共识"。这类主题在大陆涉台学术研究中具有重要的理论价值，涉及的高频关键词共现对主要有"两岸关系 + '九二共识'"和"两岸关系 + 台湾"等。涵括这类关键词共现对的文献多为对两岸关系进行基础理论分析的文章，如黄嘉树的《2016 年台湾"大选"与两岸关系》、杨开煌的《从"官民分离"到"官民分裂"的新两岸关系之分析》以及林子荣《当前海峡两岸围绕"九二共识"的博弈分析》等。

第二类，关于蔡英文上台后两岸关系的对策研究。不同于理论研究，两岸关系的对策研究更具有实践面向的特点，也反映出时政热点对涉台研究的影响。蔡英文上台后两岸关系的对策研究主要包括关于蔡英文的两岸政策研究与关于大陆对台政策研究两个方面。涉及的高频关键词共现对有："蔡英文 + 两岸政策""两岸关系 + 两岸政策""蔡英文 + 两岸政策"和"两岸政策 + '九二共识'"等。大陆涉台学术研究不仅纵深于理论的建构，而且关照着现实的动态发展。2016 年台湾地区政治生态的变化必然会投射到大陆涉台学术研究之中，有关民进党上台后两岸关系与台湾问题的对策分析成果颇丰，代表文献有刘世洋的《从就职演说看蔡英文两岸政策主张及思维逻辑》、林劲的《2008 年以来蔡英文两岸政策主张变化分析》、湛玉钊的《民进党执政后两岸政策及对两岸关系的影响》以及倪永杰的《蔡英文两岸政策策略、内涵及其影响》等。有关大陆对台政策研究的代表文献有杨开煌的《大陆和平发展政策评估——试析习近平对台重要思想》和吴凤娇的《新形势下大陆惠台经贸政策的成效分析及策略调整》等。这类以"两岸政策""蔡英文"等为关键词的文献展现出学术研究的时代价值。

第三类，关于政党轮替态势下两岸经贸关系与台湾经济走向的研究。政治现实的变化受制于经济社会的发展。台湾经济的发展样态也影响着台湾政局和两岸关系。虽然国民党的下台是众多因素作用的结果，但究其原因有相当大一部分可归结为国民党执政时期台湾地区经济疲软。故此，台湾经济状况、台湾经济与台湾政治生态的关系以及台湾经济与两岸关系的联系是2016 年大陆涉台学术研究的重要领域。涉及的高频关键词共现对有："蔡英文 + 台湾经济""台湾经济 + 两岸关系"和"台湾经济 + '九二共识'"等，主要代表文献有单玉丽的《蔡英文的经贸政策与台湾经济前景》和《台湾政党轮替态势下两岸经贸关系走向》、朱磊的《马英九与蔡英文执政时期两岸经济关系比较》以及胡石青的《析论台湾经济近年的发展困境与出路》等。大陆涉台理论研究落在实处就是要对台湾的具体问题进行分析，以小见大、见微知著，从而为台湾问题的解决提供理论与对策的支撑。

第四类，关于 2016 年台湾地区政党轮替的研究。2016 年台湾地区发生了第三次政党轮替，民进党实现了从"中央"到地方、从"行政"到"立法"的全面执政，有关于此的学术研究也如火如荼地开展。涉及的高频关键词共现对有"两岸关系 + 台湾"等，涉及的高频关键词有"民进党""台湾地区"等。大陆涉台学术研究对政党轮替的关注主要有三个面向：一为国民党下台的原因分析与未来走向，如陈桂清的《国民党下台后的困境与走向分析》、边群的《国民党为什么会惨败》等；二为台湾政党政治的发展态势研究，如王琼的《台湾政党新态势、影响因素及未来走向》、林冈的《再论台湾政党政治的演变》、郑振清的《台湾的政治周期与民进党执政的挑战》等；三为台湾地区政党轮替的影响，如冯莉、胡晓波的《台湾地区政党政治的发展对两岸关系的影响》和黄继朝、孙玮瑛的《政党轮替以来台日政经关系的量化分析》等。

五、结　论

本次研究通过对 2016 年 467 篇大陆涉台学术文献进行计量分析，大致归纳出了 2016 年度大陆涉台学术研究的整体格局和基本特征：（1）从研究主体的基本属性上来看，高产地域、高产机构与高产作者的分布契合度较高，且大多分布在沿海经济发达地区或经济、政治、文化中心，这充分地说明了经济、政治、文化发展程度与学术研究水平具有较高的关联性；（2）从研究样本的基本属性上来看，样本文献的学科分布主要集中在经济、政治、法学这三类，其中政治类最多，研究主题大多与时政热点密切相关。另外，样本文献载文期刊主要集中在四类涉台专业期刊中，反映出涉台研究的专业性；（3）从年度学术研究热点上来看，2016 年大陆学术界涉台研究涵盖了四大类：一是关于两岸关系与"九二共识"的研究；二是关于蔡英文上台后两岸关系的对策研究；三是关于政党轮替态势下两岸经贸关系与台湾经济走向的研究；四是关于 2016 年台湾地区政党轮替的研究。

附表 1　关键词分布表

关键词	频次	关键词	频次	关键词	频次	关键词	频次
两岸关系	53	发展理论	1	理性自利	1	台湾农庄建设	1

续表

关键词	频次	关键词	频次	关键词	频次	关键词	频次
台湾	47	发展路径	1	历史定位	1	台湾青年世代	1
蔡英文	17	发展模式	1	历史隔阂	1	台湾青年学生	1
民进党	15	发展潜力	1	历史贡献	1	台湾人认同	1
台湾地区	14	发展趋势	1	历史教科书	1	台湾认同	1
"九二共识"	13	发展特点	1	历史经验	1	台湾善后救济分署	1
台湾经济	13	发展型国家	1	历史连续性	1	台湾省编译馆	1
两岸	10	发展走向	1	历史认同	1	台湾史	1
两岸经贸	9	罚锾	1	历史特殊性	1	台湾史研究谱系	1
两岸政策	9	罚金刑	1	历史性传统	1	台湾铁路	1
对台政策	8	罚款数额	1	历史资料	1	台湾同胞	1
国家认同	8	法的实施	1	立法监督	1	台湾土地银行	1
台湾人民	8	法定抵押权	1	立法模式	1	台湾文化协进会	1
台湾政党	7	法律保留	1	立法权	1	台湾文献初祖	1
海峡两岸	6	法律地位	1	立法委员	1	台湾新世代	1
和平发展	6	法律规范体系	1	立法委员选举	1	台湾休闲农业	1
美国	6	法律监督权	1	利益平衡	1	台湾研究	1
日本	6	法律适用	1	利益综合	1	台湾渔民	1
台湾当局	6	法律治理	1	联动效应	1	台湾舆论	1
台湾光复	6	法社会学	1	联合报	1	台湾舆论研究	1
碳减排	6	反"独"促统活动	1	联合国中国代表权	1	台湾政治文化	1
蒋介石	5	反对党	1	联合提案国	1	台湾政治信任	1
全球价值链	5	反对课纲微调	1	两岸共识	1	台湾中南部	1
中国	5	反服贸事件	1	两岸共同价值	1	"台湾中心"史观	1
中美关系	5	反共	1	两岸共圆中国梦	1	台湾主体性	1
台湾政局	5	反家庭暴力法	1	两岸关系和平发展	1	台指期权	1
一带一路	5	反垄断法	1	两岸互信	1	台资	1
影响因素	5	"反中"民粹主义	1	两岸间	1	台资小微企业	1
福建自贸区	4	"反中"情绪	1	两岸交流	1	太平岛	1
国民党	4	泛政治化	1	两岸交往	1	"太阳花学运"	1
国民政府	4	方差分解	1	两岸经济合作与交流	1	"太阳花运动"	1
立法院	4	防空识别区	1	两岸经济融合	1	坦诚	1

续表

关键词	频次	关键词	频次	关键词	频次	关键词	频次
转型升级	4	房地产	1	两岸经济融合发展	1	桃李盈门	1
两岸合作	4	非和平方式	1	两岸经济整合	1	桃米社区	1
社区营造	4	非理性化	1	两岸经济制度化合作	1	特点	1
政治生态	4	非正式制度	1	两岸经济制度化合作成效	1	特工行动	1
台湾人	4	菲律宾	1	两岸经贸合作	1	特朗普	1
新形势	4	蜚声文坛	1	两岸经贸活动自由化	1	特例子公司	1
研究综述	4	诽韩案	1	两岸经贸交流合作	1	特殊行为体	1
大陆	3	分离主义	1	两岸冷对抗	1	特殊侦查手段	1
大陆政策	3	分配状态	1	两岸民间组织	1	提名策略	1
第三方支付	3	分析	1	两岸命运共同体	1	体系文化	1
东亚	3	风水轮流转	1	两岸能源合作	1	庭审录音录影公开	1
对外关系	3	冯友兰先生	1	两岸青年	1	通商条约	1
反服贸运动	3	凤凰网	1	两岸青年学生	1	通讯保障及监察法	1
和平统一	3	奉明	1	两岸群际互动	1	通讯监察	1
互联网金融	3	否决政治	1	两岸三地	1	通讯自由权	1
经济一体化	3	服贸	1	两岸社会交流	1	"同心圆史观"	1
两岸经济关系	3	服贸协议	1	两岸社会距离	1	统"独"冲突	1
路径	3	服务创新	1	两岸四地	1	统"独"立场	1
南海政策	3	服务含量	1	两岸通婚	1	统"独"议题	1
南沙群岛	3	服务贸易竞争力	1	两岸文化结构	1	统制经济	1
政党轮替	3	服务业	1	两岸文化认同价值	1	投保中心	1
政治定位	3	服务业全要素生产率增长	1	两岸五通	1	投票行为	1
政治文化	3	服务引导	1	两岸协议	1	投资	1
台湾青年	3	福建	1	两岸学术交流	1	投资者情绪	1
台湾社会	3	福斯特	1	两岸学者	1	土地	1
土地征收	3	福州	1	两岸议题	1	土地改革	1
文化认同	3	府学	1	两岸政策主张	1	土地金融	1
文化重建	3	腐败	1	两岸政治	1	土地利益博弈	1

关键词	频次	关键词	频次	关键词	频次	关键词	频次
新常态	3	负资产	1	两岸政治定位	1	土地流转	1
新南向政策	3	妇女生活	1	两岸政治关系	1	土地制度	1
应对	3	附加值贸易	1	两德基础条约	1	土番社学	1
郑成功	3	赴台陆生	1	"两个中国"	1	团体诉讼	1
2015 年	2	复合依赖	1	量化分析	1	屯海制	1
2015 年回顾	2	复兴	1	廖文毅	1	外交休兵	1
21 世纪海上丝绸之路	2	复杂自适应性系统	1	凌纯声	1	完全执政	1
VAR 模型	2	赋权	1	令状主义	1	晚清时期	1
本土化	2	噶玛兰	1	刘铭传	1	万斯	1
比较	2	改革路径	1	留守儿童	1	汪荣祖	1
朝野协商	2	改善途径	1	流动性	1	汪伪政权	1
大陆籍配偶	2	感性表述	1	六级产业论	1	王国维先生	1
低增长	2	冈比亚模式	1	龙华机场	1	网络	1
地缘政治	2	港澳台	1	陆配	1	网络暴力	1
东盟	2	高阶矩方法	1	陆生赴台	1	网络表达自由	1
东南亚	2	割台	1	陆生入台	1	网络法治	1
二二八事件	2	隔洋论战	1	伦理政治学	1	网络金融犯罪	1
法律	2	个人资料	1	罗友枝	1	网络论坛	1
法治方式	2	个体因素	1	罗宗洛	1	网络信息内容分级	1
反课纲运动	2	根本指引	1	逻辑体系	1	网络演化	1
工资差距	2	跟随客户	1	旅行社开放	1	网络谣言	1
国际海洋法	2	更高级会谈	1	旅游产业融合发展	1	往何处去	1
国际空间	2	工厂协议	1	旅游管理	1	魁港	1
国家安全	2	工程款优先受偿权	1	旅游规划	1	维持现状	1
海防	2	工具性	1	旅游流	1	未来发展	1
海上丝绸之路	2	公法	1	绿化	1	未来走势	1
海外贸易	2	公共服务	1	绿能产业	1	未来走向	1
海峡两岸贸易	2	公共服务质量	1	马关条约	1	未名社	1
航行自由	2	公共行政	1	马英九	1	文本中心论	1
荷兰	2	公共权威部门	1	满族中心论	1	文创	1
华人	2	公共投资	1	盲点与困境	1	文大	1

续表

关键词	频次	关键词	频次	关键词	频次	关键词	频次
惠台政策	2	公共秩序保留	1	毛泽东	1	文化变迁	1
货币替代	2	公民教育	1	贸易公平	1	文化断裂	1
机遇	2	公民诉讼	1	贸易和投资	1	文化机制	1
基辛格	2	公民投票	1	贸易开放度	1	文化记忆	1
监管	2	公平交易法	1	贸易逆差	1	文化融合	1
经济发展	2	公私合作	1	贸易强度与互补	1	文化思潮	1
经济合作	2	公诉	1	贸易收益	1	文化特征	1
经济新常态	2	公益诉讼	1	贸易效应	1	文教基金会	1
跨两岸婚姻	2	共识赤字	1	贸易主导权	1	文教政策	1
历史记忆	2	共识型民主	1	贸易组织	1	文明体	1
两岸产业合作	2	共同防御条约	1	媒体	1	文明转型	1
两岸海洋合作	2	共同决策	1	媒体乱象	1		1
两岸金融	2	共同政治基础	1	美国共产党	1	文献计量	1
两岸金融合作	2	共有观念	1	美国国家利益	1	文学评论家	1
两岸经济	2	共圆中国梦	1	美国军事与外交	1	问卷调查	1
两岸经济合作	2	构建逻辑	1	美国亚太再平衡战略	1	我国台湾地区	1
两岸经贸关系	2	股东加重义务	1	美国因素	1	无产化	1
两岸贸易	2	股东自担风险	1	美丽湾案	1	吴国桢	1
两岸认同	2	股权溢价	1	美日同盟	1	物流业	1
两岸社会	2	股灾	1	美日因素	1	西德	1
两岸同属一中	2	固定薪酬	1	弥合路径	1	西沙群岛	1
两岸统一	2	雇主劳动合同条款变更权	1	秘密通讯自由	1	西式民主	1
两国关系	2	官方	1	秘密侦查	1	瑕疵决定	1
琉球	2	管辖	1	缅甸控诉案	1	先行补偿	1
路径选择	2	光复初期	1	面谈制度	1	先取特权	1
论文	2	光复台湾	1	民国初期	1	现代国家	1
面板数据模型	2	广义脉冲响应函数	1	民间交流	1	现代化实践	1
民粹主义	2	广州	1	民进党执政	1	现代转型	1
民间	2	规模化经营	1	民营企业	1	现实选择	1
前景	2	硅谷	1	民营银行	1	现状	1
青年	2	国际法	1	民主	1	现状与走势	1

续表

关键词	频次	关键词	频次	关键词	频次	关键词	频次
融合发展	2	国际共运史	1	民主参与管理	1	宪制－治理框架	1
"柔性台独"	2	国际经验	1	民主化	1	乡村旅游	1
社会变迁	2	国际联合	1	民主进步党	1	乡土小说	1
社会网络	2	国际旅游期刊	1	民主政治	1	相互依赖	1
税制改革	2	国际战略形势	1	民族复兴	1	向量误差修正模型	1
宋楚瑜	2	国际资本流动	1	民族共同体	1	向南移向下沉	1
孙中山	2	国家海洋利益	1	民族伟大复兴	1	象征	1
"台独"势力	2	国家统一	1	民族政策变迁	1	萧铮	1
台美关系	2	国家意识	1	闽台合作	1	小确幸	1
台湾"大选"	2	国家治理	1	闽台旅游	1	协商谈判	1
台湾民意	2	国界	1	闽西客家	1	协同演进	1
台湾民众	2	国民经济行业分类	1	闽浙总督	1	协议补偿	1
台湾问题	2	"国史馆"	1	明人别集	1	协助调查取证	1
台湾政治	2	国族	1	模仿创新	1	心理契约	1
"台湾主体意识"	2	国族认同	1	模式与路径	1	心理文化学	1
特征	2	过程文化	1	牡丹社事件	1	心灵契合	1
挑战	2	过滤	1	目标	1	辛亥革命	1
条约	2	海基会董事长	1	幕末维新期	1	新公众参与	1
投票率	2	海空联合演习	1	纳税成本	1	新结构经济学	1
网络政治参与	2	海权	1	南海	1	新经济发展模式	1
文化交流	2	两岸统一观	1	南海断续线	1	新路径	1
"文化台独"	2	海洋安全	1	南海问题	1	新清史	1
习近平	2	海洋大国	1	南海争端	1	新区域主义	1
习马会	2	海洋法公约	1	南海仲裁案	1	新生报	1
香港	2	海洋权益	1	南明	1	新文化认同	1
香港青年	2	海洋事务	1	南太平洋地区	1	新型毒品	1
新媒体	2	海洋文明	1	内部经济	1	新制度主义	1
许寿裳	2	海洋意识	1	内生性产业发展模型	1	新竹科学工业园	1
移交程序	2	海洋资源开发	1	能源安全	1	刑法规制	1
隐私权	2	韩国	1	能源政策	1	刑法修正案九	1
影响	2	韩愈	1	尼克松	1	刑事和解	1

续表

关键词	频次	关键词	频次	关键词	频次	关键词	频次
"原住民"	2	汉藏	1	农村社区治理	1	刑事诉讼模式	1
征收补偿	2	汉化	1	农村土地证券化	1	刑事侦查	1
政策	2	行政罚	1	农地制度变迁	1	形象	1
政治参与	2	行政法人	1	农地制度改革	1	性权利	1
中国国民党	2	行政权	1	农民运动	1	修改	1
中国抗日战争史	2	行政任务	1	农业合作	1	虚假诉讼	1
中国台湾地区	2	行政诉讼	1	奴化教育	1	许世瑛	1
中华文化	2	行政诉讼目的	1	虐童行为	1	宣传	1
中日关系	2	合理性控制	1	女大学生	1	选举	1
中小企业	2	合作	1	欧立德	1	选举策略	1
周子瑜	2	合作博弈	1	欧盟	1	选举人	1
主权	2	合作机制	1	欧洲逮捕令	1	选举政治	1
转型	2	合作空间	1	耦合效应	1	选民投票	1
自由贸易试验区	2	合作模式	1	派系	1	学甲虱目鱼契作	1
自由时报	2	合作前景	1	彭湃	1	学生会会长	1
族群关系	2	合作式诉讼	1	彭荣	1	学术论著	1
自由刑	1	合作现状	1	澎湖	1	学术文化	1
海峡两岸共同打击犯罪及司法互助协议	1	何斌	1	坤圳	1	学术研究	1
《民主潮》	1	何炳	1	平售	1	学运	1
1949 以后	1	何炳棣	1	评估体系	1	亚太经济一体化	1
2016 年台湾"大选"	1	和而不同	1	评价	1	亚太再平衡战略	1
2018 年展望	1	和解	1	瓶颈	1	亚投行	1
2019 年展望	1	和睦共处	1	埔里盆地	1	亚洲国家	1
21 世纪	1	和平发展路线	1	普力夺主义	1	严峻考验	1
520 讲话	1	和平红利	1	歧视	1	岩礁	1
CGE	1	和平解放	1	启示	1	研究	1
ECFA	1	和平协议	1	气候变化	1	研究路径	1
ECFA 货物贸易谈判	1	核心利益	1	契约文书	1	研究评述	1
FDI 挤占	1	后物质主义	1	强奸	1	演化代	1
FTA	1	后殖民遗绪	1	侨汇管控	1	演化机制	1
GTAP	1	后殖民主义	1	侨汇研究	1	药品审评部门	1

续表

关键词	频次	关键词	频次	关键词	频次	关键词	频次
GTAP 模型	1	候选人资格	1	侨务工作	1	要素禀赋流动	1
LED 产业	1	胡德坤	1	侨务休兵	1	业主大会	1
Malmquist 指数	1	胡适	1	侨务政策	1	业主权利保护	1
MRIO 模型	1	互动	1	侵华事件	1	一带一路战略	1
R&D 补贴机制设计	1	互联互通	1	亲台派	1	一个中国	1
RCEP	1	互谅	1	秦统一六国	1	一个中国原则	1
RCEP 与 TPP	1	户外广告牌	1	青年反叛	1	一国两制	1
Redux 模型	1	华侨华人	1	青年就业	1	一元主导论	1
SBIR 计划	1	华人新移民	1	青年社会运动	1	依法治国	1
SDA 方法	1	华阳真人	1	青年世代	1	依法治教	1
TPP	1	华夷之辨	1	青年台商	1	移民	1
TPP 与 RCEP	1	话语构建	1	青年政治运动	1	以经促统	1
安全保障	1	话语权	1	青少年吸毒	1	议案	1
按日计罚	1	淮军	1	青训体系	1	议题取向	1
奥巴马政府	1	环境保护	1	清代台湾	1	议长中立	1
澳大利亚	1	环境产品贸易	1	清华校友通讯	1	异化	1
澳门	1	环境治理	1	清日贸易	1	异质性劳动力	1
巴西	1	黄明信	1	情报	1	意识形态	1
百度贴吧	1	恢复力规划	1	情报通讯监察	1	意识形态化	1
百年校庆	1	会计师法	1	情境	1	意义与挑战	1
办案组织	1	会晤	1	情理	1	溢出效应	1
保护合法权益	1	伙伴关系	1	请求权规范竞合	1	引力模型	1
保护制度	1	货币合作	1	请求权竞合	1	隐含风险厌恶系数	1
保险合同变更	1	货币需求函数	1	区际逃犯	1	隐含碳	1
保险合同移转	1	积极度	1	区域比较优势	1	英国	1
保险市场退出	1	基本权	1	区域经济关联	1	英国东印度公司	1
报国寺	1	基本特征	1	区域一体化	1	英派	1
北台湾	1	基金费用	1	趋向	1	应对策略	1
本土诗人	1	基金申购赎回费	1	"去中国化"	1	应对危机	1
比较研究	1	基金业绩	1	权力斗争	1	用人单位劳动规章	1
比较优势	1	基尼系数	1	权力结构	1	优先权	1
比例原则	1	激励相容	1	全民抗战	1	优要素	1

续表

关键词	频次	关键词	频次	关键词	频次	关键词	频次
边界	1	集合竞价	1	全民族抗战	1	有限责任	1
编辑问题	1	集聚程度	1	诠释学	1	诱惑侦查	1
编纂委员会	1	集群差异	1	缺陷	1	舆论	1
变化及原因	1	集体土地	1	群体认同	1	舆论生态	1
博士论文	1	集体协商	1	群体性抗争	1	语义表达	1
博硕士论文	1	集体自治	1	燃灯	1	预测	1
不动产担保物权	1	挤出效应	1	热点事件	1	"原住民族"司法权益	1
不动产证券化	1	挤入效应	1	人口迁移	1	"原住民族"专业法庭	1
不能犯无知	1	纪念活动	1	人口特征	1	怨恨情绪	1
不屈不挠	1	技术创新与模仿	1	人力资本	1	运行模式	1
不同收入家庭	1	技术进步	1	人力资源开发	1	运输技术系数	1
布热津斯基	1	技术效率	1	人民币	1	再平衡	1
财富管理	1	技术侦查	1	人民币国际化	1	增加值贸易	1
财税	1	偈颂	1	人寿保险合同	1	扎根理论	1
财税政策	1	绩效评估	1	人文旅游基地	1	战后处置	1
财团法人	1	加工贸易	1	认识角度	1	战略部署	1
财政经费	1	家庭暴力	1	认同异化	1	战略决策	1
财政税收	1	家庭变迁	1	认知类同	1	战略困境	1
财政治理	1	家庭教育法	1	认罪协商	1	战略性新兴产业集群	1
裁判规则	1	家庭生活教育	1	任弼时	1	战略重点	1
蔡英文5·20讲演	1	家庭生育观念	1	日本侵台	1	战略资源	1
蔡英文当局	1	甲午战争	1	日本移民	1	战术性三不	1
参访团	1	假结婚	1	日据时期	1	张道藩	1
参考读物	1	价值定位	1	日据时期台湾	1	张振鹍	1
参与	1	价值观	1	融合	1	章表	1
参政	1	监察权	1	如何处理	1	长江经济带	1
残疾人	1	监督行政	1	入第	1	长崎	1
册封琉球使	1	监督权	1	入境旅游	1	障碍	1
策略	1	监管机制	1	三角战略	1	整体利益	1

关键词	频次	关键词	频次	关键词	频次	关键词	频次
策略措施	1	监护权	1	三立	1	证据能力	1
策略路径	1	监听	1	三十六岛	1	证券	1
层次性	1	柬埔寨	1	三位先生	1	郑经	1
差异化	1	检察院	1	三限六不	1	政策导向	1
差异性政策诉求	1	建构性关系	1	散户	1	政策过程	1
差异政策	1	建构主义	1	扫雷舰艇	1	政策建议	1
产品质量	1	建交	1	厦门	1	政策路径	1
产学合作机制	1	建立者	1	善意第三人	1	政策启示	1
产业对接	1	建设	1	社会分化	1	政策调整	1
产业合作	1	建设用地使用权	1	社会风气	1	政策文化	1
产业化	1	建议	1	社会福利议题	1	政策协调	1
产业结构	1	奖助保障	1	社会管理	1	政策移植	1
产业结构高级化	1	蒋经国	1	社会建设	1	政党	1
产业结构转型	1	蒋廷黻	1	社会接触	1	政党政治	1
产业融合	1	降温两岸	1	社会接纳	1	政党重组	1
产业政策	1	交流	1	社会经济	1	政府补助	1
常设委员会	1	交流合作	1	社会精英	1	政府服务品质	1
场景呈现	1	交通基础设施	1	社会科学引文索引（SSCI）	1	政府治理	1
超额报酬	1	交易纪律	1	社会气质	1	政经成效	1
超额储蓄	1	教育法律体系	1	社会融合	1	政经关系	1
朝鲜	1	教育内容	1	社会融入	1	政经挑战	1
朝鲜战争	1	阶段性特征	1	社会–生态恢复力	1	政局	1
撤销制度	1	阶级	1	社会文化因素	1	政商关系	1
陈水扁	1	阶级结构	1	社会信任	1	政治定位认知	1
陈水扁当局	1	阶级流动	1	社会选择理论	1	政治对话	1
陈仪	1	接触假设	1	社会转型	1	政治过程	1
陈垣	1	接收改造	1	社会资本	1	政治互信	1
成案运作	1	节烈	1	社交需求	1	政治话语	1
成果	1	结构变动	1	社区复兴	1	政治机会结构	1
成效	1	结构分化	1	社区恢复力	1	政治交流	1
成因	1	结构分解	1	社区建设	1	政治人格	1

关键词	频次	关键词	频次	关键词	频次	关键词	频次
城市社区	1	结构面	1	社区治理	1	政治认同	1
城乡生态文明一体化	1	解放台湾	1	涉台课程教学	1	政治认知	1
程序权保障	1	解惑式	1	涉台立法	1	政治社会化	1
惩罚性赔偿	1	解密档案	1	涉台外交	1	政治协商	1
惩戒制度	1	借鉴	1	涉台用语	1	政治心理结构	1
持续创新能力	1	借鉴作用	1	涉台政策	1	政治因素	1
出兵决策	1	金门	1	申报	1	政治影响	1
出口	1	金权政治	1	身份认同	1	政治支持度	1
出口模式	1	金融保障	1	沈葆桢	1	知情权	1
出口隐含碳	1	金融改革	1	沈光文	1	知识产权	1
出口隐含碳排放	1	金砖国家	1	生态旅游	1	知识移民	1
出口增加值	1	进口隐含碳	1	生态省	1	执行罚	1
处理策略	1	近代范式	1	生态文明	1	殖民当局	1
传统政治文化	1	京津冀地区	1	省界	1	殖民化	1
创新前瞻科技	1	经济冲击	1	施肩吾	1	志愿服务	1
创新驱动	1	经济分权	1	时代影响	1	志愿失灵	1
创新型人才	1	经济改革	1	时间范围	1	制度变迁	1
创业扶持	1	经济合作模式	1	实际汇率	1	制度分析	1
创业就业	1	经济融合	1	实践	1	制度改革	1
垂直分工体系	1	经济生活	1	实效性	1	制造业	1
此番	1	经济思想	1	实证研究	1	质量奖励	1
次区域经济合作	1	经济效益	1	实质性成果	1	质量评估	1
搭桥专案	1	经济效应	1	食品安全	1	质素模型	1
大陆对台政策	1	经济依存度	1	食物银行	1	治理	1
大陆和台湾	1	经济增长	1	史著	1	治理经验	1
大陆经历	1	经济周期	1	示范	1	治权	1
大陆就业创业	1	经贸合作	1	世界价值观调查	1	中都	1
大陆台商	1	经贸效应	1	世界遗产	1	中法关系	1
大陆文化	1	经贸政策	1	市场化	1	中法建交	1
大陆与台湾地区	1	经验借鉴	1	市场开发	1	中国大陆	1
大陆政策调整	1	经验做法	1	市价补偿	1	中国共产党	1
大选结果	1	经营必要性	1	事业单位改革	1	中国海洋利益	1

续表

关键词	频次	关键词	频次	关键词	频次	关键词	频次
大一中框架	1	经营绩效	1	适宜性	1	中国军事和安全发展报告	1
贷款成本	1	景洛	1	收入再分配	1	中国抗战	1
诞辰逢十	1	竞争力	1	书画篆刻	1	中国领海	1
岛夷行	1	竞争优势	1	书艺	1	中国领土	1
盗版率下降	1	竞争制度	1	输入品结构	1	中国旅游研究	1
道统	1	境内关内	1	数据分析结果	1	中国时报	1
敌对心态	1	境内关外	1	双边贸易	1	中国史	1
敌后战场	1	境内增加值	1	双文化论	1	中国史观	1
抵抗运动	1	境外增加值	1	水利组合	1	中国突厥斯坦	1
底层民众	1	"九合一"选举	1	税负	1	中国外交	1
底层人	1	酒精含量	1	税负差异	1	中国舆论研究	1
地方自治选举	1	救济面粉	1	税权	1	中国自贸试验区	1
地区领导人	1	救市措施	1	税收行政	1	中韩FTA	1
地图	1	救市行动	1	税收征管	1	中华传统文化	1
地域认同	1	就学	1	司法独立	1	中华民国	1
地域文化	1	就业	1	司法公开	1	中华民族伟大复兴	1
地政学派	1	就业创业	1	司法救济	1	中华新经济体	1
帝国主义侵华史	1	就业服务	1	司法控制	1	中间路线	1
第三次世界大战	1	就职演说	1	司法判决	1	中间选民	1
第三国	1	局限	1	司法人事	1	中琉关系	1
第三人撤销之诉	1	局限性	1	司法为民	1	中美贸易	1
电信诈骗	1	具体危险说	1	私有信息	1	中日邦交正常化	1
电子发票	1	决议文	1	思路	1	中日联合声明	1
电子化政府	1	军机大臣	1	思想解放	1	中日修好条规	1
电子商务	1	军事现代化	1	斯大林	1	中日战争	1
电子支付管理规则	1	军事作战	1	斯托赛尔	1	中苏关系	1
钓鱼岛	1	卡特	1	四堡雾阁邹氏	1	中文网络	1
钓鱼岛争端	1	开放式发展机制	1	四联总处	1	中小企业融资难	1
叠合认同	1	开放式基金	1	四维框架	1	中央专项铁路经费	1
顶层设计	1	开罗会议至战后初期	1	诉的利益	1	重大	1

续表

关键词	频次	关键词	频次	关键词	频次	关键词	频次
东北地区	1	开篇	1	诉讼标的	1	重返执政	1
东海问题	1	抗日	1	诉讼第三人	1	重复计算	1
东海争端	1	抗日斗争	1	诉讼权	1	重构	1
东海政策	1	抗日活动	1	诉讼效率	1	重庆大轰炸	1
东盟国家	1	抗日运动	1	岁试	1	重新执政	1
东南海疆	1	抗战期间	1	所得税	1	重组	1
东南亚地区	1	抗战时期	1	索菲亚·安蒂波利斯	1	朱立伦	1
东南亚华人	1	考古人类学刊	1	锁国	1	珠三角地区	1
东南亚诸国	1	考试院	1	台胞族群	1	主流民意	1
"东突厥斯坦"	1	科技产出	1	"台独"	1	主流文化	1
东西文明碰撞	1	科技服务业	1	台海防御观	1	主题分析	1
东亚地区	1	科技投入	1	台海局势	1	主体能动性	1
东亚裂变	1	科技项目	1	台海两岸	1	主体性意识	1
东亚社会	1	科技园区	1	台海危机	1	住宅土地使用权续期	1
东亚生产网络	1	科举考试	1	台静农	1	驻华公使	1
东亚体系演化	1	科学园区	1	台民抗日事件	1	专利	1
动力机制	1	科研经费	1	台南府	1	专利法第四次修改草案	1
动力系统重构	1	科研人员	1	台前幕后	1	专利侵权	1
动力转换	1	可持续发展	1	台日	1	专业劳动者	1
动态博弈	1	可持续旅游	1	台商投资	1	转口贸易	1
动员路径	1	克洛马事件	1	台商投资大陆（TDI）	1	转型正义	1
都市更新	1	客观危险说	1	台时	1	资本市场	1
"独台化"	1	客观主义	1	台湾大学	1	资金使用范围	1
对华关系	1	空间分布	1	台湾大学考古人类学系	1	资源动员理论	1
对华认知	1	空间分异	1	台湾大学生	1	自贸区	1
对华宣传	1	空间基尼系数	1	台湾导游	1	自由裁量	1
对抗式诉讼	1	空间模型	1	台湾地区"立法"	1	自由经济示范区	1

关键词	频次	关键词	频次	关键词	频次	关键词	频次
对日和约	1	控制下交付	1	台湾地区"原住民族"	1	自由贸易区	1
对台工作重要思想	1	跨部门协力	1	台湾地区专利法	1	自主创新	1
对台利益	1	跨界融合	1	"台湾独立"运动	1	宗藩体系	1
对台思想	1	跨界治理	1	台湾共产党	1	综合国力对比	1
对台宣传	1	跨境合作	1	台湾共和国临时政府	1	综合评价	1
对外观	1	跨境人民币贷款	1	台湾光复初期	1	综合挑战	1
对外经济战略	1	快速删单	1	台湾海峡	1	综述	1
对外战略	1	蓝绿	1	台湾海洋政策	1	总统候选人	1
多层次资本市场	1	劳动力市场	1	台湾籍民	1	总统选举	1
多管齐下	1	劳动权	1	台湾建省	1	租税奖励	1
多区域投入产出模型	1	劳工阶层	1	台湾经济增长	1	族群矛盾	1
多数党	1	雷阳	1	台湾考古	1	族群认同	1
多数决	1	累犯	1	台湾历史课纲	1	组织理论	1
多数决民主	1	冷和平	1	台湾旅游	1	组织体	1
多数决原则	1	冷战	1	台湾媒体	1	祖国统一	1
多元逻辑回归	1	李登辉	1	台湾民报	1	祖国统一大业	1
多源流理论	1	李鸿章	1	台湾民营银行	1	最优货币区理论	1
二林事件	1	李万居	1	台湾民众认同	1	最终裁决	1
二元	1	李义虎	1	台湾民族主义	1	醉驾	1
二元主导论	1	李正武	1	台湾模式	1	佐藤政府	1
发票管理	1	理论视角	1	台湾农业科技	1	作者	1
发展框架	1	理念及启示	1	台湾农渔民	1	投票人	1

分报告之四：2014—2016 年大陆涉台政治学文献的计量学研究

台湾问题以及两岸关系作为一个攸关国家领土主权和两岸人民根本利益的政治问题，一直是大陆政治学领域学术研究的重镇之一。期刊乃学术之载体，政治学研究者对台湾问题以及两岸关系的关注和见地可在期刊所载论文中窥见一斑。本章针对符合筛选要求的 698 篇政治学科文献进行数理统计和逻辑分析，其中 2014 年 217 篇，2015 年 246 篇，2016 年 235 篇。在此基础上，本章设置了三大项研究指标：其一，研究样本特质差异指标，这一部分主要对样本本身展开研究，在此一级指标之下又进一步设置了样本文献年度分布情况、样本文献发文期刊分布情况和研究样本影响力关联指标三项二级指标；其二，研究主体特质差异指标，在对研究主体展开研究时同样设置了三项二级指标，分别是作者分布情况、作者个人学术影响力和研究机构影响力与地域分布；其三，大陆涉台政治学的研究热点，在此一级指标下又设置了样本文献关键词分布情况、高频关键词共现分析以及热点主题三项二级指标。

一、研究样本特质差异指标

研究样本特质差异指标主要是从样本本身出发，对样本文献的年度分布情况、发文期刊分布情况和影响力等特质进行差异化研究，以揭示样本本身所蕴含的规律。

（一）样本文献年度分布情况

就样本文献的年度分布情况而言，如图 1 所示，2014 年大陆涉台政治学研究文献共有 217 篇，2015 年有 246 篇，2016 年有 235 篇。从这三年的数据来看，样本文献年度分布均在 200 篇以上，整体上看年度分布较为均衡，其中 2015 年大陆涉台政治学研究文献数量较 2014 年有明显的增多，增幅达 13.36%，2016 年大陆涉台政治学研究文献数量有轻微幅度的回落，降幅为 4.47%。由此可以看出，2014—2016 年大陆涉台政治学研究保持着较高数量的论文产出状态，台湾问题及两岸关系是政治学研究的重要领域之一，但由于某些因素的影响，大陆涉台的政治学研究在数量上呈现出波动性的上升趋势。

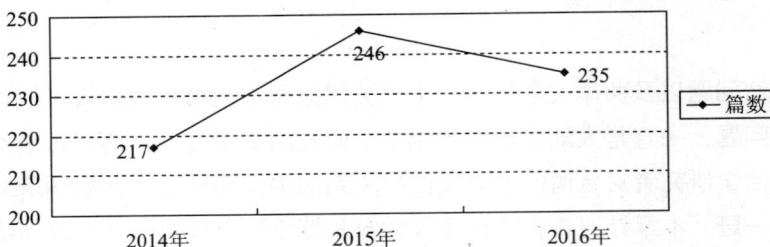

图 1　样本文献年度分布图

　　对于社会科学学术研究而言，研究领域通常具有较强的社会导向，研究者总是自觉或不自觉地关注其所处时期内的重大社会事件。[①] 考虑到台湾地区 2014—2016 年发生的一系列涉及两岸关系的重大事件，这种波动性上升趋势就不难理解了。2014—2016 年可谓台湾地区的多事之秋，从 2014 年的"太阳花学运""九合一"地方选举，到 2015 年的"反课纲微调"运动、"习马会"，再到 2016 年初的台湾地区领导人选举以及 5·20 蔡英文的就职，台湾地区的政治格局乃至与大陆的关系发生了巨大的变动，这自然吸引了大陆政治学研究学者的注意力。尤其是在 2015 年，台湾地区领导人选举的关键一年，在一系列政治事件和社会事件的烘托下，岛内的政治氛围一度膨胀，这一时期产出了诸多与时政热点高度契合的论文，如游梓翔、温伟群的《台湾 2016"大选"蔡英文两岸论述的修辞分析》、刘凌斌的《浅析"习马会"的成果、意义与影响》和林冈的《台湾政党政治的演变：趋同还是趋异？》。这也说明，大陆涉台政治学研究是建立在台湾岛内的政治格局以及两岸关系的发展动态的基础之上的，大陆涉台的政治学研究深受涉台时政热点的影响和引导。随着岛内第三次政党轮替的完成和政治格局的暂时平衡，未来的大陆涉台研究可能仍然保持着波动性上升趋势，但波动会相对微弱。

---

　　① 参见刘怡达：《依法治国、法学期刊与法学研究——以 CLSCL 期刊载文为样本的分析》，载《江汉大学学报（社会科学版）》2016 年第 1 期。

（二）样本文献发文期刊分布情况

通过对本次 698 篇样本文献的来源期刊进行统计发现，样本文献的来源期刊共有 121 种。为了划分大陆涉台政治学研究的主要阵地，本次研究将尝试引入分析科技期刊载文规律的布拉德福定律，即以期刊载文数量为标准降序排列，把期刊分为载文数量相等的核心区、相关区和离散区，以检验样本文献发文期刊的分布状况是否符合核心区、相关区、离散区期刊数量 1: n: n^2（n 的平方）的关系。[①] 在此需要说明的是，《台湾研究》《现代台湾研究》《台海研究》和《台湾研究集刊》四种涉台专业期刊载文量分别达到了 135 篇、130 篇、93 篇和 73 篇，而载文量排名第五的《太平洋学报》仅为 15 篇，前四种涉台专业期刊不仅载文数量领先，且与其他期刊落差巨大，自然属于大陆涉台研究的核心区期刊。为了不干扰布拉德福定律的运用，本部分仅对剩余的 117 种期刊（共载文 267 篇）展开研究。

根据布拉德福定律，本次研究将剩余的 117 种期刊按照刊载涉台政治学研究的论文数量以渐减顺序排列，若将其共刊载的 267 篇文献平均分为三个区，则每个区分别容纳 89 篇。由于绝大部分的期刊聚集于载文 1—6 篇的范围，为了保证一种期刊的所有文献都在一个分区，且考虑到三个区文献数量的相对均衡，本文将核心区、相关区和离散区的载文数量分别划定为 88 篇、89 篇和 90 篇，如表 1 所示，由此得到三个区的期刊数量为 11: 30: 76 ≈ 1: 2. 73: 6. 91 ≈ 1: 2. 73: $2. 73^2$，符合 1: n: n^2（n 的平方）的比例关系，布拉德福离散系数约为 2. 73。由此，我们可以推断出，包括《太平洋学报》等在内的 11 种期刊属于 2014—2016 年大陆涉台政治学研究的核心区，这些期刊刊文数量均为 5 篇以上（包括 5 篇）。需要说明的是，《世界经济与政治论坛》和《现代国际关系》刊文数量与《北京大学学报（哲学社会科学版）》均为 5 篇，但为了保证三个区的文献数量相对均衡地被划分至相关区，在布拉德福离散系数已确定的情况下，应当将刊文数量同样为 5 篇的《世界经济与政治论坛》和《现代国际关系》也归属于核心区期刊。因此，根据布拉德福定律，在 117 种期刊总数中属于核心区期刊的共有 13 种，其详细情况如表 2 所示，这 13 种期刊仅占期刊总数的 11. 11%，却承担了 36. 70% 的刊文数量。如果再加上布拉德福定律统计之外的《台湾研究》《现代台湾研

---

① 参见邱均平：《信息计量学》，武汉大学出版社 2007 年版，第 105 页。

究》《台海研究》和《台湾研究集刊》四种公认属于大陆涉台研究的核心期刊的话，这 17 种期刊仅占样本文献来源期刊总数（121 种）的 14.05%，却包揽了 2014—2016 年大陆涉台的政治学研究的 75.79% 的刊文，引导了大陆涉台政治学研究的主流。这一结论可以帮助界定 2014—2016 年大陆涉台政治学研究的刊文主阵地，对今后这一领域的研究者的文献收集和投稿选择也有一定的参考意义。

表 1 　布拉德福定律划分表

分区	刊文数量（篇）	论文数百分比	期刊数量（种）	期刊数百分比	每种期刊刊文数量范围（篇）
核心区	88	32.96%	11	9.40%	5—15
相关区	89	33.33%	30	25.64%	2—5
离散区	90	33.71%	76	64.96%	1—2

表 2 　布拉德福定律核心区期刊一览表

期刊名称	主办单位	刊文量	排名
太平洋学报	中国太平洋学会	15	5
中国青年研究	中国青少年研究中心、中国青少年研究会	11	6
北京联合大学学报（人文社会科学版）	北京联合大学	9	7
当代中国史研究	当代中国研究所	8	8
美国研究	中国社会科学院美国研究所、中华美国学会	8	8
国际政治研究	北京大学	7	10
厦门大学学报（哲学社会科学版）	厦门大学	7	10
东南学术	福建省社会科学界联合会	6	12
思想理论教育导刊	高等教育出版社	6	12
中国行政管理	中国行政管理学会	6	12
北京大学学报（哲学社会科学版）	北京大学	5	15
世界经济与政治论坛	江苏省社会科学院世界经济研究所	5	15
现代国际关系	中国现代国际关系研究院	5	15

（三）样本文献影响力关联指标

关于样本文献的影响力的研究，本部分主要从被引证频次和被下载频次两个指标入手。通常来讲，论文的被引证频次代表了该论文被研究同行的认可程度的高低和传承意愿的大小，被下载频次则往往与作者的知名度以及研究主题的契合度相关。[①] 研究一篇文献的被引频次和被下载频次，挖掘其背后隐含的时间、空间分布特征以及文献间耦合关系，基本可以把握该文献的影响广度、影响强度和影响深度。[②] 一般来说，被引频次较高的论文通常被下载频次也较高，但被下载频次较高的论文的被引频次却不一定较高，两者之间仅存在相对关联性。[③] 表 3 和表 4 分别列出了样本文献单篇被引频次和被下载频次的前 10 名。通过表 3 可以发现样本文献单篇被引频次的前 10 名中有 8 篇论文的被下载频次排名在前 10%，而表 4 则显示样本文献单篇被下载频次的前 10 名中有 6 篇论文的被引频次入围前 10%，这初步印证了被引频次较高的论文一般同时拥有较高的被下载频次但反之则不一定的规律。通过对比同一篇文献的被引频次和被下载频次可以发现，两者存在一定的相关性，但并非像函数一样绝对关联，这再次印证了一篇论文的被引频次和被下载频次之间的相对关联性。此外，样本文献单篇被引频次和被下载频次的前 10 名有 4 篇文章是重合的，它们分别是吴晓林的《台湾城市社区的治理结构及其"去代理化"逻辑——一个来自台北市的调查》，严安林的《台湾"太阳花学运"：性质、根源及其影响探析》，郑振清、巫永平合著的《贫富差距扩大的政治效应——全球金融危机以来东亚选举政治变迁研究》以及房宁的《亚洲政治发展比较研究的理论性发现》，这四篇文章在样本文献影响力方面有着不俗的成绩。

　　关于绝对高影响力文献的筛选，本部分拟采用箱线图表法，通过计算被引频次和被下载频次分布的极值得出绝对高引频次文献和绝对高下载频次文献，再将两者进行对比，其共同文献则为绝对高影响力文献。经过计算，得出被引频次≥9 次且被下载频次≥724 次的文献是绝对高影响力文献,[④] 符合该条件的文献只有 1 篇，即严安林的《台湾"太阳花学运"：性质、根源

[①] 参见江国华、韩玉亭：《中国法律解释理论演化路径检视——基于法学类 CSSCI 来源数据库的分析》，载《法学论坛》2015 年第 1 期。

[②] 参见徐建中、王名扬：《文献影响力的综合评价指标体系研究》，载《情报理论与实践》2014 年第 5 期。

[③] 参见赵修华、陈丙纯：《"国家安全"理论研究现状评析——基于〈江南社会学院学报〉1990—2013 年数据》，载《现代国家关系》2014 年第 4 期。

[④] 在本次样本文献中，被引频次的最大值、上四分位数、中位数、下四分位数和最小值分别是 9、3、1、1 和 1，因此被引频次的极值为 $3 + 3 \times (3 - 1) = 9$；同理，被下载频次的最大值、上四分位数、中位数、下四分位数和最小值分别是 2705、244、139、84 和 1，因此被引频次的极值为 $244 + 3 \times (244 - 84) = 724$。

及其影响探析》，这也说明了这篇文献在 2014—2016 年大陆涉台政治学研究领域不可撼动的主导地位。通过统计样本文献单篇被引和被下载频次的前 10 名发现，被引频次的前 10 名中有 6 篇论文的来源期刊均属于布拉德福定律中的 13 种核心区期刊或 4 种涉台专业期刊，被下载频次的前 10 名的来源期刊属于 13 种核心区期刊或 4 种涉台专业期刊的也有 5 篇，这说明研究者在引用或下载论文时更青睐属于布拉德福定律核心区期刊或者传统的 4 种专业期刊。此外，样本文献单篇被引频次的前 10 名论文（共 11 篇，第 10 名为并例两篇）中 2014 年、2015 年和 2016 年的论文数量分别为 7 篇、4 篇和 0 篇，但在被下载频次的前 10 名论文中 2014 年、2015 年和 2016 年的数量分布为 4 篇、4 篇和 2 篇，这说明在引用时学者更倾向于选择经过时间检验的文献，而年份较久的文献则经过时间的累积更容易拥有较高的被下载频次。

表 3　样本文献单篇被引频次文献前 10 名（共 11 篇）

题目	来源期刊	发表刊次	作者	被引频次	被引频次排名	被下载频次	被下载频次排名
台湾地区社区建设政策的制度变迁	南京师大学报（社会科学版）	2015 年第 1 期	吴晓林	9	1	429	68
台湾"太阳花学运"：性质、根源及其影响探析	台海研究	2014 年第 2 期	严安林	9	1	1014	10
贫富差距扩大的政治效应——全球金融危机以来东亚选举政治变迁研究	中国社会科学	2014 年第 11 期	郑振清 巫永平	8	3	1695	2
两岸之间的文化冲突	台湾研究集刊	2014 年第 1 期	陈孔立	8	3	447	64
台湾立法机构审议两岸服务贸易协议的实践评析	台湾研究集刊	2014 年第 2 期	季　烨	8	3	241	178
2008 年以来民进党大陆政策发展演变及特点研究	台湾研究	2014 年第 4 期	陈先才	6	6	264	153
亚洲政治发展比较研究的理论性发现	中国社会科学	2014 年第 2 期	房　宁	6	6	1083	8
台湾移动新媒体发展现状及其政治影响评析	台湾研究	2015 年第 2 期	王鸿志	6	6	442	65
两岸南海合作的空间与路径探析	太平洋学报	2015 年第 3 期	王英津	6	6	260	157

续表

题目	来源期刊	发表刊次	作者	被引频次	被引频次排名	被下载频次	被下载频次排名
台湾城市社区的治理结构及其"去代理化"逻辑——一个来自台北市的调查	公共管理学报	2015 年第 1 期	吴晓林	6	6	2705	1
论后冷战时代美国对中国海权发展的制约	东北亚论坛	2014 年第 4 期	杨　震 周云亨 王　萍	6	6	627	29

表 4　样本文献单篇被下载频次前 10 名

题目	来源期刊	发表刊次	作者	被下载频次	被下载频次排名	被引用频次	被引用频次排名
台湾城市社区的治理结构及其"去代理化"逻辑——一个来自台北市的调查	公共管理学报	2015 年第 1 期	吴晓林	2705	1	6	6
贫富差距扩大的政治效应——全球金融危机以来东亚选举政治变迁研究	中国社会科学	2014 年第 11 期	郑振清 巫永平	1695	2	8	3
蔡英文上台后的两岸关系走向	台湾研究	2016 年第 1 期	严安林	1608	3	0	244
概论 1987 年至 2012 年两岸关系发展脉络	政治学研究	2015 年第 4 期	孙亚夫	1607	4	1	115
台湾社区营造的经验及启示	城市发展研究	2016 年第 1 期	莫筱筱 明　亮	1320	5	5	12
浅析两岸关系发展面临的新形势与新问题	现代台湾研究	2015 年第 5 期	孟娅建	1288	6	0	244
"九二共识"与大陆对台政策之关系述论——兼论中国共产党对"九二共识"的坚持与实践	台湾研究集刊	2015 年第 1 期	刘相平	1184	7	3	34
亚洲政治发展比较研究的理论性发现	中国社会科学	2014 年第 2 期	房　宁	1083	8	6	6
新世纪以来两岸关系的回顾与思考	思想理论教育导刊	2014 年第 3 期	王青青 李松林	1061	9	1	115
台湾"太阳花学运"：性质、根源及其影响探析	台海研究	2014 年第 2 期	严安林	1014	10	9	1

二、研究主体特质差异指标

在把握研究样本特质的基础上，本部分拟对研究样本的主体即作者和研究机构展开分析，具体包括作者的分布、作者个人学术影响力、研究机构影响力与地域机构的分布三个部分。

（一）作者分布情况

在 698 篇样本文献中，有 2 篇文献因作者不详予以剔除。在剩余的 696 篇文献中，共提取到 431 位作者（只包含第一作者，未考虑同名不同人情况），平均每位第一作者发表 1.61 篇文献。在 696 篇文献中，独著文献有 551 篇，占论文总数的 79.17%，合著（作者为两人及两人以上）论文比例为 20.83%，这一数据表明在 2014—2016 年大陆涉台政治学研究的论文中平均每五篇中就有一篇为合著论文。这一现象的出现应该来说是喜忧参半的，一方面，这说明大陆涉台政治学研究领域学者近年来对学术交流合作颇为重视，学术协同创新程度较高，但另一方面，大部分合著者之间存在师承关系，这表明在 20.83% 的合著率背后很可能隐藏着饱受学术界诟病的挂名发表现象，这一点应当引起足够的重视。

在研究样本文献的作者分布情况时，本部分拟引入以论文生产量划分高产作者和低产作者的普赖斯定律。[①] 根据普赖斯定律，高产能力作者的数量约等于全部作者数总数的平方根，那么本次样本文献中前 21（$\sqrt{431} \approx 20.76$）位高产能力作者，而排名第 21 位的是并列第 19 名的 17 人，因此，我们可以得出在这 696 篇文献中，高产能力作者共有 35 人，如图 5 所示，这些高产能力作者占第一作者总数的 8.12%，但发文却达 193 篇，占文献总数的 27.73%。

对 35 位高产能力作者逐一排查，发现高生产能力作者之间的合作文献篇数仅为 1 篇，即刘国深和王贞威的《两岸化：台湾社会发展趋势探析》，部分高生产能力作者和高生产能力作者之外的作者合作较多。这说明，这 35 位高产能力作者均是在涉台政治学研究领域可以独当一面的专家学者，他们之间的学术协同意愿相对较低，但高产能力作者更愿意引导、帮带后起

---

① See De Price Solla D. J. Little Science, *Big Science*. New York：Columbia University Press，1963.

之秀，以发挥学术的传承性。

表 5 高生产能力作者分布表

名次	作者姓名（按姓氏首字母顺序）	论文篇数	总计（人）
1	陈 星 严安林	11	2
3	沈惠平	9	1
4	陈孔立 陈先才 林 冈 张文生	8	4
8	李 龙 王伟男	7	2
10	刘凌斌 童立群 杨立宪	6	3
13	陈桂清 董玉洪 刘相平 王鸿志 王英津 杨开煌	5	6
19	李 鹏 刘国深 刘佳雁 毛启蒙 邵宗海 孙 璇 孙 云 田蕴祥 汪曙申 王 英 王贞威 吴晓林 张 华 郑振清 钟厚涛 祝 捷 庄吟茜	4	17

（二）作者个人学术影响力

研究作者个人学术影响力，一般采取综合考量作者的生产能力、发表文章的被引频次和被引频次等因素的方法。[①] 本部分仅研究作者明确的 696 篇研究样本文献的 431 位第一作者的个人学术影响力，将这 431 位第一作者按照发表的所有文章的被引总频次和被下载总频次两个标准从高到低分别进行排名，然后根据经验对两者设定临界值并取其交叉部分的作者。根据作者被下载总频次和被下载总频次的数值分布情况，本部分设定文献被下载总频次≥1000 次和被引总频次≥5 次以上为分界点，详见表 6 和表 7。经过对比分析，文献被下载总频次≥1000 次、被引总频次≥5 次且同时属于高生产能力作者的有严安林、沈惠平、陈孔立、陈先才、李龙、刘凌斌、王鸿志、吴晓林和郑振清共九人。这九位专家学者不管是发表的论文数量，还是文献的被引用和被下载总频次均成绩斐然，在 2014—2016 年大陆涉台政治学研究领域具有极高的个人学术影响力。

表 6 样本文献高下载作者（被下载总频次≥1000 次）被下载频次分布表

姓名	下载频次	姓名	下载频次	姓名	下载频次	姓名	下载频次
吴晓林	4440	黄嘉树	1720	刘凌斌	1382	王鸿志	1142
严安林	4150	孙亚夫	1607	张文生	1372	陈建樾	1100

---

① 参见邱均平、赵蓉英、董克等：《科学计量学》，科学出版社 2016 年版，第 268 页。

姓名	下载频次	姓名	下载频次	姓名	下载频次	姓名	下载频次
王青青	2744	李义虎	1585	莫筱筱	1320	严志兰	1099
刘相平	2736	陈星	1493	朱卫东	1250	董玉洪	1086
郑振清	2374	林冈	1485	张华	1213	房宁	1083
李龙	2235	陈孔立	1472	张顺	1206	张宝蓉	1048
孟娅建	1725	陈先才	1464	鲁洪轲	1158	沈惠平	1036

表7 样本文献高引作者（被引总频次≥5次）被引频次分布表

姓名	被引总频次
吴晓林	17
郑振清　陈孔立	12
严安林	11
陈先才　王英津	9
王鸿志　严志兰　刘国深　李　鹏　季　烨	8
黄嘉树　刘凌斌　王贞威	7
李　龙　房　宁　张宝蓉　沈惠平　周叶中　杨　震	6
李义虎　莫筱筱　祝　捷　王　英　汪曙申　崔修竹　薛　力　张卫彬　沈建华	5

（三）研究机构影响力与地域分布

研究机构影响力主要是衡量样本文献中研究机构在 2014—2016 年期间的发文总数，而研究机构的分布主要包括研究机构的地域分布以及地域分布规律两个部分。总样本中有 1 篇文献因研究机构不详予以剔除，剩余 697 篇文献。为避免评估不当，本次研究仅以剩余的 697 篇文献作者的第一单位为准。从这 697 篇文献中，共提取 187 个研究机构，其中包括高等院校、科研单位和实务部门等。

对提取的 187 个科研机构的发文数量分别进行统计，排名前 10 名的研究机构及其发文数量如图 2 所示。在这 10 所研究机构中，高等院校有 6 所，科研机构有 4 所，10 所研究机构仅占科研机构总数的 5.35%，但发表文章数量达 355 篇，占样本的 50.93%，占 2014—2016 年大陆涉台研究领域发文总量的半壁江山。这说明，高等院校和科研机构是 2014—2016 年大陆涉台政治学研究机构中的中流砥柱。其中，中国社会科学院（69 篇）、两岸关系和平发展协创中心（58 篇）、厦门大学（55 篇）和中国人民大学（36 篇）发文数量均在 30 篇以上，平均每年达 10 篇以上的发文数量，对 2014—2016 年大陆涉台研究贡献巨大，这一成就主要归功于沈惠平、陈孔立、陈先才、张文生、李龙、陈桂清、王鸿志和王英津等学者的笔耕不辍。此外，还有十多篇来自于美国、英国、德国、日本等海外机构的文献，这预示着涉台研究逐渐成为一个开放性课题，吸引了越来越多的海外学者的关注。

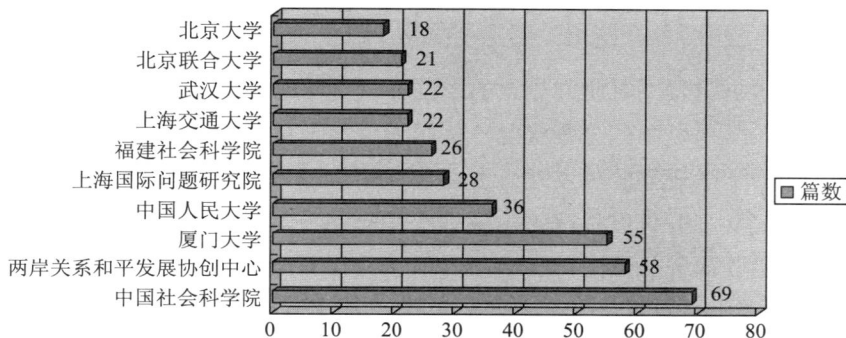

图 2　研究机构发文数量前 10 名分布图

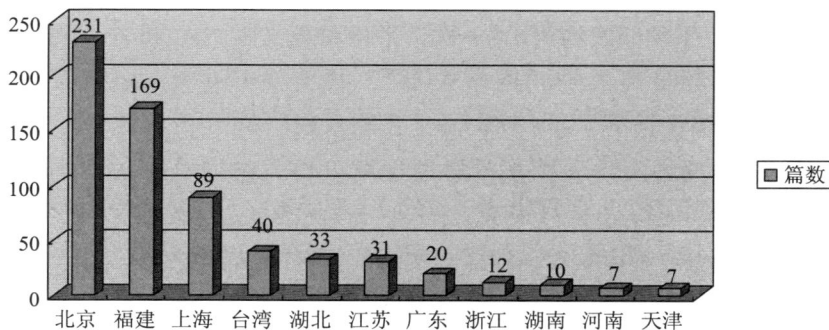

图 3　省区发文数量前 10 名分布图

结合 187 个科研机构各自的发文数量，并对其所在的省份进行统计，可以得出 2014—2016 年大陆涉台政治学研究与省份之间的关系。图 3 显示了发文数量排名前 10 的省份，排名前 10 名的分别是北京（231 篇）、福建（169 篇）、上海（89 篇）、台湾（40 篇）、湖北（33 篇）、江苏（31 篇）、广东（20 篇）、浙江（12 篇）、湖南（10 篇）、河南（7 篇）和天津（7 篇）。从地域分布上来看，北京市发文数量以绝对优势遥遥领先，当然，这主要得益于中国社会科学院、中国人民大学、北京联合大学以及北京大学等高产研究机构的聚集，福建省和上海市的发文数量紧邻其次，但与第一名仍有一定的差距。从第四名台湾地区开始，后面的省份发文数量过渡较为平缓。这说明，2014—2016 年大陆涉台政治学研究在地域上呈现出"一超多强、冷热不均"的分布特征。同时，发文较多的地区多为政治、经济、文化较为发达的地区，这暗示了大陆涉台的政治学研究与政治、经济文化发展水平之间存在一定的契合关系。

三、大陆涉台政治学研究热点

在大数据时代，对研究热点的挖掘可以直观地反映出该领域研究人员的关注点以及学术资源的分布状况，从而为后续研究提供一定的指引。在揭示大陆涉台政治学研究的热点时，本部分主要从样本文献的关键词分布情况、高频关键词共现分析以及热点主题三个角度进行切入，对 2014—2016 年大陆涉台政治学研究热点进行归纳和揭示。

（一）样本文献关键词分布情况

针对 698 篇样本文献，本次统计共提取到 1831 个关键词，关键词总频次为 3125 次，平均频次约为 1.71 次，平均每篇文献约 4.48 个关键词。其中，关键词词频最高的是"两岸关系"，共出现 174 次，词频最低的是"2018 年台湾'大选'""3·18 学运""陈水扁"和"传统政治"等 1483 个关键词，出现频次均为 1 次，通过计算可得关键词分布的标准差约为 4.98，与关键词的均值 1.71 相差比较大，详见表 8。这说明关键词的随机分布和其均值偏离程度较大，即样本文献的关键词分布较为分散。[①]

表 8　关键词分布统计表

	N	极小值	极大值	和	均值	标准差	方差
频次	1831	1	174	3125	1.71	4.98	24.85

关于高频关键词的筛选，学界多采用齐普夫第二定律统计文献中高频关键词和低频关键词的分布状况及其相互关系。[②] 根据齐普夫第二定律的计算

---

① 参见［英］堤姆·汉拿根：《统计学》，陈宋生、朱丽译，经济管理出版社 2008 年版，第 115 页。

② 参见崔旭、邵力军：《齐普夫定律的相关问题研究——贡东公示探由》，载《现代情报》2003 年第 9 期；储节旺、郭春侠：《文献计量分析的知识管理学科规范研究》，中国社会科学出版社 2015 年版，第 151 页。

公式 $n = (-1 + \sqrt{1 + 8 \times I_1})/2$（其中 I_1 为词频数为 1 的关键词数量，计算结果 n 是高频关键词与低频关键词的临界值），得到阀值 n≈53.97。也就是说，关键词词频高于 53.97 的是高频关键词，低于 53.97 的是低频关键词。在本次研究样本中，关键词词频高于 53.97 的只有"两岸关系"（174 次）和"台湾"（77 次）。这一结果虽与样本文献的检索关键词"台湾"和"两岸"高度重合，但对高频关键词的筛选并无太大助益。因此，在此基础上，本部分补充采取另一种较为通用的经验分析法，即由研究者根据文献统计经验以及样本数据分布情况划定高频关键词与低频关键词之间的临界值。① 本次研究设定临界值为 20（关键词词频≥20 次），由此得到 11 个高频关键词，高频关键词具体分布情况见图 3 所示。这 11 个关键词占关键词总数的 0.60%，但其总词频达 492 次，占总词频的 15.74%。

（二） 高频关键词共现分析

在对样本文献的关键词分布研究的基础上，本部分拟对已选中的 11 个高频关键词（关键词词频≥20 次）进行共现分析，以挖掘 2014—2016 年大陆涉台政治学研究领域的主要内容和研究热点。② 对 11 个高频关键词进行两两组合，理论上应有 C(11,2) = 55 组高频关键词共现，但实际上，经统计和筛选，包括"台湾 + 民进党""台湾 + '九二共识'"和"台湾 + 两岸政策"在内的 19 对高频关键词组合出现频次为 0，因此，研究样本中出现频次≥1 的高频关键词共现共有 36 对，其累计出现总频次为 143 次。在这 36 对高频关键词组合中，"两岸关系 + '九二共识'"出现频次最高，共出现 26 次，有 8 对高频关键词共现频次为 1（"台湾 + 蔡英文""台湾 + 对台政策""民进党 + 和平发展""两岸政策 + 台湾问题""和平发展 + 台湾社会""和平发展 + 台湾问题""台湾社会 + 台湾问题"和"对台政策 + 中美关系"），3 对高频关键词共现频次为 2（"蔡英文 + 对台政策""和平发展 + 对台政策"和"台湾社会 + 对台政策"），共现频次为 3 的高频关键词有 0 对。图 4 显示了共现频次在 4 次及以上的 25 对高频关键词组合的具体情况。

---

① 参见肖明、杨楠、李国俊：《基于共词分析的我国用户信息行为研究结构探讨》，载《情报杂志》2010 年第 S2 期；刘朝阳：《十八大以来社会主义协商民主研究的知识图谱与热点主题——基于文献计量学的实证研究》，载《湖北行政学院学报》2016 年第 1 期。

② 参见张增田、杨惠：《国内腐败与反腐败研究的热点主题及演进趋势——基于 1992—2011 年 CNKI 核心期刊论文的文献计量分析》，载《学术界》2013 年第 4 期。

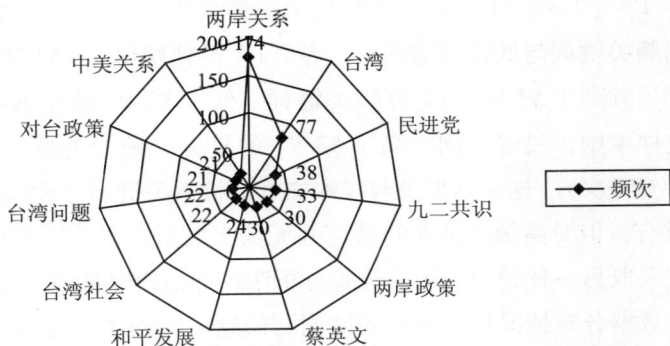

图 4　高频关键词（词频 ≥ 20 次）分布图

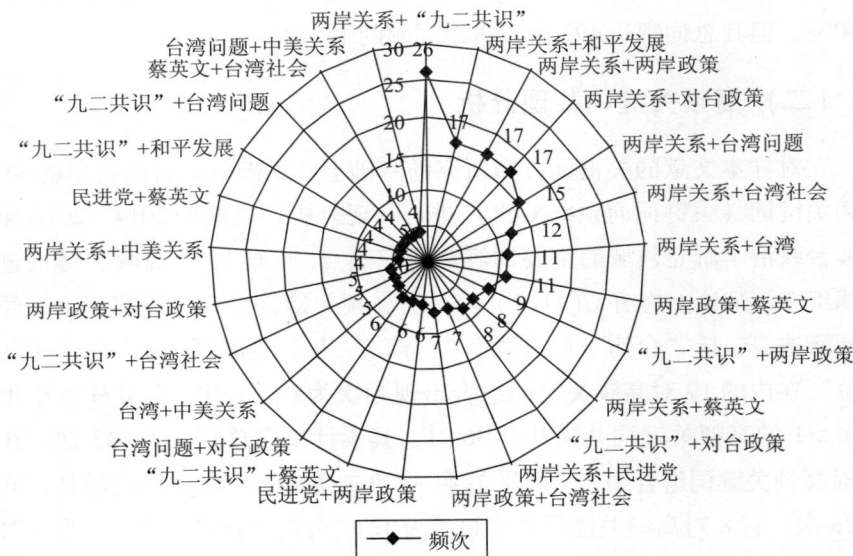

图 5　高频关键词共现对（词频 ≥ 4 次）分布图

（三）样本文献的热点主题

研究高频关键词及其共现对的分布情况，对其中属于同一或相近范畴的高频关键词共现对进行归纳，并根据高频关键词进行文献回溯，可以快速梳理出 2014—2016 年大陆涉台政治学研究的热点主题。综合考虑图 3、图 4 中的高频关键词及其共现对的分布以及样本文献的具体情况，本章将 2014—2016 年大陆涉台研究热点主题主要归纳为以下几种：

第一，两岸关系的政治基础研究。坚持一个中国原则，是两岸关系和平发展的政治基础，尽管两岸尚未统一，但大陆和台湾同属一个中国的事实从未改变。两岸关系和平发展是促进两岸和平、促进共同发展、造福两岸同胞的一条正确道路，而要维护两岸关系和平发展，关键就在于坚持"九二共识"的共同政治基础。作为大陆涉台政治学研究的基础理论，这类主题在样本文献中占有相当大的比重，涉及的关键词共现对主要有"两岸关系 +'九二共识'""两岸关系 + 和平发展""两岸关系 + 台湾问题""两岸关系 + 台湾""'九二共识'+ 和平发展"和"'九二共识'+ 台湾问题"等。包含这些关键词共现对的文献多侧重对理论的推论和演绎，与时俱进地对"九二共识"、一个中国原则等涉台基础理论进行深层次、体系化的发展和创新，多体现为宏观性、基础性的涉台理论研究，代表文献诸如吴能远的《两岸关系和平发展重要思想初探》、林子荣的《当前海峡两岸围绕"九二共识"的博弈分析》和修春萍的《一个中国国际框架的功能与作用》。

第二，两岸关系的具体对策研究。两岸关系的和平发展，离不开双方对政治基础的坚守，也依赖于具体对策的制定和实施。两岸对策，既包括大陆的对台政策，亦包含台湾地区的对陆政策。涉及两岸政策研究的关键词共现对主要有"两岸关系 + 两岸政策""两岸关系 + 对台政策""两岸政策 + 蔡英文""'九二共识'+ 两岸政策""'九二共识'+ 对台政策""两岸政策 + 台湾社会""民进党 + 两岸政策""台湾问题 + 对台政策"和"两岸政策 + 对台政策"等。这类研究的样本文献主要是在涉台政治学的基础理论之上，以大陆或台湾为视角，挖掘蕴含于两岸关系之中具体的、深层次的问题，并提出一些具体的解决方式和对策，代表文献诸如杨开煌的《大陆和平发展政策评估——试析习近平对台重要思想》、陈先才、陈兵的《民进党大陆政策调整：问题与前景》以及明庭权、薛亚梅的《新时期中国国民党大陆政策的特征分析》。这类研究兼具理论性和实践性，更侧重对涉台某一具体问题的剖析和解决。

第三，台湾地区的政党政治研究。2016 年，民进党在台湾地区领导人以及"立法委员"选举中获得了全面胜利，开启了岛内第三次政党轮替，而 2014—2016 年无疑是影响台湾地区第三次政党轮替的关键时期。"两岸关系 + 蔡英文""两岸关系 + 民进党""民进党 + 两岸政策""'九二共识'+ 蔡英文"和"民进党 + 蔡英文"等都是涉及台湾地区政党政治研究的高频关键词共现对，代表文献诸如张慧芝、廖达琪的《2016 选举透露出台湾政治新趋势》、吴陈舒的《民进党"英派"的形成及其影响》以及郑振清的

《台湾的政治周期与民进党执政的挑战》。这类研究多从政党的视角切入，对岛内某一政党势力的崛起和衰落进行剖析，对台湾地区的政治格局的走向进行评析和预判。

第四，台湾社会的发展变迁研究。近年来，随着台湾社会的发展变迁以及社会结构的逐渐转型，社会运动、社会治理、第三势力、民粹主义以及青年世代等问题引起了大陆涉台政治学研究更多的关注。关键词共现对"两岸关系＋台湾社会""两岸政策＋台湾社会""'九二共识'＋台湾社会"和"蔡英文＋台湾社会"即体现了这一趋势，代表文献诸如范世平的《从"九合一"选举看台湾社会变迁与青年政治参与变化》、冷波的《对台湾社会两岸认同异化问题的思考》以及黄耀明的《台湾社会组织发展经验及其对大陆社会治理的启示》等。这类研究并非大陆涉台政治学研究的传统热点主题，但伴随着岛内社会力量的蓬勃发展，台湾社会的发展变迁研究也许会进一步升温。

第五，两岸关系的国际空间研究。台湾问题从性质上讲是我国的历史遗留问题，但在国际空间中难免涉及大国之间的政治关系和利益博弈，从这一角度看，大陆涉台政治学研究含有一定的国际因素。这类研究涉及的关键词共现对主要有"台湾＋中美关系""两岸关系＋中美关系"和"台湾问题＋中美关系"等，代表文献诸如林冈的《美国涉台政策的变化趋势》、袁鹏的《台湾变局与中美新型大国关系》和李庆成的《钓鱼岛争端初起时的台美交涉》等。这类研究更具国际视野，在台湾问题上更侧重于对大陆、台湾地区与国际上其他大国之间关系的动态分析。

四、结 论

本章研究以纵横深浅四条主线贯穿，从研究样本特质差异指标、研究主体特质差异指标以及研究热点三大板块对 698 篇样本文献进行了计量分析和可视化处理，并对九个二级指标展开分析。从纵向主线来看，大陆涉台政治学研究在 2014—2016 年期间呈波动性上升趋势，这种波动与两岸政治局势和以及两岸关系的发展动态高度契合。从横向主线来看，在 2014—2016 年大陆涉台研究领域中，高等院校和科研机构是绝对的中流砥柱，排名前 10 名的研究机构贡献了发文总量的半壁江山，研究机构在地域分布上呈现出"一超多强、冷热不均"的格局，同时大陆涉台政治学研究与政治、经济和文化发展水平之间存在一定的正相关关系。从深层主线来看，17 种核心期刊引导了大陆涉台政治学研究的主流，文献的被引频度和被下载频度并非绝对的正相关，但影响力较大的样本文献多来自于核心期刊。从浅层主线来看，35 名高生产能力作者对发文总数贡献较大，且更愿意帮带后起之秀，其中严安林、沈惠平、陈孔立等 9 位专家学者在 2014—2016 年大陆涉台政治学研究领域具有极高的个人学术影响力。

附表 1 关键词分布表

关键词	频次	关键词	频次	关键词	频次	关键词	频次
两岸关系	174	党国体制	1	理学	1	台湾文化	1
台湾	77	党际交往	1	力量分析模型	1	台湾文献初祖	1
民进党	38	党营企业	1	历程回顾	1	台湾"新公民运动"	1
"九二共识"	33	党政关系	1	历史	1	台湾新世代	1
两岸政策	30	档案	1	历史潮流	1	台湾学运	1
蔡英文	30	档案资源整合查询平台	1	历史定位	1	台湾学者观点	1
和平发展	24	道德滑坡	1	历史隔阂	1	台湾意识	1
台湾社会	22	邓小平	1	历史贡献	1	台湾渔民	1
台湾问题	22	迪韦尔热法则	1	历史经验	1	台湾舆论	1
对台政策	21	敌对心态	1	历史连续性	1	台湾舆论研究	1
中美关系	21	底层民众	1	历史特殊性	1	台湾"原住民"	1
国家认同	18	底层人	1	历史性传统	1	台湾政党政治	1
台湾民众	18	地方派系	1	历史性会面	1	台湾政治版图	1
美国	17	地名	1	历史沿革	1	台湾政治大学	1
台湾经济	17	地图	1	历史依据	1	台湾政治环境	1
国民党	16	地域认同	1	立法权	1	台湾政治文化	1
两岸政治	16	地域文化	1	立法委员	1	台湾政治信任	1
台湾青年	14	第 2758 号决议	1	立法委员选举	1	台湾政治制度	1
"九合一"选举	13	第三国	1	立委	1	台中	1
两岸	12	第三主体	1	利益驱动性	1	太平岛	1
台湾地区	11	典型性	1	利益所在	1	太平洋主义	1
台湾政局	11	电子化政府	1	利益主体	1	太阳花	1
影响	11	钓鱼岛及其附属岛屿	1	利益综合	1	谈话节目	1

续表

关键词	频次	关键词	频次	关键词	频次	关键词	频次
台湾当局	10	钓鱼岛问题研究	1	连胜文	1	坦诚	1
大陆政策	9	钓鱼岛争端	1	联合国中国代表权	1	桃米社区	1
钓鱼岛	9	调整趋向	1	联合劝募	1	桃园市	1
立法院	9	叠合认同	1	联合提案国	1	特定群体	1
两岸政治关系	9	顶层设计	1	廉政	1	特工行动	1
台湾人	9	订立形式与内容	1	两岸发展	1	特朗普	1
台湾政治	9	定群追踪	1	两岸法制	1	特例子公司	1
海峡两岸	8	定位问题	1	两岸公民共同体	1	特殊侦查手段	1
两岸合作	8	东海	1	两岸共识	1	提名策略	1
一国两制	8	东海合作	1	两岸共同价值	1	体系文化	1
政治对话	8	东海丝绸之路	1	两岸共圆中国梦	1	体制	1
前景	7	东海问题	1	两岸关系和平发展理论	1	田中角荣	1
日本	7	东海政策	1	两岸关系史	1	"同心圆"史观	1
政治定位	7	东京学派	1	两岸和平发展	1	同住	1
政治生态	7	东盟	1	两岸话语论争	1	统"独"	1
中日关系	7	东盟国家	1	两岸环境保护合作协议	1	统"独"冲突	1
反服贸运动	6	东南亚地区	1	两岸间	1	统"独"立场	1
和平统一	6	东南亚华人	1	两岸交往	1	统"独"认同	1
两岸交流	6	东吴大学	1	两岸金融合作	1	统"独"议题	1
命运共同体	6	东亚朝贡体系	1	两岸经济交流	1	统计分析	1
认同	6	东亚局势	1	两岸经济融合	1	投票倾向	1
社区营造	6	东亚区域	1	两岸经济整合	1	投票人	1
台湾模式	6	东亚研究所	1	两岸军事互信机制	1	透明政治	1
台湾政党	6	东亚政治	1	两岸冷对抗	1	土地利益博弈	1
"太阳花运动"	6	东亚资本主义	1	两岸领导人	1	团体	1
影响因素	6	动力分析框架	1	两岸论述	1	推动策略	1
TPP	5	动力机制	1	两岸民间组织	1	托管	1
决议文	5	动力系统重构	1	两岸命运共同体	1	拓展	1
两岸协议	5	动态博弈	1	两岸青年	1	外交休兵	1
"两个中国"	5	动员路径	1	两岸青年学生	1	外交政策	1

续表

关键词	频次	关键词	频次	关键词	频次	关键词	频次
马英九	5	动员群众	1	两岸群际互动	1	外来侵略	1
南海问题	5	都市治理	1	两岸人民关系条例	1	完全执政	1
社会变迁	5	"独台化"	1	两岸社会关系	1	完善	1
台湾民意	5	独行侠	1	两岸社会交流	1	万斯	1
台湾选举	5	对策	1	两岸社会距离	1	汪道涵	1
文化交流	5	对策思考	1	两岸通婚	1	汪辜会谈	1
习近平	5	对华关系正常化	1	两岸统合	1	王金平	1
新形势	5	对华认知	1	两岸统合论	1	网军	1
研究综述	5	对华宣传	1	两岸统一观	1	网军现象	1
政治参与	5	对华政策	1	两岸投保协议	1	网络暴力	1
治权	5	对立与合作	1	两岸文化交流	1	网络论坛	1
祖国统一	5	对美关系	1	两岸文化结构	1	网络选举	1
残疾人	4	对台工作重要思想	1	两岸文化认同价值	1	网络谣言	1
大陆	4	对台思想	1	两岸文教交流	1	往何处去	1
地区领导人	4	对台宣传	1	两岸五通	1	危机管理	1
公共外交	4	对外工作	1	两岸新论述	1	威权政治	1
国家统一	4	对外开放力度	1	两岸信任	1	微观史学	1
国民政府	4	对外战略	1	两岸学界	1	维护海洋权益	1
合作	4	对外政策讨论	1	两岸一家亲	1	未来发展	1
蒋介石	4	多管齐下	1	两岸议题	1	未来影响	1
结构	4	多数党	1	两岸因素	1	未来走势	1
蓝绿	4	多数决	1	两岸政策主张	1	未来走向	1
两岸经贸	4	多数决民主	1	两岸政治话语	1	文本中心论	1
美国军事与外交	4	多数决原则	1	两岸政治谈判	1	文创	1
美国外交	4	多样性	1	两岸政治协商	1	文大	1
民粹主义	4	多源流理论	1	两德基础条约	1	文化变迁	1
南海	4	俄罗斯	1	两国关系	1	文化差异	1
南海政策	4	遏制	1	"两国论"	1	文化冲突	1
南沙群岛	4	恩庇－侍从结构	1	谅解议事录	1	文化传承	1
弃台论	4	二二八事件	1	量化分析	1	文化断裂	1
青年	4	二元	1	廖文毅	1	文化交流意义	1
社会运动	4	发展	1	廖正井	1	文化区域	1

关键词	频次	关键词	频次	关键词	频次	关键词	频次
社区治理	4	发展框架	1	林则徐	1	文化融合	1
台海局势	4	发展理论	1	临海水土志	1	文化史	1
台湾"大选"	4	发展路径	1	凌纯声	1	文化协会	1
特点	4	发展模式	1	领导	1	文化因素	1
特征	4	发展时期	1	领导者	1	文化自觉	1
挑战	4	发展走向	1	领土争端	1	文可	1
文化认同	4	"法理台独"	1	领土主权	1	文美	1
新媒体	4	法律	1	流动人口	1	文明体	1
亚太再平衡	4	法律规范	1	留日学生	1	文明转型	1
一带一路	4	法律治理	1	六都版图	1	文无	1
政党轮替	4	法学理论	1	陆配	1	文献计量	1
政党政治	4	法治	1	陆生赴台	1	文献述略	1
政治文化	4	法治方式	1	路径模式	1	问题	1
制度化	4	法治精神	1	路线转型	1	问题根源	1
中国认同	4	反"独"促统活动	1	乱云飞渡	1	问题与矛盾	1
中间选民	4	反对课纲微调	1	伦理政治学	1	我国台湾地区	1
主权	4	反服贸事件	1	论统一	1	吴会	1
2014 年	3	反服贸学运	1	逻辑体系	1	吴人	1
奥巴马政府	3	反腐工作	1	妈祖文化	1	五国六方	1
地区与国别政治	3	反共	1	麻烦制造者	1	务实策略	1
地缘政治	3	反核运动	1	马来西亚	1	误区	1
调整	3	反课纲	1	满意度	1	西德	1
都市更新	3	反全球化	1	毛泽东	1	西方文献	1
对台工作	3	反洗钱	1	贸易组织	1	西式民主	1
对外关系	3	"反中"民粹主义	1	媒体	1	西文地图	1
发展趋势	3	"反中"情绪	1	媒体话语	1	洗头兼洗脑	1
反服贸	3	泛北部湾合作	1	媒体乱象	1	先行先试	1
服贸协议	3	泛蓝阵营	1	媒体生态	1	衔接模式	1
共同体	3	泛绿阵营	1	美国对华政策	1	现代国家	1
国际空间	3	泛政治化	1	美国对台政策	1	现代化实践	1
海权	3	方法路径	1	美国共产党	1	现代转型	1
华人	3	防空识别区	1	美国国家利益	1	现实主义	1

关键词	频次	关键词	频次	关键词	频次	关键词	频次
机制	3	访台行为	1	美国立场	1	相互竞合	1
建构	3	非传统安全	1	美国亚太再平衡战略	1	香港	1
建构性关系	3	非和平方式	1	美国战略	1	向南移向下沉	1
建构主义	3	非理性因素	1	美国资料中心	1	象征	1
柯文哲	3	非声索国	1	美浓	1	萧乾	1
历史记忆	3	非营利组织	1	美日关系	1	萧万长	1
立法监督	3	非政府组织	1	美日同盟	1	小布什政府	1
两岸关系和平发展	3	非律宾共产主义运动	1	美日因素	1	小黄变小红	1
两岸海洋合作	3	肥西	1	美台军售	1	效果	1
两岸互信	3	斐济	1	美中日关系	1	协商民主	1
两岸经济	3	分离主义	1	弥合路径	1	心理契约	1
两岸经济关系	3	分裂国家理论	1	米尔斯海默	1	心理文化学	1
两岸经贸关系	3	分歧问题	1	秘密侦查	1	心灵契合	1
路径	3	分权形态	1	密室文化	1	辛亥百年	1
美国因素	3	风水轮流转	1	面临的问题	1	新潮流系	1
民意调查	3	冯友兰先生	1	面谈制度	1	新党	1
模式	3	凤凰网	1	苗族	1	新功能主义	1
南海争端	3	否决点	1	民国时期	1	新海洋战略	1
青年世代	3	否决者	1	民间社会	1	新区域主义	1
权力结构	3	否决政治	1	民进党本质	1	新世纪	1
社会资本	3	服贸	1	民进党执政	1	新态势	1
社区建设	3	服务创新	1	民进党主席	1	新特点	1
"台独"	3	服务贸易	1	民进党转型	1	新文化认同	1
"台独"势力	3	服务贸易协议	1	民意	1	新闻传播	1
台湾光复	3	福建自贸区	1	民意表达	1	新问题	1
台湾人民	3	福利态度	1	民意代表	1	新兴社会集团	1
台湾政坛	3	福利文化	1	民意动向	1	新型大国军事关系	1
台湾主体意识	3	福利责任	1	民意基础	1	新型毒品	1
维持现状	3	福利政策	1	民主	1	新型两岸关系	1
吴伯雄	3	福斯特	1	民主化	1	新制度主义	1

关键词	频次	关键词	频次	关键词	频次	关键词	频次
现状	3	福特政府	1	民主进步党	1	新中国	1
宪法共识	3	辅导型社区	1	民主品质	1	新住民	1
香港青年	3	腐败	1	民主政治	1	新自由制度主义	1
新世代	3	父系文化规范	1	民主质量	1	刑事司法合作	1
选举	3	负效应	1	民族共同体	1	行动者	1
选举政治	3	负资产	1	民族记忆	1	行政权	1
选举制度	3	附属岛屿	1	民族利益	1	行政体制	1
一个中国框架	3	复合权力结构	1	民族伟大复兴	1	行政与立法关系	1
一国两区	3	复合依赖	1	民族政策变迁	1	形象	1
政策	3	复兴	1	民族主义：理论、类型与学者	1	幸福感	1
政党	3	赴台陆生	1	民族主义研究	1	性别歧视问题	1
政党体系	3	副校长	1	闽南文化	1	性质	1
政治认同	3	赋权	1	闽台经贸	1	修昔底德	1
政治社会化	3	改革开放大业	1	闽台文	1	宣传	1
政治协商	3	改革开放战略	1	名嘴	1	宣传战	1
政治议题	3	感性表述	1	明晰化	1	选举策略	1
制约因素	3	冈比亚模式	1	募兵制	1	选举过程	1
中国	3	港澳台同胞	1	内部经济	1	选举人	1
中国梦	3	高度敏感性	1	内阁制	1	选举人数	1
中国政治与外交	3	高频字词统计分析	1	内容分析	1	选举投票	1
中华文化	3	戈尔茨坦	1	纳税人家庭	1	选举预测	1
2013 年	2	个人资源	1	南海断续线	1	选民投票	1
2015 年	2	个体因素	1	南海换防	1	选情分析	1
澳大利亚	2	根本指引	1	南海小组	1	选区划分	1
澳门问题	2	根源	1	南海诸岛	1	学甲虱目鱼契作	1
本土化	2	更高级会谈	1	南海主权	1	学生会会长	1
参访团	2	公共价值	1	南满	1	学术研究	1
策略	2	公共决策	1	南台湾	1	雪崩式	1
朝野协商	2	公共文化服务	1	南太平洋岛国	1	亚太	1
城市社区	2	公共行政	1	南太平洋地区	1	亚太地区	1
慈济基金会	2	公共性	1	南台湾政治	1	亚太合作	1

续表

关键词	频次	关键词	频次	关键词	频次	关键词	频次
慈善组织	2	公共政策	1	南中国海	1	亚太新局	1
大国关系	2	公共治理	1	尼克松政府	1	亚太战略	1
大陆籍配偶/陆配	2	公民教育	1	农村社区治理	1	亚太自由贸易区协议（FTAAP）	1
代间关系	2	公民投票	1	女性视角	1	亚投行	1
党团协商	2	公私协力	1	欧盟	1	亚洲政治	1
地方选举	2	"公投台独党纲"	1	耦合效应	1	延续	1
地方政治	2	公职人员	1	盘已	1	严峻考验	1
第三势力	2	功能	1	彭湃	1	岩礁	1
钓鱼岛问题	2	共产党	1	彭荣	1	研究	1
东海争端	2	共识赤字	1	偏见	1	研究路径	1
东南亚	2	共识型民主	1	贫富差距	1	研究评述	1
动力	2	共同抵御外敌	1	贫富分化	1	研究旨趣	1
动因	2	共同防御条约	1	平等对待准则	1	研究中心	1
对台方针政策	2	共同决策	1	平等原则	1	颜色革命	1
法治思维	2	共同体感	1	平潭综合实验区	1	演变	1
反服贸风波	2	共同选择	1	评估体系	1	演变特点	1
反课纲运动	2	共同政治基础	1	评价	1	演化机制	1
非理性化	2	共有观念	1	评价指标	1	演化路径	1
服务业合作	2	共圆中国梦	1	瓶颈	1	演进解释	1
公共服务质量	2	关说文化	1	普力夺主义	1	姚文	1
共有知识	2	关系网络	1	"七合一"选举	1	药品审评部门	1
国际关系	2	观点	1	歧见	1	要素	1
国际关系理论	2	官方	1	启示	1	野草莓	1
国际海洋法	2	管理	1	气候变化	1	一个问题	1
国际研究中心	2	管辖	1	"潜舰国造"	1	一个中国	1
国际战略形势	2	管辖权	1	潜艇	1	一个中国认同	1
国际组织	2	管制性规范	1	强势回归	1	一个中国原则	1
海基会董事长	2	光华寮案件	1	侨务休兵	1	一国两府一中央	1
海上丝绸之路	2	广播宣传	1	侨务政策	1	一国两制在台湾的民调	1
海峡两岸服务贸易协议	2	广东移民	1	桥接	1	一五新观点	1

续表

关键词	频次	关键词	频次	关键词	频次	关键词	频次
海洋安全	2	归属	1	亲民党	1	一中原则	1
航行自由	2	规范解释	1	亲日仇华	1	医疗保险制度	1
合情合理	2	规范认同	1	亲台派	1	依法治国	1
和平发展战略	2	轨迹与规律	1	亲属伦理	1	依附关系	1
和平协议	2	国会	1	侵华日军	1	移动新媒体	1
核心利益	2	国会议员	1	侵略扩张	1	以经促统	1
互动	2	国际地位	1	秦统一六国	1	以经促政	1
互动模式	2	国际共运史	1	青年大学生	1	议案	1
回顾	2	国际关系研究	1	青年反叛	1	议长中立	1
基辛格	2	国际环境	1	青年就业	1	议程阻绝	1
一家亲	2	国际条约	1	青年社会运动	1	议会政治	1
交流	2	国际战略	1	青年投票	1	议题取向	1
阶级	2	国际争端	1	青年选民	1	异地就医	1
接受制度	2	国际政治	1	青年学生	1	意识对抗	1
解决之道	2	国际组织活动	1	青年占领运动	1	意识形态化	1
经济一体化	2	国家安全	1	青年政治运动	1	意义与挑战	1
"九合一"	2	国家关系	1	青少年	1	溢出效应	1
军事对抗	2	国家结构形式	1	青少年吸毒	1	音译	1
跨两岸婚姻	2	国家力量	1	青训体系	1	饮食文化	1
拉丁美洲	2	国家利益	1	清美	1	隐蔽行动	1
冷战	2	国家行为	1	情感	1	隐形社会	1
李义虎	2	国家形象	1	情境	1	印度洋	1
联合报	2	国家治理	1	情绪感染	1	应对	1
两岸和平协议	2	国境交流特区	1	情绪政治	1	应对危机	1
两岸化	2	国民党当局	1	丘宏达	1	英德关系	1
两岸南海合作	2	国民党军	1	区别对待准则	1	英国	1
两岸认同	2	国民党执政	1	区际合作	1	英派	1
两岸社会	2	国务院台办	1	区域全面经济伙伴协议（RCEP）	1	瀛台	1
两岸同属一中	2	国语运动	1	"去中国化"	1	影响力	1
两岸统一	2	国族	1	去中心化	1	硬实力	1
两岸政治定位	2	国族建构	1	全面深化改革	1	优良传统	1

续表

关键词	频次	关键词	频次	关键词	频次	关键词	频次
琉球群岛	2	国族认同	1	全民族抗战	1	右翼政客	1
陆资入台	2	过程论	1	全盘西化	1	诱惑侦查	1
绿化	2	过程文化	1	全球化	1	舆论	1
马英九当局	2	海空联合演习	1	全球化问题	1	舆论生态	1
美国台海政策	2	海峡两岸关系	1	全球经济结构调整	1	舆论准备	1
"美国在台协会"	2	海峡两岸投资保护和促进协议	1	全体中国人民	1	与那国岛	1
民间	2	海洋大国	1	全体中华儿女	1	语义表达	1
民间交流	2	海洋法公约	1	权力部门	1	原因探究	1
民主转型	2	海洋合作路径	1	权力监督	1	原则	1
民族复兴	2	海洋环境	1	权利变换	1	"原住民"	1
民族认同	2	海洋经济	1	权钱	1	远程审判	1
民族主义	2	海洋权益	1	权威	1	远程庭审	1
内涵	2	海洋事务	1	权益维护	1	远程作证	1
南海主权争端	2	海洋文化	1	诠释学	1	怨恨情绪	1
尼克松	2	海洋文明	1	泉州港	1	越南	1
女大学生	2	海洋问题	1	缺失	1	运行模式	1
派系	2	海洋意识	1	缺陷	1	杂志社主编	1
歧视	2	海洋资源开发	1	群际情绪	1	灾害	1
侨务工作	2	汉光演习	1	群体偏执	1	灾害防救法	1
区域经济	2	合情合理安排	1	群体性抗争	1	再平衡	1
趋势	2	合作博弈	1	热点事件	1	在韩台湾研究	1
权力斗争	2	和解	1	人口特征	1	早期	1
群际文化	2	和平发展路线	1	认定	1	早期开发	1
群体认同	2	和平发展特征	1	认同政治	1	扎根理论	1
认同异化	2	和平红利	1	认同重构	1	战后处置	1
日本帝国主义	2	和平解放	1	认知差异	1	战略布局	1
日本侵略者	2	和平与发展	1	认知过程	1	战略决策	1
日据	2	核力量	1	认知类同	1	战略困境	1
融合发展	2	核武器	1	认知评价	1	战略目标	1
"柔性台独"	2	黑箱作业	1	任弼时	1	战略三角	1
软实力	2	后冷战时代	1	日本海外扩张	1	战略性问题	1

关键词	频次	关键词	频次	关键词	频次	关键词	频次
社会分歧	2	后物质主义	1	日本文化	1	战略再平衡	1
社会矛盾	2	后现代社会	1	日本因素	1	战略资源	1
社会融合	2	后殖民遗绪	1	日本殖民统治	1	战术性三不	1
社区发展协会	2	后殖民主义	1	日本自卫队	1	张登	1
涉台外交	2	候选人提名	1	日常生活史	1	张王会	1
实践	2	候选人资格	1	日据时期	1	彰化县	1
思想解放	2	胡志强	1	日台关系	1	争论	1
宋楚瑜	2	互动管理	1	日治	1	争取民心	1
孙中山	2	互惠交换	1	荣誉主席	1	争议焦点	1
台海危机	2	互联网＋时代	1	容积移转	1	整体利益	1
台日关系	2	互联网精神	1	融合	1	正效应	1
台湾当局政治地位	2	互联网思维	1	融合性统一模式	1	政策导向	1
台湾共产党	2	互谅	1	如何处理	1	政策调整	1
台湾历史	2	互信关系	1	儒家文化	1	政策过程	1
台湾民众党	2	户外广告牌	1	入第	1	政策及影响	1
台湾民主	2	华侨华人	1	三都	1	政策立场	1
台湾认同	2	华人社会	1	三国干涉还辽	1	政策路径	1
台湾研究	2	华人社区	1	三海问题	1	政策文化	1
台湾主体性	2	华人新移民	1	三海一体	1	政策研究	1
台中市	2	华山会议	1	三角关系	1	政策移植	1
统一	2	华夷之辨	1	三角战略	1	政策主张	1
投票率	2	华裔新生代	1	三立	1	政策走向	1
投票行为	2	话语共识	1	三民主义	1	政党动员方式	1
网络	2	话语构建	1	三限六不	1	政党关系	1
网络政治参与	2	话语权	1	扫雷舰艇	1	政党利益	1
维持两岸现状	2	环境治理	1	邵宗海	1	政党特性	1
"文化台独"	2	"皇民化"	1	社会保障	1	政党外交	1
文化特征	2	会面	1	社会动员	1	政党制度	1
文哲	2	会晤	1	社会发展	1	政党重组	1
问卷调查	2	惠台政策	1	社会分化	1	政党组织方式	1
西沙群岛	2	混乱与失序	1	社会福利	1	政府服务品质	1
习马会	2	活路外交	1	社会福利议题	1	政府权威	1

续表

关键词	频次	关键词	频次	关键词	频次	关键词	频次
宪法各表	2	机遇	1	社会关怀	1	政府推动	1
宪法一中	2	机制运行	1	社会管理	1	政府外交	1
宪制－治理框架	2	基本标志	1	社会基础	1	政府责任	1
香港问题	2	基本矛盾	1	社会建构	1	政府治理	1
小确幸	2	基本盘	1	社会建设	1	政府质量感知	1
协商谈判	2	基本权	1	社会交往	1	政经成效	1
协议	2	基本认知	1	社会接触	1	政经挑战	1
谢长廷	2	基本特征	1	社会接纳	1	政局	1
新南向政策	2	基层民众	1	社会经济因素	1	政商关系	1
新型大国关系	2	基层社会治理	1	社会精英	1	政治安排	1
行政院	2	基层实力	1	社会科学学院	1	政治安全	1
学校教育	2	基层治理	1	社会企业	1	政治操弄	1
学运	2	绩效评估	1	社会认同	1	政治定位认知	1
亚太再平衡战略	2	极化	1	社会生成	1	政治动员	1
一致政府	2	集点	1	社会史	1	政治多极化	1
一中框架	2	集群差异	1	社会适应	1	政治分歧	1
异化	2	集群认知	1	社会适应性	1	政治关系	1
意识形态	2	集体记忆	1	社会条件	1	政治关系制度化	1
游说	2	集体身份	1	社会文化	1	政治过程	1
原因	2	纪念活动	1	社会文化因素	1	政治化	1
展望	2	家人文化结构	1	社会心理	1	政治话语	1
障碍	2	家庭变迁	1	社会心理学	1	政治机会结构	1
政经关系	2	家庭教育法	1	社会性	1	政治交流	1
政局演变	2	家庭结构	1	社会选择理论	1	政治精神家园	1
政治	2	家庭生活教育	1	社会养老服务	1	政治精英	1
政治传播	2	家庭生育观念	1	社会整合	1	政治立场	1
政治互信	2	家族制度	1	社会制度	1	政治领导权	1
政治谈判	2	甲午战争	1	社会治理	1	政治偏好	1
政治因素	2	价值观	1	社会资源	1	政治前提	1
制度变迁	2	"价值台独"	1	社交需求	1	政治人格	1
治理结构	2	假结婚	1	社区发展	1	政治认知	1
治理能力	2	检讨纪要	1	社区复兴	1	政治生态适应力	1

关键词	频次	关键词	频次	关键词	频次	关键词	频次
中法关系	2	建构性规范	1	社区自治	1	政治体系	1
中共中央总书记	2	建交	1	涉台课程教学	1	政治文化冲突	1
中国共产党	2	建立互信	1	涉台用语	1	政治系	1
中国国民党	2	建立外交关系	1	涉台政策	1	政治现代化	1
中国时报	2	江丙坤	1	涉外关系	1	政治现实	1
中华民国	2	将心比心	1	申报制度	1	政治心理	1
中华民族伟大复兴	2	蒋介石政府	1	身份认同	1	政治心理结构	1
中苏关系	2	蒋介石政权	1	深层次影响	1	政治型智库	1
周子瑜	2	蒋经国	1	深层透视	1	政治艺术	1
主权归属	2	降温两岸	1	深层影响	1	政治营销	1
自由时报	2	交互影响	1	深度访谈	1	政治影响	1
综述	2	焦虑感	1	沈光文	1	政治娱乐化	1
祖国统一大业	2	教授访谈	1	沈莹	1	政治运作	1
2014	1	教育	1	审议民主	1	政治支持度	1
1949—1978 年	1	阶段性特征	1	生活共同体	1	知识社群	1
2011 年以来	1	阶级政治	1	生态规划	1	知识移民	1
2016 年台湾"大选"	1	接触假设	1	施动群	1	执政联盟	1
3·18 学运	1	结构崩解	1	施动者	1	执政时期	1
520 讲话	1	结构变迁	1	时代性	1	志工文化	1
FTAAP	1	结构分化	1	时间	1	志愿服务	1
PAM	1	结构化	1	时间序列法	1	志愿失灵	1
SDM	1	结构面	1	实践路径	1	制度建设	1
Shadow	1	结构性压力	1	实力消长	1	制度认同	1
Sheffield	1	结构主义	1	实施细则	1	治理	1
taiwan	1	解放台湾	1	实现路径	1	治理过程	1
TPP 与 RCEP	1	解惑式	1	实效性	1	治理机制	1
安徽大学	1	解决方法	1	实证研究	1	治理经验	1
安全	1	解密档案	1	实质性成果	1	治理转型	1
安全保障	1	解释与适用	1	食材旅行	1	质量奖励	1
安全困境	1	解析	1	食物银行	1	质量评估	1
安全认知	1	金门	1	世代轮替	1	质素模型	1

续表

关键词	频次	关键词	频次	关键词	频次	关键词	频次
澳门回归	1	金权政治	1	世代政治	1	中巴关系	1
八重山列岛	1	金融犯罪	1	世界价值观调查	1	中巴建交	1
巴基斯坦	1	金融改革	1	世界权力转移	1	中低速增长	1
巴西	1	金融监理合作了解备忘录	1	世界秩序	1	中都	1
霸权国家	1	近代	1	示范	1	中俄关系	1
百度贴吧	1	近代日本	1	事务管理	1	中法建交	1
半定量化研究	1	近现代	1	事业单位改革	1	中共	1
半总统制	1	进攻性现实主义	1	侍从主义	1	中国东盟合作	1
帮派文化	1	晋江县	1	适用制度	1	中国对外战略	1
宝岛台湾	1	经济发展	1	释义	1	中国国民党主席	1
保钓运动	1	经济分权	1	首相决断型	1	中国军事和安全发展报告	1
保七南巡	1	经济改革	1	授权体制	1	中国领海	1
北京对台政策	1	经济关系	1	述评	1	中国内战	1
本土诗人	1	经济合作	1	数据分析结果	1	中国台湾地区	1
比较	1	经济合作机制	1	数量	1	中国特色	1
比较分析	1	经济合作架构协议	1	衰变	1	中国外交	1
比较研究	1	经济合作模式	1	双首长制	1	中国文化大学	1
避战	1	经济生活	1	双文化论	1	中国西南地区	1
编辑问题	1	经济战	1	司法互助	1	中国现代社会	1
变化及原因	1	经济整合	1	私领域	1	中国舆论研究	1
变迁	1	经济治理模式	1	私人生活史	1	中华传统文化	1
辩证	1	经济自由化	1	思考	1	中华民国宪法	1
标志性事件	1	经贸关系	1	思维方式	1	中华民族	1
博士论文	1	经贸谈判	1	思想专制	1	中华新经济体	1
博硕士论文	1	经贸政策	1	斯托赛尔	1	中华优秀传统文化	1
不对称依赖	1	经贸政治版图	1	四都	1	中间路线	1
不可分割性	1	经验	1	碎片化	1	中坜事件	1
不可回复点	1	经验启示	1	孙吴	1	中美	1
布热津斯基	1	经验总结	1	所得税法	1	中美博弈	1
财产公开	1	警务合作	1	台胞	1	中美大使级会谈	1

续表

关键词	频次	关键词	频次	关键词	频次	关键词	频次
财产申报	1	竞合	1	台胞投资保护法	1	中美关系正常化	1
财团法人	1	竞合式治理	1	台胞族群	1	中美军事外交	1
蔡氏	1	竞选广告	1	台北大陆政策	1	中美贸易	1
蔡英文5·20讲演	1	九十年代	1	"台独"党纲	1	中美新型大国关系	1
参拜靖国神社	1	就学	1	"台独"话语权	1	中日航空运输协定	1
参选人	1	就业	1	"台独"路线	1	中日联合声明	1
参与	1	就职演说	1	"台独"路线转型	1	中日贸易协定	1
参与国家管理	1	局限	1	台共	1	中苏研究	1
参与原因	1	具体内容	1	台海地区	1	中文网络	1
参政	1	决策过程	1	台海和平	1	中央党校	1
残余势力	1	军国主义	1	台海两岸	1	中央委员会	1
测评体系	1	军事安全互信机制	1	台海形势	1	中意关系	1
策略路径	1	军事对峙	1	台海巡防政策	1	钟摆选举动能说	1
差异	1	军事关系	1	台籍日本兵	1	重大政治问题	1
差异表述	1	军事交流	1	台美关系	1	重返执政	1
产业结构转型	1	军事现代化	1	台南市	1	重构	1
长崎国旗事件	1	军事行动	1	台日	1	重新执政	1
常设委员会	1	军售	1	台日渔业协议	1	重要演讲	1
场景呈现	1	卡内基	1	台生群体	1	重组	1
朝贡贸易	1	卡特	1	台时	1	周边形势	1
朝鲜战争	1	开放性逻辑	1	台湾帮	1	周恩来	1
陈公博	1	开罗宣言	1	台湾策略	1	朱立伦	1
陈水扁	1	康熙帝	1	台湾城市社区	1	朱熹	1
陈水扁当局	1	抗日民族统一战线	1	台湾大学生	1	主持人	1
陈致中	1	抗日战争期间	1	台湾当局亚太经济战略	1	主观感受	1
成案运作	1	抗战老兵	1	台湾地区家庭	1	主流民意	1
成本决定	1	考量	1	台湾地区"原住民族"	1	主流文化	1
成因	1	柯文哲现象	1	台湾地区政体形式	1	主权独立	1
城市化	1	科层制	1	"台湾独立"	1	主题分析	1
城市交流	1	刻板印象	1	"台湾独立运动"	1	主体能动性	1

续表

关键词	频次	关键词	频次	关键词	频次	关键词	频次
城中村改造	1	客观利益	1	台湾对外关系	1	主体性意识	1
程序问题	1	客家文化	1	台湾反服贸运动	1	主要问题	1
处理策略	1	空间模型	1	台湾共和国临时政府	1	主要影响	1
传媒功能	1	孔庙	1	台湾共识	1	主要原因	1
传媒角色	1	"恐中"情绪	1	台湾共同体建构	1	专家	1
传媒经济	1	控制下交付	1	台湾"国际空间"	1	转型升级	1
传媒人	1	跨部门协力	1	台湾"国际空间"问题	1	转型正义	1
传媒市场	1	跨境主义	1	台湾海洋政策	1	资源动员理论	1
传统侨团	1	跨太平洋伙伴协议（TPP）	1	台湾环境问题	1	自我更新	1
传统政治文化	1	困境	1	台湾回归	1	自我排异	1
创新	1	蓝绿基本盘	1	台湾角色	1	自下而上	1
慈善	1	劳动就业	1	台湾教科书	1	自选集	1
慈善资源	1	劳动所得退税补贴	1	台湾居民	1	自治权	1
此番	1	老年人	1	台湾抗日斗争	1	宗教	1
次级选举	1	乐活 LOHAS	1	台湾历史课纲	1	综合国力对比	1
村里	1	雷阳	1	台湾"立法院"	1	总体资料	1
达沃斯论坛	1	冷和平	1	台湾绿党	1	总统大选	1
"大法官解释"	1	冷眼看台湾	1	台湾媒体	1	总统候选人	1
大国博弈	1	离岸金融中心	1	台湾民粹主义	1	总统选举	1
大陆对台政策	1	李登辉	1	台湾民众认同	1	总统制	1
大陆国家	1	李光地	1	台湾民族主义	1	走向	1
大陆和台湾	1	里根政府	1	台湾农渔民	1	族群	1
大陆经历	1	理解差异	1	台湾前途决议文	1	族群矛盾	1
大陆居民	1	理论创新	1	台湾青年世代	1	族群认同	1
大陆文化	1	理论架构	1	台湾青年学生	1	族群意识	1
大陆因素	1	理论内涵	1	台湾人认同	1	组织传播	1
大陆政策调整	1	理论视野	1	台湾人心理系	1	组织发展	1
大选结果	1	理论体系	1	台湾社区治理	1	组织理论	1
大一中框架	1	理论意义	1	台湾生活方式	1	组织体	1

关键词	频次	关键词	频次	关键词	频次	关键词	频次
代间交换	1	理论与实践	1	台湾省	1	祖国现代化	1
诞辰逢十	1	理念层面	1	台湾特色的社会关系文化	1	佐藤政府	1
当代	1	理性选择	1	台湾特色的中华文化	1	佐藤执政时期	1
当局	1	理性自利	1	台湾同胞	1		

分报告之五：2014—2016 年大陆涉台法学文献的计量学研究

一、研究样本及测度指标

本章研究 CSSCI 来源期刊（2014—2015）[①] 和内地涉台研究专业期刊中发表的涉台研究法学类论文。关于初选样本的筛选，确定基础数据库之后，以"台湾"或者"两岸"为主题词、时间跨度为"2014 年 1 月 1 日至 2016 年 12 月 31 日"进行检索，最后时间为 2017 年 3 月 18 日。在论文的类型上，剔除初选样本中的会议通知、会议综述、会议讲话稿、人物专访、文献摘编、新闻宣传类短文、书讯、重复文献等文献。在文献的学科定性上，将从知网上获取的每篇文献的"分类号"与《中国图书馆分类法》[②] 的"中图分类号"一一匹配，保留属于法学（D9 – DF992）学科的文献，最后确定 169 篇有效研究样本。需要特别说明的是，在本次研究中，对台湾问题做广义理解。由于检索缘故，部分入选样本尽管在论题上并未直接体现与"两岸关系""台湾问题"的高度相关性，但在内容中仍与之存在一定相关性，这类研究样本仍然属于本次研究的范畴。

关于本次研究的测度指标，结合本次研究样本的特性、研究目的和文献计量学中通用的纵横浅深四大主线规律，在本次研究中拟设置"研究主体基本属性""研究客体基本属性""研究内容基本属性"三个一级指标。根据一级指标所需，在每个一级指标项下分别设置各类二级指标。"研究主体

---

① CSSCI 来源期刊在 2014 年 1 月 1 日至 2016 年 12 月 31 日期间，只更新一次目录，为《CSSCI（2014—2015）来源期刊目录》，共 533 种。参见《中文社会科学引文索引（CSSCI）简介》，资料来源：http://cssrac.nju.edu.cn/a/cpzx/zwshkxwsy/sjkjj/20160226/1141.html，最后访问日期：2017 年 5 月 15 日。

② 《中国图书馆分类法》，资料来源：http://www.ztflh.com/，最后访问日期：2017 年 5 月 15 日。

基本属性"项下囊括了作者信息、地域信息、学术影响等二级指标,"研究客体基本属性"项下则设置了时间段信息、期刊信息、出版规范等二级指标,而"研究内容基本属性"项下则对样本文献关键词分布情况做了概述,并对高频关键词进行共现分析,据此总结大陆涉台研究中法学学科的研究规律和研究热点等情报。本次研究涉及的统计学规律包含有布拉德福定律、高频关键词共现分析法等。在各类测度指标和统计方法基本确定之后,拟运用OFFICE 办公软件(EXCEL 软件、SMART ART 软件)和 SPSS 等软件,对从数据库中抓取和筛选之后的样本文献做各类统计和可视化处理。从而避免单纯样本数据罗列的枯燥,使各类统计结果能够更加清晰可见。

二、研究样本剖析

表 1 是对 169 篇样本文献各项基础数据的总体描述,样本文献单篇最大下载量为 2612 次,单篇最大被引频次为 33 次,其中仅有 1 篇文献的署名单位是国外机构,第一署名单位中高达 61% 的单位是国内重点高校或者法学类院校,样本文献载文期刊的单位自发率为 14%,篇均作者数量为 1.27 人次,篇均关键词数量为 4.18 个,均属于合理范畴。具体而言,样本的研究主体基本属性、研究客体基本属性、研究内容基本属性,总体呈现如下特征。

表 1　样本描述

变量	样本	均值	标准差	最大值	最小值	定义与描述
下载量	169	283.33	341.91	2612	6	连续变量,原始数据
被引量	169	1.61	3.22	33	0	连续变量,原始数据
国家	169	0.99	0.08	1	0	虚拟变量,1 = 中国
院校类别	169	0.61	0.49	1	0	虚拟变量,1 = 重点/法律类
单位自发	169	0.14	0.34	1	0	虚拟变量,1 = 自发
作者数量	169	1.27	0.53	5	1	连续变量
关键词数量	169	4.18	1.25	10	2	连续变量

(一)研究主体基本属性

研究主体基本属性项下囊括了作者信息、地域信息、学术影响等二级指标。在统计过程中，为得到科学严谨的数据结论，每篇样本文献均仅统计第一作者信息和各项指标值。

169 篇文献中总共抽取出作者 150 位（只统计第一作者，已经考虑同名不同人情况），从表 2 的数据中可以看出，产文数在 2 篇及以上的作者有 14 人，根据普赖斯定律①，同一主题中，高生产能力作者②集合的数量约等于全部作者总数的平方根，得出前 12 位（$\sqrt{150} \approx 12$）为高生产能力作者（高生产能力作者只考虑第一作者）。如表 2 所示，在本次研究样本中，高生产能力作者第 12 位是产文量为 2 篇的 11 人。14 位高生产能力作者总计发文 33 篇，占全部研究样本的比重为 19.5%。对 14 位高生产能力作者逐一排查，发现高生产能力作者之间的合作文献篇数为 0，高生产能力作者之间的整体合作网较为单一。由此可知，在大陆涉台法学研究领域的高生产能力作者均是能够独挡一面的专家学者，其研究能力是值得肯定的。但这一现象的弊端，主要体现在学者相互之间的交流合作程度不够，学术协同创新程度相对较低。③ 随着学科交叉化程度的不断提高，科学研究难度的不断加大，越来越多的复杂问题需要不同领域、不同学科的学者共同解决，发挥团队优势，以产生最大的科研效益。④ 因此，大陆涉台法学研究领域要想取得长远发展，有必要进一步加强学者间的科研合作，提高科研合作率。

从表 2 显示的作者总体下载量和被引频次来看，虽然文献的刊发时间较短，但作者的总体下载量和被引频次比较乐观，他们的研究成果得到较好的继承、连续、发展或评价。表 2 列出产文量前十的单位及省区。经统计，共92 所机构入围，包含高等院校、科研单位、实务部门、境外研究机构等。关于研究机构的统计，需要说明的是，第一署名单位是"两岸关系和平发展协同创新中心"的文章有 5 篇，因为两岸关系和平发展协同创新中心并不是一个实体性机构，是各个高校的组合体，所以，第一署名单位为"两岸关系和平发展协同创新中心"的 5 篇文献，均将其第二署名单位作为本次研究统计的文献署名单位进行统计。就研究机构学术成果数量而言，如表

---

① 普赖斯定律：撰写全部论文一半的高产作者的数量，等于全部科学作者总数的平方根。参见邱均平：《信息计量学》，武汉大学出版社 2007 年版，第 193 页。

② 普赖斯根据科学作者论文生产量的高低，把作者分为高产作者、低产作者和贡献大者、贡献小者。See De Price Solla D. J. Little Science，Big Science. New York：Columbia University Press，1963.

③ 参见杜宴林：《从文化视角看社科研究的协同创新》，载《中国高等教育》2013 年第 8 期。

④ 邱均平、陈木佩：《我国计量学领域作者合作关系研究》，载《情报理论与实践》2012 年第11 期。

2 所示，前 10 名中高等院校占据绝对优势，前 10 名发文总量达 70 篇，占比 41.4%，可以说这 11 所（中南财经政法大学和四川大学并列第 10 名）研究机构引导了大陆涉台法学研究的主流。

表2　研究主体基本属性

2 - 1　作者信息

作者	产文数	排序	作者	下载量	排序	作者	被引量	排序
周叶中	4	1	贺 剑	2612	1	万 毅	33	1
杨德明	4	1	李海霞	1770	2	贺 剑	13	2
薛永慧	3	3	薛永慧	1749	3	周叶中	12	3
祝 捷	2	4	张卫彬	1530	4	张卫彬	10	4
周 赟	2	4	王文宇	1418	5	蒋 月	10	4
郑敬蓉	2	4	杨士林	1332	6	董学立	9	6
张卫彬	2	4	付玉明	1275	7	汪习根	8	7
姚 莉	2	4	蒋 月	1154	8	薛永慧	7	8
吴常青	2	4	周叶中	1090	9	杨士林	7	8
欧阳君君	2	4	朱晓喆	1069	10	孔译珞	7	8
刘传稿	2	4				丁丽瑛	7	8
李文军	2	4						
何勤华	2	4						
付玉明	2	4						

2 - 2　地域信息

省区	产文数	排序	单位名称	产文数	排序
北京	35	1	厦门大学	14	1
福建	28	2	武汉大学	13	2
湖北	18	3	中国政法大学	7	3
上海	10	4	福建省社会科学院	7	3
江苏	10	4	北京师范大学	6	5
台湾	9	6	华东政法大学	5	6
重庆	8	7	中国人民大学	4	7
广东	8	7	西南政法大学	4	7
浙江	5	9	安徽财经大学	4	7
湖南	5	9	中南财经政法大学	3	10
安徽	5	9	四川大学	3	10

　　研究机构的分布，不仅要统计每个研究机构的发文数量，还需要观测每个研究机构的省区分布情况，以此挖掘科学研究和地域分布之间的规律，进而判断大陆涉台法学研究的基本格局，也即前文所述的"横主线"观察法。如表 2 所示，样本文献在地域分布上呈现出"冷热不均"的格局，且该格局不仅体现在大陆涉台法学研究的文献数量上，还体现在研究的质量上。北京以 35 篇文献处于领先地位，福建以 28 篇紧随其后，湖北以 18 篇位列第三，上海、江苏、台湾、重庆、广东、浙江、湖南、安徽分列四至十位。需要特别指出的是，在大陆涉台法学问题的研究中，研究水平与各地区的政治、经济、文化发展水平之间存在高度正相关关系，以湖北为首的中部地区省份入围，实属不易。大陆涉台法学研究水平与地域综合发展水平存在高度正相关关系的论断可以从样本文献研究机构前 10 名与样本文献省区前 10 名分布的规律中得到印证。

　　关于学术影响力分析，一是关注作者个人影响力，二是体现在单位整体的影响力上。在产文数、被下载量、被引量榜单上同时出现的作者有薛永慧、张卫彬、周叶中三人，能同时位居三项榜单，可见他们的研究极具影响力和学术价值。原因在于，就样本文献被引量而言，论文被引用意味着研究成果得到继承、连续、发展或评价，被引量越高，代表文献所述内容被研究同行的认可程度越高；而样本文献被下载量则与文献作者的知名度以及论文受读者关注度相关。[1] 从表 2 的数据中，我们也可以发现，产文数量高并不意味着被下载量和被引量就高，但能同时在论文产量、被下载量、被引量中位居前列，着实能够说明作者的实力和影响力。而单位的整体影响力在表 2 中一目了然，各项数据足以表明大陆涉台法学研究水平与地域综合水平的高度正相关关系。

（二）研究客体基本属性

　　研究客体基本属性项下设置了时间段信息、期刊信息、出版规范等二级指标。从时间段的角度观测样本文献，2014 年至 2016 年三年间，分别发文 60 篇（2014 年）、58 篇（2015 年）和 51 篇（2016 年），大陆涉台法学研究成果数量稳定，法学学者对台湾问题的关注度基本保持在一个均衡的水

---

　　① 参见陆伟、钱坤、唐祥彬：《文献下载频次与被引频次的相关性研究——以图书情报领域为例》，载《情报科学》2016 年第 1 期。

平。从样本文献年度分布情况来看，我们可以预判未来大陆涉台法学研究可能还会出现微弱的波动趋势，伴随着研究队伍的不断壮大，总体上大陆涉台法学研究的成果数量仍将保持上升趋势，但增速可能放缓。

本次研究从样本文献中抽取到的期刊数为 89 种，根据布拉德福定律来划定大陆涉台法学研究的核心区期刊、相关区期刊和离散区期刊。将 169 篇文献按照刊载研究论文的数量，以递减顺序排列，分成三个区，每个区容纳大约 56 篇文献，划分结果如表 3 所示，得到三个划分区域的期刊数比例为 10:24:55 = 1:2.4:5.5（2.4 的平方数为 5.76），基本符合 1:n:n^2（n 的平方）的比例关系，布拉德福离散系数为 2.4。由此，我们可以判定样本文献发文期刊载文数 3 篇及以上的期刊是大陆涉台法学研究的发文重地，这些期刊如表所示，发文总量 78 篇，占比为 46.2%。关于出版规范，单位自发率是主要参考标准，对 89 种期刊逐一统计，如表 1 所示，169 篇文献的自发率为 14%，自发率相对较低，说明刊载大陆涉台法学研究成果的期刊规范度较高、开放性较强。

表 3　研究客体基本属性

3 – 1　时间段信息			3 – 2　布拉德福定律划分表			
时段	论文数	占比率	分区	论文数	期刊数	载文数
2014—2016	169	100%	核心区	57	10	≥3
2014	60	35.5%	相关区	55	24	3 – 2
2015	58	34.3%	离散区	57	55	2 – 1
2016	51	30.2%				

3 – 3　期刊信息

期刊名	产文数	排序
台湾研究集刊	15	1
现代台湾研究	7	2
台湾研究	6	3
华东政法大学学报、比较法研究、知识产权	5	4
法制与社会发展、当代法学	4	7
中外法学、政法论丛、法学、学习与探索、学术交流、武汉大学学报（哲学社会科学版）、江海学刊、北京理工大学学报（社会科学版）、北京行政学院学报	3	9

本部分研究客体基本属性中，将样本文献的影响力列为测度指标之一。

综合评价某篇文献的影响力，可以从文献的影响广度、影响强度和影响深度三个方面展开。通常认为，文献被引量、被下载量的数量以及数量背后隐含的特征空间分布模式、随时间演化特性、文献间耦合关系等因子，能定量刻画文献的影响广度、影响强度和影响深度。[①] 另一方面，被引量和下载量是评价文献质量的重要指标。[②] 基于此，在本次研究中，将文献被引量和被下载量作为研究样本影响力的关联指标，并依据相关文献计量分析法，计量绝对高影响力文献。表 4 选取了样本文献单篇高引量前 10 名文献和样本文献单篇高下载量前 10 名文献，通过二者关联对比，可以发现二者的重合文献有 6 篇。此外，我们还可以发现文献的刊发时间也是制约样本文献单篇被引量和单篇被下载量的一个重要因子。表 4 的数据显示，绝大部分单篇高引量文献和单篇高下载量文献均是在 2014 年或者 2015 年上半年发表的，这也是我们通常所说的衡量一个作品的质量如何需要经过时间的检验。[③]

表 4　样本文献基本属性

表 4 - 1　样本文献单篇高引量文献（前 10 名）分布表

名次	篇名	来源期刊	发表刊次	作者	被引量
1	主任检察官制度改革质评	甘肃社会科学	2014/04	万　毅	33
2	论婚姻法回归民法的基本思路——以法定夫妻财产制为重点	中外法学	2014/06	贺　剑	13
3	台湾家事审判制度的改革及其启示——以"家事事件法"为中心	厦门大学学报（哲学社会科学版）	2014/05	蒋　月 冯　源	10
4	不动产物权登记生效制度的实践困境与未来出路	山东大学学报（哲学社会科学版）	2015/02	董学立 王　隽	9
5	陪审制度的比较与评论——以日本、韩国、台湾地区模式为样本	法制与社会发展	2015/02	汪习根	8
6	试论行政诉讼中规范性文件合法性审查的限度	法学论坛	2015/05	杨士林	7

①　参见徐建中、王名扬：《文献影响力的综合评价指标体系研究》，载《情报理论与实践》2014 年第 5 期。

②　参见王雪、马胜利、余曾溧、杨波：《科学数据的引用行为及其影响力研究》，载《情报学报》2016 年第 11 期。

③　参见江国华、韩玉亭：《中国法律解释理论演化路径检视——基于法学类 CSSCI 来源数据库的分析》，载《法学论坛》2015 年第 1 期。

名次	篇名	来源期刊	发表刊次	作者	被引量
6	专利专门性法院的先驱者——美国联邦巡回上诉法院的发展	知识产权	2014/04	孔译珞	7
6	台湾地区智慧财产法院特色机制及其运行评述	台湾研究	2014/02	丁丽瑛 林铭龙	7
9	从商法特色论民法典编纂——兼论台湾地区民商合一法制	清华法学	2015/06	王文宇	6
9	两岸四地土地征收补偿制度比较研究	学术界	2016/03	李海霞	6

表 4 – 2　样本文献单篇高下载量文献（前 10 名）分布表

名次	篇名	来源期刊	发表刊次	作者	被下载量
1	论婚姻法回归民法的基本思路——以法定夫妻财产制为重点	中外法学	2014/06	贺 剑	2612
2	两岸四地土地征收补偿制度比较研究	学术界	2016/03	李海霞	1770
3	从商法特色论民法典编纂——兼论台湾地区民商合一法制	清华法学	2015/06	王文宇	1418
4	从台湾法官与司法辅助人员的关系看大陆法官员额制改革	台湾研究集刊	2015/06	薛永慧	1412
5	试论行政诉讼中规范性文件合法性审查的限度	法学论坛	2015/05	杨士林	1332
6	国际法上的"附属岛屿"与钓鱼岛问题	法学家	2014/05	张卫彬	1221
7	台湾家事审判制度的改革及其启示——以"家事事件法"为中心	厦门大学学报（哲学社会科学版）	2014/05	蒋 月 冯 源	1154
8	瑕疵担保、加害给付与请求权竞合 债法总则给付障碍中的固有利益损害赔偿	中外法学	2015/05	朱晓喆	1069
9	共有人优先购买权和房屋承租人优先购买权竞合之证伪——兼评《房屋租赁司法解释》第 24 条第 1 项的理解和适用	法学	2014/12	张 鹏	1034
10	陪审制度的比较与评论——以日本、韩国、台湾地区模式为样本	法制与社会发展	2015/02	汪习根	889

　　关于绝对高影响力文献的筛选，采取不同的指标组合与权重即会产生多种文献筛选方法和标准，最为简便的是统计学上的箱线图表法。本次研究采用箱线图表法，得出被引量≥13 次且被下载量≥1015 次的文献就是绝对高

影响力文献。① 符合条件的文献只有 1 篇，即 2014 年贺剑在《中外法学》上发表的《论婚姻法回归民法的基本思路——以法定夫妻财产制为重点》，其被引量为 13 次，被下载量为 2612 次。

（三）研究内容基本属性

研究内容基本属性项下主要是以样本文献关键词分布情况和关键词共现为主要参考指标。169 篇样本文献共提取到关键词 621 个，总词频为 707 次，平均词频为 1.14 次，平均每篇文献 4.18 个关键词。关键词词频最高的是"台湾"，出现 16 次，出现频次为 1 的关键词共有 571 个。关键词词频的标准差为 0.84，与关键词词频均值 1.14 相差较小，这说明关键词在数量上的差距不大。② 也正是样本容量较小导致样本关键词在分布上的零散。表 5 将关键词词频≥3 的 7 个关键词列出，对其进行共现计算。需要说明的是，在文献计量学领域，词汇的共现分析主要用于识别某一研究领域的研究主题和研究热点等。③ 但在本次关键词共现计算中，其结果显示 7 个关键词累计共现仅 3 对，共现频次为 4 次，其中共现频次仅为 1 的有 2 对，共现频次为 2 的有 1 对。

表 5　研究内容基本属性

5－1　关键词信息						
	N	极小值	极大值	和	均值	标准差	方差
频次	707	1	16	621	1.14	0.84	0.71

5－2　关键词（频次≥3）							
关键词	频次	关键词	频次	关键词	频次	关键词	频次
台湾	16	海峡两岸	8	大陆	3	司法独立	3
台湾地区	11	两岸关系	6	启示	3		

① 根据箱线图表法，先计算高引频次文献的临界值，在 91 篇有被引记录的样本文献中，最大值 max＝33，上四分位数＝4，中位数 med＝2，下四分位数＝1，最小值 min＝1，据此计算出极值＋3IQR＝13，也即被引频次≥13 次的文献被认为是绝对高引频次文献。在 169 篇有被下载记录的样本文献中，最大值 max＝2612，上四分位数＝328，中位数 med＝179，下四分位数＝99，最小值 min＝6，据此计算出极值＋3IQR＝1015，也即被下载频次≥1015 次的文献被认为是绝对高下载频次文献。

② 参见［英］堤姆·汉拿根：《统计学》，陈宋生、朱丽译，经济管理出版社 2008 年版，第 115 页。

③ See McCain K. W. Mapping economics through the journal literature: An experiment in journal cocitation analysis. *Journal of the American Society for Information Science*, 1991, (42): 290 – 296.

5 – 3 关键词共现信息

关键词共现对	频次	关键词共现对	频次
台湾 + 大陆	2	台湾 + 启示	1
台湾地区 + 大陆	1		

三、中国大陆涉台法学研究热点追踪

通过对高频关键词及其共现对的分布情况进行归纳整理，可以分析出大陆涉台法学研究的主流样态。综合上述数据信息，从样本文献的主要内容来看，2014—2016 年度大陆学术界涉台法学研究热点的基本特征主要体现为三个方面：

第一，两岸法律制度比较研究、台湾具体法律制度评介与两岸跨法域协调类文献，长期以来是法学界涉台研究的重点领域，样本中相关文献数量不少。1）由于两岸在法律制度生成渊源上存在一定意义上的同源性，因而两岸法律制度比较研究，长期以来是大陆法学界涉台研究的重点领域之一，本研究样本中的此类文献涵盖民商法学、刑法学、行政法学、经济法学、诉讼法学等多个法学二级学科，如康均心等的《海峡两岸食品安全犯罪规制对策比较研究》、薛长礼的《论经济补偿制度的法律定位与规范功能——从两岸三地的比较切入》等文献皆属此类。2）作为域外法律制度研究的组成部分，台湾地区具体法律制度评介类文献也是各部门法学研究的重点之一，本研究样本之中有多篇文献属此类文献，如朱理的《台湾地区"智慧财产法院"诉讼制度考察与借鉴》、罗钢的《台湾废除死刑进程及其启示》等文献皆属此类。3）法律协作是两岸加强交流合作的重要方式，因此对两岸跨法域的法律冲突协调的研究亦构成法学界涉台研究的热点之一。本次研究样本中，此类文献主要来自国际私法学、刑法学、国际经济法学等二级学科，如季烨的《两岸投资争端解决机制的制度创新及其完善》、高通的《论海峡两岸刑事案件协助调查取证制度》等文献皆属此类。

第二，涉台宪法学与国际法学研究文献数量日渐增多，这与样本区间内两岸关系及周边政治局势密切相关。一方面，围绕 2014—2016 年期间两岸政治关系的变动，不少学者从宪法学视角出发，对两岸交往、两岸关系政治定位、两岸和平统一的宪法路径等问题展开研究，形成一批研究成果。其中，代表性成果如周叶中等的《海峡两岸公权力机关交往的回顾、检视与展望》《关于适时修改我国现行宪法的七点建议》、祝捷的《台湾地区族群语言平等的法制叙述》、周刚志的《论民族国家的立宪模式——兼析中国和平统一的立宪路径》等论文均围绕两岸关系中的宪法问题与解决台湾问题的宪制路径等问题展开研究。另一方面，围绕与台湾问题密切相关的《开罗宣言》和南海仲裁案等问题，不少学者从国际法学视角出发，对相关问题展开研究，形成一批研究成果。其中，代表性成果如饶戈平的《纪念〈开罗宣言〉70 周年：匡扶正义、惩治侵略的法律武器》、郑海麟的《从"条约法"看战后对台湾及南海诸岛的处置——纪念中国人民抗日战争胜利70 周年》、管建强的《论〈开罗宣言〉在当代国际法律秩序中的地位》、李育民的《台湾问题的相关条约及其法律地位的演变》、张卫彬的《国际法上的"附属岛屿"与钓鱼岛问题》等论文均围绕与台湾问题和周边政治局势相关的若干国际法问题展开研究。

第三，由于统计口径因素，部分法学学者的涉台文献被归入政治学学科，在一定程度上影响了法学研究热点的分析结论。由于本研究对样本文献的归类以其在中国知网记录的中图分类号为依据，故在统计中，部分法学学者发表的涉台文献被归入政治学学科加以分析，而其中不少文献无论是从分析对象、理论工具还是研究思路上，均应归属于法学学科。因此，这种统计口径的偏差在一定程度上也影响了法学涉台研究热点的分析结论。如周叶中等的《论两岸协议的接受》和《论两岸协议的法理定位》、彭莉的《〈两岸投保协议〉背景下台胞投资保护立法的完善》、季烨的《台湾地区两岸协议监督机制法制化评析》、祝捷的《"一个中国"原则的法治思维析论》和《平等原则检视下的大陆居民在台湾地区权利保障问题——以台湾地区"司法院""大法官解释"为对象》等文献，均因统计口径因素未能被归入本研究的法学类文献中，而是被归入政治学学科。这种统计口径因素造成的结论差异，在一定程度上体现出学界对法学学科与台湾问题的关联认知仍存一定偏差。因此，在未来一段时间内，厘清法学学科对台湾问题的知识贡献，是台湾问题学术共同体应进一步关注的命题之一。

四、结　论

本次研究通过对2014—2016 年 169 篇大陆涉台法学文献进行计量分析，

大致归纳出了 2014—2016 年度大陆涉台法学研究的整体格局和基本特征：
（1）从研究主体的基本属性上来看，高产地域、高产机构与高产作者的分
布契合度较高，北京、福建、湖北三地学者贡献的文献数量位居前三，厦门
大学、武汉大学、中国政法大学和福建省社科院四家单位分列高产单位前三
名（中国政法大学和福建省社科院并列第三）；（2）从研究样本作者属性上
来看，产文 2 篇以上的作者共 14 位，其中周叶中、杨德明、薛永慧、祝捷、
周赟等 12 位作者为高产作者。（3）从学术研究热点上来看，2014—2016 年
间，大陆涉台法学文献中，涉台比较研究与台湾具体法律制度引介类文献仍
占法学界涉台研究的半壁江山；受研究区间内两岸关系与周边局势的影响，
涉台宪法学与国际法学研究文献数量日渐增多。

附表 1 关键词分布表

关键词	频次	关键词	频次	关键词	频次	关键词	频次
台湾	16	法制	1	两岸经贸	1	同等对待准则	1
台湾地区	11	法治方式	1	两岸文物展览	1	统计标准	1
海峡两岸	8	法治化程度	1	两岸协议监督条例	1	统计法	1
两岸关系	6	反家暴	1	两岸银行业	1	投保中心	1
大陆	3	反家庭暴力法	1	两岸政治定位	1	投资型保险	1
启示	3	范式	1	两岸知识产权	1	投资争端	1
司法独立	3	防止及减少损失义务	1	两岸直航	1	土地抵押	1
ECFA	2	房屋承租人优先购买权	1	量刑方法	1	土地融资	1
legal	2	非正式制度	1	量刑基本原则	1	土地市场化	1
办案组织	2	菲律宾	1	量刑情节	1	团体诉讼	1
比较研究	2	诽韩案	1	领土条约	1	屯海制	1
波茨坦公告	2	废除死刑	1	领土主权	1	完善	1
惩罚性赔偿	2	夫妻财产制	1	令状主义	1	晚清	1
大陆地区	2	夫妻共同财产	1	留守儿童	1	网络表达自由	1
大陆配偶	2	夫妻共同债务	1	垄断违法行为	1	网络法治	1
钓鱼岛	2	辅助人	1	伦理	1	网络金融犯罪	1
法律	2	附带审查	1	逻辑自洽	1	网络信息内容分级	1
法律适用	2	附属岛屿	1	吕秀莲	1	维权执法	1
反垄断法	2	改革	1	马关条约	1	位置商标	1

续表

关键词	频次	关键词	频次	关键词	频次	关键词	频次
福建	2	改革行政	1	贸易公平	1	文书提出命令	1
海峡两岸投资保护和促进协议	2	个人资料	1	美国联邦巡回上诉法院	1	污染场地	1
合理使用	2	工厂协议	1	美国民主输出	1	无因管理	1
环境教育	2	工程款优先受偿权	1	美丽湾案	1	瑕疵担保责任	1
集体协商	2	工具性	1	孟加拉湾	1	瑕疵决定	1
开罗宣言	2	工资	1	秘密通讯自由	1	先行补偿	1
可持续发展	2	公共利益	1	民法典编撰	1	先取特权	1
立法模式	2	公共权威部门	1	民商合一	1	显著性	1
两岸	2	公共秩序保留	1	民事行为能力	1	现实选择	1
两岸婚姻	2	公民诉讼	1	民意	1	限定继承	1
两岸协议	2	公平交易法	1	民营银行	1	限定继承相关条件和程序	1
判例	2	公平原则	1	民主	1	限定继承制度	1
请求权竞合	2	公权力机关	1	民族国家	1	限制上诉	1
区际司法协助	2	公私合作	1	闽台合作	1	宪法	1
涉台立法	2	公诉	1	名誉侵权	1	宪法认同	1
涉外继承	2	公益诉讼	1	南海	1	小微企业	1
食品安全	2	功能定位	1	南海仲裁案	1	校园性侵害	1
诉讼标的	2	共同打击犯罪	1	南京国民政府	1	协调统一	1
图书馆	2	共同政策	1	南京协议	1	协同性	1
土地征收	2	共有人优先购买权	1	内容要点	1	协议补偿	1
先行先试	2	共有物转让时共有人优先购买权	1	虐童行为	1	协助调查	1
现代国际法	2	贡献	1	欧陆法系	1	协助调查取证	1
信任	2	构成要件	1	欧盟涉外继承条例	1	协助侦查	1
刑事判例制度	2	构建逻辑	1	欧洲逮捕令	1	新布兰登堡案	1
移交程序	2	股东加重义务	1	欧洲继承证书	1	刑法规制	1
隐私权	2	股东自担风险	1	判断标准	1	刑法修正案九	1
争端解决机制	2	固定薪酬	1	判决的承认和执行	1	刑事补偿	1
知识产权	2	雇主风险	1	判决先例	1	刑事辅助	1
智慧财产法院	2	雇主劳动合同条款变更权	1	胚胎保护	1	刑事和解	1

关键词	频次	关键词	频次	关键词	频次	关键词	频次
中国大陆	2	观审制	1	陪审	1	刑事赔偿	1
主任检察官	2	管理权说	1	配偶	1	刑事诉讼参与人	1
海峡两岸共同打击犯罪及司法互助协议	1	管理意思	1	埠圳	1	刑事诉讼法	1
CEPA	1	惯常居所	1	平潭实验区	1	刑事诉讼模式	1
courses	1	规范目的	1	评估标准	1	刑事妥速审判法	1
judicial	1	规范设计	1	评议裁处制度	1	刑事侦查	1
Taiwan	1	规范性文件	1	期间	1	形式理由	1
按日计罚	1	国际比较	1	前景	1	性权利	1
案例指导	1	国际法	1	强奸	1	性质	1
案例指导制度	1	国际法原则	1	侵权	1	修改	1
办案期限	1	国际公法	1	侵权责任能力	1	修宪	1
包价旅游合同	1	国际海洋法法庭	1	情报通讯监察	1	虚假诉讼	1
保护合法权益	1	国际协定	1	情理	1	养老保险	1
保护制度	1	国家安全	1	请求权规范竞合	1	业主大会	1
保险法	1	国家海洋利益	1	区际法律适用	1	业主权利保护	1
保险合同变更	1	国家认同	1	区际逃犯	1	一般法律原则	1
保险合同移转	1	国家责任	1	区域一体化	1	一并征收	1
保险市场退出	1	国民政府主计处	1	权衡	1	一个中国	1
保证金	1	过错	1	权利保护	1	一元主导论	1
北基垃圾处理合作案	1	过滤	1	全效力	1	依法治教	1
比例原则	1	韩愈	1	缺陷	1	意外伤害	1
表达自由	1	行为责任	1	让与担保	1	因果关系	1
不当得利	1	行政罚	1	人民观审	1	隐性强制条款	1
不当劳动行为	1	行政法人	1	人民观审团机制	1	英美法系	1
不动产担保物权	1	行政复议	1	人寿保险合同	1	影响	1
不动产物权	1	行政救济	1	认可与执行	1	应对	1
不利益变更	1	行政契约	1	认证制度	1	用人单位劳动规章	1
不能犯无知	1	行政任务	1	认罪协商	1	用益物权	1
不完全给付	1	行政诉讼	1	融合	1	优先权	1
不真正连带	1	行政诉讼目的	1	融资风险防范机制	1	有限责任	1
部分请求	1	行政体制	1	融资融券	1	与台湾关系法	1

续表

关键词	频次	关键词	频次	关键词	频次	关键词	频次
部门负责人	1	航空法律冲突	1	软法	1	语言法制	1
财产法	1	合并审理	1	三倍损害赔偿	1	语言平等	1
裁定	1	合理性	1	善意第三人	1	预测	1
裁决认可	1	合理性控制	1	商事单行法	1	预付制度	1
裁判规则	1	合作式诉讼	1	商事合同	1	员额制	1
裁判认可	1	黑金政治	1	商事通则	1	"原住民"	1
残余土地	1	互惠原则	1	商事组织	1	"原住民族"司法权益	1
层次性	1	互联网金融	1	商业秘密	1	"原住民族"专业法庭	1
撤销制度	1	环境保护	1	社会观护	1	运行成效	1
沉默权	1	灰区	1	社会建设	1	在家教育	1
程序监理人	1	会计师法	1	社会信任	1	造狱	1
程序权保障	1	婚姻法律冲突	1	社会责任	1	责任主体	1
惩戒制度	1	婚姻家庭	1	身份法	1	长蘅	1
冲突性质	1	婚姻家庭权益	1	身份权	1	账户价值	1
抽象审查	1	或裁或审条款	1	身体所有权说	1	真实销售	1
传说时代	1	机制化	1	生态文明	1	争议区域	1
大陆人民	1	机制化合作	1	省县自治法	1	征收补偿	1
大学数量	1	基准点	1	尸体上权利	1	征信体系	1
担保体系	1	集体自治	1	师源性侵害	1	证据能力	1
单行法	1	技术侦查	1	时间节点	1	证据收集	1
单一划界线	1	既判力	1	识别能力	1	证券	1
盗版率下降	1	加害给付	1	实质理由	1	政策评估	1
道统	1	家事审判	1	食品安全危机	1	政府采购	1
登记生效	1	家事事件	1	事实行为	1	政府继承	1
等距/相关情况划界法	1	家事事件法	1	释字第 710 号解释	1	政权更迭	1
第二含义	1	家事调查官	1	书面同意	1	政治因素	1
第三方支付	1	家庭暴力	1	双阶理论	1	知情权	1
第三人撤销之诉	1	贾德干	1	水利组合	1	知识产权法院	1
缔约上过失	1	价值定位	1	舜帝	1	执行罚	1

续表

关键词	频次	关键词	频次	关键词	频次	关键词	频次
电信诈骗	1	监察权	1	司法	1	直辖市自治法	1
电子支付管理规则	1	监督行政	1	司法的民主性	1	职务收取权	1
钓鱼岛问题	1	监督权	1	司法公开	1	职务移转权	1
东亚社会	1	监管机制	1	司法公信力	1	殖民化	1
动态解释	1	监管体制	1	司法公正	1	指导性案	1
对华民主输出	1	监护权	1	司法互助	1	指导性案例	1
对价	1	监听	1	司法救济	1	志愿服务	1
对抗式诉讼	1	检察改革	1	司法控制	1	志愿者	1
多数人债务体系	1	检察官	1	司法扣押豁免	1	制度冲突	1
恶意诉讼	1	检察院	1	司法判决	1	制度逻辑	1
儿童性侵害	1	检察长	1	司法人事	1	中国海洋利益	1
二阶段论	1	减刑救济	1	司法社会化	1	中国台湾地区	1
二元主导论	1	见义勇为	1	司法适用	1	中国自贸试验区	1
罚锾	1	建设用地使用权	1	司法为民	1	中华人民共和国国家赔偿法	1
罚金刑	1	建议	1	司法文明	1	终身教育	1
罚款数额	1	鉴定留置	1	司法协作	1	仲裁裁决	1
法的实施	1	教育法律体系	1	司法责任	1	仲裁条款独立性	1
法的适用的安定性	1	解除戒严	1	死后人工生殖	1	仲裁条款效力	1
法的适用的妥当性	1	解雇行为	1	死刑存废之争	1	重大	1
法定抵押权	1	借鉴	1	诉的利益	1	重复诉讼	1
法定继承权	1	禁止反言	1	诉讼成本	1	主计	1
法官	1	经济补偿	1	诉讼第三人	1	主权观念	1
法官评鉴	1	经济全球化	1	诉讼权	1	主体地位	1
法官选任	1	经营必要性	1	诉讼效率	1	住宅土地使用权续期	1
法官异议	1	精神病鉴定	1	诉讼制度	1	著作权	1
法官助理	1	竞争制度	1	诉愿	1	专利	1
法理定位	1	酒精含量	1	速审权	1	专利法第四次修改草案	1
法律保护	1	救济机制	1	台湾人	1	专利侵权	1
法律保留	1	举证责任	1	台湾地区立法	1	专利专门性法院	1

续表

关键词	频次	关键词	频次	关键词	频次	关键词	频次
法律冲突	1	拒绝适用	1	台湾地区"专利法"	1	专业劳动者	1
法律地位	1	拒证权	1	台湾法学	1	转融通	1
法律地位问题	1	具体危险说	1	台湾法制	1	转型	1
法律规范体系	1	客观危险说	1	台湾省地方自治纲要	1	状态责任	1
法律监督权	1	客观主义	1	台湾司法	1	准据法	1
法律经济学	1	跨域治理	1	台湾问题	1	酌定多倍损害赔偿	1
法律全球化	1	劳动报酬	1	特定继受	1	资产证券化	1
法律实效	1	劳动权	1	特色机制	1	自然资源	1
法律实证分析	1	累犯	1	特许使用协议	1	自由裁量	1
法律体系	1	立法	1	天下体系	1	自由刑	1
法律系	1	立法特点	1	条约	1	族群语言	1
法律修正	1	立法原则	1	条约必须信守	1	最大诚信原则	1
法律选择比较	1	立宪模式	1	条约解释	1	最终裁决	1
法律制度	1	利益衡量机制	1	调解笔录	1	罪犯移管	1
法社会学	1	利益平衡	1	调解书	1	罪刑结构	1
法学方法	1	连带责任	1	庭审录音录影公开	1	醉驾	1
法学教育模式	1	连带债务	1	通讯保障及监察法	1		
法学研究	1	两岸共识	1	通讯监察	1		
法益均衡	1	两岸交往	1	通讯自由权	1		

分报告之六：2014—2016 年大陆涉台经济学文献的计量学研究

一、研究样本与统计方法

本章的研究样本是 2014—2016 年刊载于中国知网 CSSCI 来源期刊（2014—2015）和内地涉台研究专业期刊的符合本次研究主题的论文。具体而言，将 CSSCI 来源期刊（2014—2015）和《台湾研究》《现代台湾研究》《台海研究》作为基础数据库，将基础数据库中的期刊通过中国知网中的"高级检索"页面进行一一检索。在"高级检索"页面，以"台湾"或者"两岸"为主题词，"2014 年 1 月 1 日到 2016 年 12 月 31 日"为限定时段，论文来源、题名、中图分类号、学科、被引、下载、作者、单位、发表时间、期数、关键词为输出信息，最后一次检索的时间是 2017 年 3 月 18 日。为了本章研究的需要，本章根据论文的中图分类号[①]对属于经济学领域的文章一一进行筛选，最终得到有效样本文献 463 篇。

二、研究样本基本属性指标

（一）样本文献年度分布情况

就样本文献的年度分布情况而言，如图 1 所示，2014 年大陆涉台经济学研究文献共有 178 篇，2015 年有 157 篇，2016 年有 128 篇。从这三年的数据来看，虽然样本文献年度分布均在 120 篇以上，但整体上看年度分布并不均衡，其中 2016 年大陆涉台经济学研究文献数量较 2015 年有明显的减

---

① 具体做法是：对检索所得的样本文献逐一检索，将从知网上获取的"分类号"与《中国图书馆分类法》的"中图分类号"一一匹配，保留 F（经济）的文献。要说明的是，由于一篇论文隶属多个学科比较普遍，为避免评估不当，本章只统计每篇文献第一个中图分类号所属的学科。

少，减幅达 18.47%，2015 年大陆涉台经济学研究文献数量较 2014 年亦有所减少，减幅为 11.8% 。由此可知，2014—2016 年大陆涉台经济学研究的文献数量呈逐年下降态势。从某种意义上而言，理论研究是现实的反映，社会现实的变化牵制着涉台研究者的研究动态。对于社会科学研究而言，研究领域往往具有社会导向性，研究者总是关注其所处时期内的重大社会事件。[1] 以 2014—2016 年台湾地区发生的一系列涉及两岸关系的重大事件为背景进行考量，可以从中窥知大陆涉台经济学研究呈下降趋势的原因。不同于政治领域的热点频现、积极活跃，2014—2016 年的台湾地区的经济格局与两岸经贸关系则相对低迷沉闷得多，由此影响着大陆涉台经济学研究的繁荣程度。受全球经济不景气、台湾内部经济形势不佳、岛内政治格局发生深刻变化等不利因素的影响，两岸贸易与投资额均出现一定程度的衰退，2016年民进党上台，台湾当局的两岸经贸政策由开放转向收缩，两岸经贸关系遭遇着更大挑战。[2]

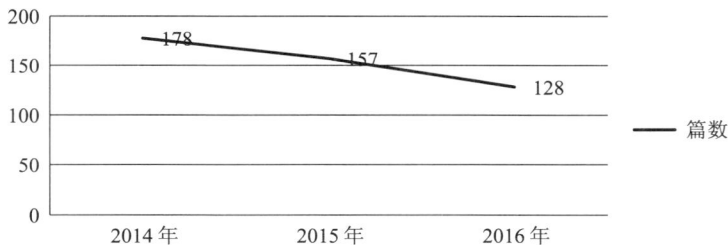

图 1　样本文献年度分布图

（二）样本文献发文期刊分布情况

本次研究从 463 篇文献中共抽取出 135 种期刊，其中涉台研究的四大专业期刊——《台湾研究》《现代台湾研究》《台湾研究集刊》《台海研究》，发文量分别为 47 篇、43 篇、35 篇、7 篇，占比约为 28.5% 。为了对大陆涉台经济学研究进行划分，本次研究将尝试引入布拉德福定律，[3] 即以期刊载文数量为标准降序排列，把期刊分为载文数量相等的核心区、相关区和离散

---

① 参见刘怡达：《依法治国、法学期刊与法学研究——以 CLSCL 期刊载文为样本的分析》，载《江汉大学学报（社会科学版）》2016 年第 1 期。

② 参见刘媛媛、盛九元：《两岸经济关系发展新趋向与路径选择》，载《台湾研究》2016 年第 2 期。

③ 参见邱均平：《信息计量学》，武汉大学出版社 2007 年版，第 105 页。

区。因 4 种涉台专业期刊自然属于大陆涉台研究的核心期刊，故为了不干扰布拉德福定律的运用，本部分仅对剩余的 131 种期刊（共载文 331 篇）展开研究。

根据布拉德福定律，本次研究将剩余的 131 种期刊按照刊载涉台经济学研究的论文数量降序排列，将 331 篇文献平均分为三个区，为了保证同一种期刊的所有文献都划分到同一区，同时保证三个区文献数量的相对均衡，本文将核心区、相关区和离散区的载文数量分别划定为 111 篇、105 篇和 115 篇，如表 1 所示，由此得到三个区的期刊数量为 8∶28∶95 ≈ 1∶3.5∶12 ≈ 1∶3.5∶3.5^2，符合 1∶n∶n^2（n 的平方）的比例关系，布拉德福离散系数约为 3.5。由此可知，样本文献发文期刊载文数 4 篇及其以上的期刊是 2014—2016 年大陆涉台经济学研究的发文重地。需要说明的是，布拉德福定律与文献分布的实际情况虽然具有较好的一致性，但也存在一定的差异，可能是理论本身的缺陷，也可能是对客观实际的反映的失真问题。[①] 因此，本章对布拉德福定律的引入并非将其作为绝对标准而是作为参考标准。

表 1 布拉德福定律划分表

分区	论文数	期刊数	载文数
核心区	111	8	≥6
相关区	105	28	2—6
离散区	115	95	1—2

表 2 样本文献发文期刊（核心区）分布表

排序	期刊名	发文量	排序	期刊名	发文量
1	亚太经济	47	6	旅游学刊	8
1	台湾研究	47	8	东南学术	7
3	现代台湾研究	43	8	厦门大学学报（哲学社会科学版）	7
4	台湾研究集刊	35	8	科技进步与对策	7
5	福建论坛（人文社会科学版）	21	8	台海研究	7
6	科技管理研究	8	12	国际经济评论	6

剔除四大专业期刊的核心区期刊共有 8 种，发文量为 331 篇，其中，《亚太经济》以 47 篇的成绩并列第一；《福建论坛（人文社会科学版）》以

---

① 参见邱均平：《信息计量学》，武汉大学出版社 2007 年版，第 111 页。

21 篇的成绩名列第二。表 2 是 2014—2016 年大陆涉台经济学研究载文数在 6 次及以上的刊物，载文数达 243 篇，占总发文数的 52.48%，引导着 2014—2016 年大陆涉台经济学研究的主流方向。

（三）样本文献影响力关联指标

关于样本文献的影响力的研究，主要涵括被引证频次和被下载频次两个指标。通常来讲，论文的被引证频次往往表征着该论文被研究同行的认可程度和学术的传承情况，被下载频次则往往与作者的知名度以及研究主题的契合度相关。[①] 通常来说，被引频次较高的论文被下载频次也较高，但被下载频次较高的论文的被引频次却不一定较高，二者并非一一对应的关系。[②] 表 3 和表 4 分别列出了样本文献单篇被引频次和被下载频次的前 10 名。样本文献单篇被引频次和被下载频次的前 10 名有 5 篇文章是重合的，它们分别是程大中的《中国增加值贸易隐含的要素流向扭曲程度分析》以及《中国参与全球价值链分工的程度及演变趋势——基于跨国投入—产出分析》、罗剑朝和庸晖等人合作的《农地抵押融资运行模式国际比较及其启示》、李向阳的《论海上丝绸之路的多元化合作机制》以及王强、樊杰和伍世代合著的《1990—2009 年中国区域能源效率时空分异特征与成因》，这五篇文章具有较高的样本文献影响力，这初步印证了一篇论文的被引频次和被下载频次之间的相对关联性。

表 3　样本文献单篇高引频次文献（前 10 名）分布表

名次	篇名	来源期刊	发表刊次	作者	被引频次
1	论海上丝绸之路的多元化合作机制	世界经济与政治	2014/11	李向阳	42
2	农地抵押融资运行模式国际比较及其启示	中国农村经济	2015/03	罗剑朝、庸晖 庞玺成	21
3	1990—2009 年中国区域能源效率时空分异特征与成因	地理研究	2014/01	王强、樊杰 伍世代	19
4	建设"海上丝绸之路"背景下我国远洋渔业发展路径研究	现代经济探讨	2014/07	韦有周、赵锐 林香红	18

①　参见江国华、韩玉亭：《中国法律解释理论演化路径检视——基于法学类 CSSCI 来源数据库的分析》，载《法学论坛》2015 年第 1 期。

②　参见赵修华、陈丙纯：《"国家安全"理论研究现状评析——基于〈江南社会学院学报〉1990—2013 年数据》，载《现代国家关系》2014 年第 4 期。

名次	篇名	来源期刊	发表刊次	作者	被引频次
5	现代农业能否支撑城镇化?	西北农林科技大学学报（社会科学版）	2014/01	黄祖辉	15
6	全球生产网络下的贸易收益及核算——基于中国的实证	国际贸易问题	2014/06	黎峰	14
6	中国增加值贸易隐含的要素流向扭曲程度分析	经济研究	2014/09	程大中	14
6	区域金融生态环境评价与实证	统计与决策	2014/15	金欣雪、谢邦昌	14
9	中国参与全球价值链分工的程度及演变趋势——基于跨国投入－产出分析	经济研究	2015/09	程大中	13
9	基于 Copula 的我国台湾和韩国股票市场相关性研究	管理工程学报	2014/02	李　强、周孝华	13

表 4　样本文献单篇高下载频次文献（前 10 名）分布表

名次	篇名	来源期刊	刊次	作者	学科	下载频次
1	中国参与全球价值链分工的程度及演变趋势——基于跨国投入－产出分析	经济研究	2015/09	程大中	经济	1770
2	论海上丝绸之路的多元化合作机制	世界经济与政治	2014/11	李向阳	经济	1608
3	推进股票发行注册制改革的路径研究	上海经济研究	2015/07	孙　亮	经济	1320
4	我国自贸区发展策略选择与税收政策构想——兼论福建自贸区发展策略	福建论坛（人文社会科学版）	2015/01	吴振坤、张　毅 李栋文	经济	959
5	基于厦门前沿的福建自贸区对台合作新探索	中国软科学	2015/08	彭海阳、詹圣泽 郭英远	经济	958
6	中国增加值贸易隐含的要素流向扭曲程度分析	经济研究	2014/09	程大中	经济	904
7	基于《里山倡议》的乡村旅游发展途径初探——以台湾桃园地区对乡村旅游转型的需求为例	旅游学刊	2014/06	廖慧怡	经济	877

名次	篇名	来源期刊	刊次	作者	学科	下载频次
8	中国城乡居民收入差距代际传递变动趋势：2002—2012	中国工业经济	2015/03	徐晓红	经济	865
9	1990—2009 年中国区域能源效率时空分异特征与成因	地理研究	2014/01	王　强、樊　杰伍世代	经济	1387
10	农地抵押融资运行模式国际比较及其启示	中国农村经济	2015/03	罗剑朝、庸　晖庞玺成	经济	1357

通过统计样本文献单篇被引和被下载频次的前 10 名发现，样本文献单篇被引频次的前 10 名论文中 2014 年、2015 年和 2016 年的论文数量分别为 8 篇、2 篇和 0 篇，在被下载频次的前 10 名论文中 2014 年、2015 年和 2016 年的数量分布为 4 篇、6 篇和 0 篇，这说明在引用时学者更倾向于选择经过时间检验的文献，而年份较久的文献则更容易拥有较高的被下载频次。

从绝对高影响力文献角度来看，本次研究通过箱线图表法来确定高引频次文献及高下载频次文献的临界值，以此来确定绝对高影响力文献的范围。经科学计算，得出被引频次≥8 且被下载频次≥812 的文献就是绝对高影响力文献。[①] 符合条件的有 10 篇，如表 5 所示。值得一提的是，李向阳的《论海上丝绸之路的多元化合作机制》的被引频次居于第一，被下载频次居于第二，足以见得其在 2014—2016 年度大陆涉台经济学研究中具有较大的学术影响力。

表5　绝对高影响力文献分布表

篇名	来源期刊	作者	被引频次	下载频次
中国参与全球价值链分工的程度及演变趋势——基于跨国投入－产出分析	经济研究	程大中	13	3897
论海上丝绸之路的多元化合作机制	世界经济与政治	李向阳	42	3726

① 根据箱图表法，先计算高引频次文献的临界值，在样本文献中，最大值 max = 42，上四分位数 $Q_3 = 2$，中位数 med = 0，下四分位数 $Q_1 = 0$，最小值 min = 0，据此计算出极值为 $Q_3 + 3IQR = 1$，也即被引≥8 的文献被认为是绝对高引频次文献。在样本文献中，最大值 max = 3897，上四分位数 $Q_3 = 272$，中位数 med = 156，下四分位数 $Q_1 = 92$，最小值 min = 6，据此计算出极值 $Q_3 + 3IQR = 581$，也即被下载频次≥812 的文献是绝对高下载文献。

篇名	来源期刊	作者	被引频次	下载频次
我国自贸区发展策略选择与税收政策构想——兼论福建自贸区发展策略	福建论科坛（人文社会学版）	吴振坤、张　毅 李栋文	9	2679
基于厦门前沿的福建自贸区对台合作新探索	中国软科学	彭海阳、詹圣泽 郭英远	8	2587
中国增加值贸易隐含的要素流向扭曲程度分析	经济研究	程大中	14	1792
中国城乡居民收入差距代际传递变动趋势：2002—2012	中国工业经济	徐晓红	9	1519
1990—2009 年中国区域能源效率时空分异特征与成因	地理研究	王　强、樊　杰 伍世代	19	1387
农地抵押融资运行模式国际比较及其启示	中国农村经济	罗剑朝、庸　晖 庞玺成	21	1357
建设"海上丝绸之路"背景下我国远洋渔业发展路径研究	现代经济探讨	韦有周、赵　锐 林香红	18	1065
现代农业能否支撑城镇化？	西北农林科技大学学报（社会科学版）	黄祖辉	15	876

三、研究主体基本属性指标

（一）作者分布情况

463 篇样本文献中共抽取出作者 330 位（只包含第一作者，基本考虑同名不同人情况），其中 1 篇文献的作者标识不详，因此本章的样本文献共包含清晰作者 329 位。每一作者按发文篇数统计，发文最多的为 7 篇，其他依次为 6 篇、5 篇、4 篇、3 篇、2 篇、1 篇，但作者均篇数较低（作者均篇数为 1.4）。本章中的 329 位作者主要集中在高校及从事相关学科专业研究的科研院所。此外，还有诸如国家税务总局、北京市台联、中共深圳市委党校、合肥招商公司等党政机关、商业公司的工作人员。这些人员的参与及其相关研究成果，体现了大陆涉台经济学研究的应用价值，说明当前涉台经济学研究的应用领域正逐步拓宽并走向综合化。

普赖斯定律（Price Law）是文献计量学的经典定律之一。一般认为，在一定统计条件下，普赖斯定律在大多数学科领域是适用的，它能够通过论文生产量来估算高产作者的规模以及研究者的著述能力。本章拟引入普赖斯定律划分高生产能力作者和其他作者。根据普赖斯定律，高生产能力作者集合的数量约等于全部作者总数的平方根。[①] 因此，在本章中，高生产能力作者为发表论文篇数排名前18位的作者（$\sqrt{329} \approx 18.14$）。如表6所示，在本章的研究样本中，高生产能力作者第18位是并列第9名的11人。表中19位作者共发文92篇，占本章全部样本文献的19.82%，涉台经济学研究的广度和深度的拓展离不开这些高水平作者的积极探索。对表1中的19位高生产能力作者逐一进行检索后发现，高生产能力作者之间的合作文献篇数仅为1篇（唐永红、王勇合作的《海峡两岸自由经贸区对接合作研究》），这说明高生产能力作者之间的交流合作程度不够，学术协同创新能力较低。

表6 高生产能力作者分布表

序号	论文篇数	排名	作者（按姓氏首字母排序）	总计（人）
1	7	1	单玉丽　邓利娟	2
2	6	3	曹小衡　唐永红　王　敏　吴凤娇	4
3	5	7	华晓红　盛九元	2
4	4	9	荻　夫　胡石青　李　非　李鸿阶　林苍祥　刘澈元　石正方　王　勇　王媛媛　熊俊莉　朱　磊	11

（二）作者个人学术影响力

作者个人在某研究领域的学术影响力除了体现在表6在权威期刊的发文数量之外，更直接体现在其刊发于权威期刊文章数量和其所发文章的被引证频次、被下载频次之中[②]。由于下载和引证在绝大多数情况下是引用者自己的选择，因此，这种选择可以在一定程度上反映出被引学者的知名度和影响力。出于研究的需要，本章仅考虑第一作者的总被引频次和总被下载频次，并根据经验将总被引频次≥10的视为高引作者，如图1所示，总被引频次在10及以上的作者有19位；将总被下载频次≥1000的设为高下载作者，总被下载频次在1000及以上的作者有21位，如表7所示。综合两个图表可

---

① 参见邱均平：《信息计量学》，武汉大学出版社2007年版，第193页。

② 庞远福：《绘制宪法实施理论研究的知识地图——基于100篇高影响力论文的计量分析》，载《时代法学》2015年第4期，第55页。

以发现，程大中、单玉丽、李向阳、罗剑朝、盛九元、唐永红、王敏、王强、韦有周、吴金希、朱孟楠（以姓氏首字母排序）等 11 人在两个图表中均有出现，他们的被引频次和被下载频次都名列前位，说明这 11 位研究者在 2014—2016 年大陆涉台经济学研究领域具有较高的学术影响力。

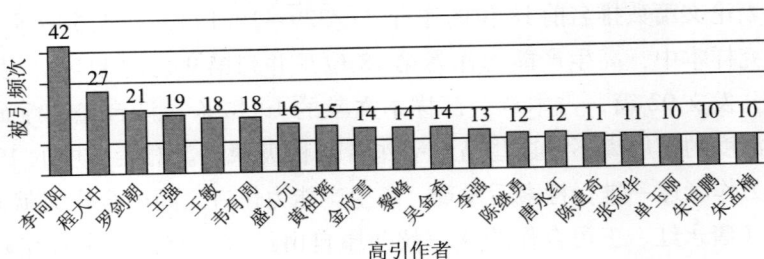

图 2　样本文献高引作者（总被引频次 ≥10）被引频次分布图

表 7　样本文献高频下载作者（总被下载频次 ≥1000）被下载频次分布表

姓名	下载频次	姓名	下载频次	姓名	下载频次	姓名	下载频次
程大中	5689	李向阳	3726	孙 亮	3372	吴振坤	2679
彭海阳	2587	廖慧怡	1719	曹小衡	1608	徐晓红	1519
石正方	1391	王 强	1387	吴金希	1373	罗剑朝	1357
王 敏	1337	林德荣	1256	李香菊	1239	朱孟楠	1225
吴凤娇	1176	盛九元	1118	韦有周	1065	单玉丽	1064
唐永红	1022						

（三）研究机构影响力与地域分布

对论文作者所在单位进行统计，根据各个机构的发文量可以看出该机构的影响力。463 篇文章中，有两篇论文署名机构不明，从其他 461 篇样本文献中共提取出 154 个研究机构①（只考虑第一作者的第一署名单位）。对 154 个研究机构的发文数量分别进行统计，排名前十的研究机构如图 3 所示（第 10 位是并列第 10 名的两个机构）。在这 11 个研究机构中，高等院校有 9 所，科研机构有 2 所，共发文 223 篇，占全部样本数量的 48%。从图 3 中

---

① 其中，由厦门大学、复旦大学、福建师范大学和中国社科院台湾研究所联合创办的两岸关系和平发展协同创新中心因不属于实体机构，因此将以"两岸关系和平发展协同创新中心"作为第一署名单位的论文的第二署名单位视为第一单位。

可以看出，发文量前十的机构中，排名第一的是厦门大学（67 篇），厦门大学经济学院、厦门大学台湾研究院为厦门大学贡献了过半数的发文量，此外还有该校的管理学院、公共事务学院等，体现了厦门大学在台湾研究方面的深厚底蕴。排名第二和第三位的福建社会科学院（34 篇）、中国社会科学院（33 篇）均下设台湾研究所，在大陆涉台经济学研究方面具有雄厚的实力。同时，厦门大学、福建社会科学院、中国社会科学院发文量均达 30 篇以上，平均每年达 10 篇以上的发文数量，对 2014—2016 年大陆涉台经济学研究领域贡献颇大，这一成就主要归功于单玉丽、邓利娟、唐永红、王敏、获夫、胡石青、李非、李鸿阶、石正方、王勇、熊俊莉等人这几年间在权威期刊发表的诸多成果。值得注意的是，对外经济贸易大学、华侨大学和中国人民大学能够上榜均不是依靠专业的涉台研究中心发力，成果散见于农业与农村发展学院、工商管理学院、旅游学院等，体现了大陆涉台经济学研究的跨专业性质和实践性特征。

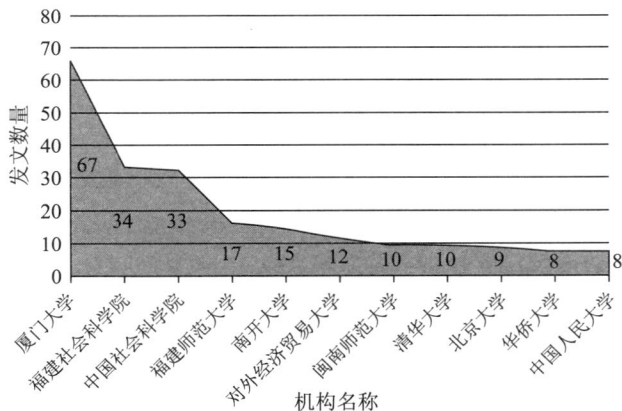

图 3　样本文献研究机构（前 10 名）分布图

通过对各个省份发文数量的研究，可以得出 2014—2016 年大陆涉台经济学研究与省份之间的关系。将各个省份的研究机构发文数量相加整理之后，发文数量排名前十的省份如图 4 所示。从图 4 中可以看出，福建省以161 篇的数量遥遥领先，与福建相差 60 篇的北京居于第二位。福建省和北京市在大陆涉台经济学研究领域拥有领先于全国其他省区的雄厚实力。福建相对于国家其他省区来说，与台湾地缘相近、血缘相亲、文缘相承、法缘相循、商缘相连，具有独特的"五缘"优势；北京市作为我国的文化政治中心，集聚了如中国社会科学院、对外经济贸易大学、清华大学、北京大学等诸多具有涉台经济学研究优势的科研机构和高校。从第三名上海市开始,后面的省区发文数量与前两名相差较大且过渡比较平缓。上海(35篇)、天津(20篇)、浙江(20篇)、广东(18篇)、江苏(11篇)等经济、政治、文化比较发达的省区能够入选,说明大陆涉台研究的经济学研究水平与政治、经济、文化之间存在一定的正向关联度。值得说明的是,陕西省(10篇)地处内陆,经济政治发展相比较而言均不占优势,在本章研究中能够上榜,主要依靠西安交通大学的发力,西安交通大学在这三年间共发表了4篇相关领域的文章。

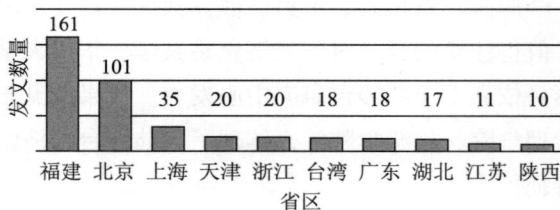

图4 样本文献省区(前十名)分布图

四、大陆涉台经济学研究热点

(一)样本文献关键词分布情况

关键词能够反映研究领域的研究趋势和研究者在该领域的研究兴趣。对463篇样本文献的关键词进行统计,共抽取出关键词1430个,总频次1973次,平均词频为1.38次,平均每篇文献含有4.25个关键词,关键词统计数据如表8所示。在所提取的1430个关键词中,出现次数排名前三的分别是"台湾"(39次)、"海峡两岸"(31次)、"台湾地区"(22次),出现次数最少(1次)的关键词有1209个,这说明2014—2016三年间大陆涉台经济学的研究既有集中性,又有分散性,出现频率低的关键词表示了相关领域研究的不连续性和研究焦点的分散。

表8 关键词描述统计量表

	N	极小值	极大值	和	均值	标准差	方差
频次	1430	1	39	1973	1.38	1.83	3.35

在文献计量学中通常利用齐普夫定律来确定高频关键词,齐普夫定律的

计算公式为：n = (− 1 + $\sqrt{1 + 8 * I_1}$)/2，[①] 在本章中，I_1 的值为 1209，将 1209 代入公式计算得出 n 的值为 48.68，也即关键词词频高于 48.68 的关键词是高频关键词。在本次研究中，没有关键词出现的次数高于 48.68，因此齐普夫定律不适用于本次研究。在这种情况下，可以借助于研究者的经验来界定高频关键词，根据涉台经济学研究的现状，本章拟将出现频次在 9 次及以上的关键词设定为高频关键词，共有 10 个关键词符合条件，如表 9 所示。

表 9　高频关键词（词频≥9）分布表

序号	关键词	频次	序号	关键词	频次
1	台湾	39	2	海峡两岸	31
3	台湾地区	22	4	台湾经济	19
5	两岸	16	6	ECFA	15
7	两岸经济	15	8	两岸经贸	14
9	两岸关系	9	10	影响因素	9

（二）高频关键词共现分析

共词分析法是内容分析法的一种，通过对能够表达某一学科领域研究主题或方向的专业术语共同出现在一篇文献中的现象进行分析，以判断学科领域中主题间的关系。[②] 在本次研究中，通过检测共现频次较多的关键词组以确定 2014—2016 年间大陆涉台经济学研究的前沿领域和发展趋势。具体而言，将表 9 中的 10 个关键词两两组合，并对关键词组一一进行检索，发现出现频次在 1 次及以上的关键词组共 20 对，如表 10 所示。

表 10　高频关键词共现对及其共现频次（≥1 次）分布表

高频关键词对	频次	高频关键词对	频次	高频关键词对	频次
台湾经济 + 两岸经济	6	海峡两岸 + ECFA	4	海峡两岸 + 两岸经济	4
台湾经济 + 两岸关系	4	两岸经济 + 两岸关系	3	海峡两岸 + 台湾经济	2
两岸 + ECFA	2	台湾 + 两岸	1	台湾 + 两岸关系	1
台湾 + 影响因素	1	海峡两岸 + 两岸关系	1	台湾地区 + 两岸经济	1

---

① 其中，I_1 是词频数为 1 的关键词数量，计算结果 n 是高频关键词与低频关键词的临界值。

② 转引自李秋云、韩国圣、张爱平、徐虹：《1979—2012 年中国旅游地理学文献计量与内容分析》，载《旅游学刊》2014 年第 9 期，第 112 页。

高频关键词对	频次	高频关键词对	频次	高频关键词对	频次
海峡两岸 + 台湾地区	1	台湾地区 + ECFA	1	台湾地区 + 影响因素	1
台湾经济 + 两岸经贸	1	ECFA + 两岸经济	1	ECFA + 两岸经贸	1
ECFA + 两岸关系	1	两岸经贸 + 两岸关系	1		

　　归纳梳理以上高频关键词共现对及其出现频次可以发现，当前大陆涉台经济学研究主要集中在台湾经济发展的具体问题上。具体而言，可分为以下三个主题：

　　第一，两岸政治关系变化对两岸经济关系的影响研究。"台湾经济 + 两岸关系""两岸经济 + 两岸关系""台湾 + 两岸关系""海峡两岸 + 两岸关系"等关键词共现对均体现了研究者对这一领域的关注。两岸经济关系既不是国际经济关系，也不是国内地区之间的经济关系，而是在非常特殊的背景下发展起来的一种非常特殊的经贸往来关系，一种尚未统一的主权国家内部、两个相对独立的经济体系之间的经济关系。[①] 因而，两岸经济关系的发展往往涉及一定程度的政治因素，会不可避免地受到两岸政治关系变化的影响。2014 年以来，台湾内部政党纷争以及由此而生的"民粹运动"牵制着两岸经贸关系的深化发展。这一阶段的文献也都集中在探讨两岸关系发展对台湾经济情势的影响，典型文献如吴凤娇的《"政经互动"思维下两岸经贸关系深化发展的策略研究》、苏美祥的《两岸经济关系的政治经济分析——国际政治经济学的角度》、单玉丽的《2014 年台湾经济展望及其政经影响》、李樑坚的《台湾加入 TPP 与 RCEP 的挑战与利弊分析以及对两岸关系影响》。

　　第二，"一带一路"战略对台湾的影响研究。"台湾经济 + 两岸经济""台湾 + 两岸""台湾 + 影响因素""两岸经贸 + 两岸关系"等关键词共现对均对此有所体现。2013 年，习近平主席先后提出共建"丝绸之路经济带"和"21 世纪海上丝绸之路"的重大倡议，得到国际社会的广泛关注和积极回应。"一带一路"将带动国际和我国国内区域的重新整合，对国内和周边地区经济发展与布局产生关键性影响。台湾不仅位于"21 世纪海上丝绸之路"的关键位置，还可与新成立的福建自贸区相互配合，为两岸经济合作

---

　　① 苏美祥：《两岸经济关系的政治经济分析——国际政治经济学的角度》，载《现代台湾研究》2014 年第 5—6 期，第 85 页。

搭建新平台、注入新活力。正在推行的"一带一路"战略，已将两岸经济关系、台湾经济发展考虑和纳入其中，将给台湾经济带来更多利好。① 因此，这一主题下的研究一般集中在"一带一路"背景下两岸经济合作的可能性以及方式问题，典型文献如李义虎的《"一带一路"与台湾》、单玉丽的《秉持"两岸一家亲"理念 持续深化两岸经济合作》、王鹏和谢丽文的《粤台高科技产业合作模式及其影响因素研究》、王媛媛的《新形势下两岸次区域经济合作分析——兼论福建对台合作的"一体两翼"战略思路》。

第三，两岸经贸制度化和机制化合作尤其是 ECFA 的实施对台湾多个领域的发展影响及其今后的经济定位研究。"海峡两岸 + ECFA""海峡两岸 + 两岸经济""两岸 + ECFA""台湾地区 + 两岸经济""台湾地区 + ECFA""台湾地区 + 影响因素""ECFA + 两岸经济""ECFA + 两岸经贸""ECFA + 两岸关系""海峡两岸 + 台湾地区""台湾经济 + 两岸经贸"等多个关键词共现对表明了研究者对这一领域的关注度。随着我国大陆与台湾地区经贸交流政策的逐步开放，海峡两岸的经济贸易也日益频繁，尤其是 2012 年 ECFA 正式开始实施，揭开了两岸服务贸易合作制度化和机制化的序幕，促使两岸经济合作向更深层次、更宽广领域拓展。同时，在全球化和区域化背景下，全球化和区域化也深刻影响到两岸经济合作的进程与走向，在 ECFA 时代，两岸经济关系的发展场域向国际空间延伸已成为不可逆转的趋势,② 如何在东亚经济一体化进程中占据有利地位，是两岸尤其是台湾面临的重大考验。③ 因此，这一研究领域的文献多集中于以下几方面：1）ECFA 的特点及其实施给台湾带来的积极影响和意义。典型文献如汪立峰和曹小衡的《两岸服务贸易格局的变迁与前瞻》、袁红林和蒋含明的《海峡两岸服务贸易协议的签订及对两岸经贸的影响分析》；2）ECFA 实施过程中遇到的问题及对策。典型文献如王媛媛的《当前两岸制度性经济合作之成就、问题及出路》，刘金兰、张敏的《后 ECFA 时代加快提升两岸经贸关系可持续发展的对策分析》；3）台湾在亚太经济融合中的角色定位研究。典型文献如刘

---

① 参见李义虎：《"一带一路"与台湾》，载《北京大学学报（哲学社会科学版）》，2015 年第 6 期，第 126 页。

② 刘澈元、李露、韦玮峰：《两岸共同参与东亚经济一体化的方式与途径》，载《亚太经济》，2014 年第 2 期，第 152 页。

③ 汪立峰、曹小衡：《两岸服务贸易格局的变迁与前瞻》，载《国际贸易》，2014 年第 9 期，第 53 页。

澈元、李露等人的《两岸共同参与东亚经济一体化的方式与途径》，吴凤娇的《民进党当局"新经济发展模式"与两岸经贸关系走向》。

结论

本章研究通过对 2014—2016 年的 463 篇涉台经济学领域的文献进行计量统计和可视化的处理，大致归纳出了样本文献的整体格局和基本特征。在此，总结出如下几个规律：1）从研究样本的基本属性来看，2014—2016 年大陆涉台经济学研究的文献数量呈逐年下降态势，《亚太经济》《台湾研究》《现代台湾研究》《台湾研究集刊》《福建论坛（人文社会科学版）》等期刊在相关领域的发文量居于前列；2）从研究主体的基本属性来看，样本文献的作者主要集中在高校及从事相关学科专业研究的科研院所，这一点也与发文数量较高的机构类型分布相对应。在机构发文数量排名中，高校和科研院所的发文数量遥遥领先。另外，从研究机构的地域分布来看，福建省和北京市在大陆涉台经济学研究领域拥有领先于全国其他省区的雄厚实力。3）从大陆涉台经济学的研究热点分布来看，研究热点主要集中在两岸政治关系变化对两岸经济关系的影响研究、"一带一路"战略对台湾的影响研究、两岸经贸制度化和机制化合作尤其是 ECFA 的实施对台湾多个领域的发展影响及其今后的经济定位研究三个方面。

附表 1　关键词分布表

关键词	频次	关键词	频次	关键词	频次	关键词	频次
台湾	39	海峡两岸	31	台湾地区	22	台湾经济	19
两岸	16	ECFA	15	两岸经济	15	两岸经贸	14
两岸关系	9	影响因素	9	比较	8	经济合作	8
两岸贸易	8	全球价值链	8	福建自贸区	7	机遇	6
两岸经济关系	6	两岸经济合作	6	闽台	6	土地改革	6
21 世纪海上丝绸之路	5	服务贸易	5	两岸产业合作	5	两岸金融合作	5
大陆	5	服务贸易协议	5	两岸合作	5	闽台合作	5
台商投资	5	一带一路	5	中国	5	转型升级	5
TFP	4	经济发展	4	挑战	4	早期收获	4
策略	4	竞争力	4	土地制度	4	政策	4

续表

关键词	频次	关键词	频次	关键词	频次	关键词	频次
产业合作	4	两岸经贸合作	4	现状	4	中国大陆	4
合作模式	4	路径	4	新常态	4	VaR 模型	3
比较研究	3	合作	3	两岸金融	3	乡村旅游	3
出口贸易	3	合作机制	3	两岸四地	3	新竹科学园	3
地区经济	3	家族企业	3	路径选择	3	因子分析法	3
东亚生产网络	3	金融危机	3	面板数据模型	3	引力模型	3
发展路径	3	经济一体化	3	前景	3	增加值贸易	3
国际经验	3	经济增长	3	区域经济	3	中等收入陷阱	3
国际竞争力	3	经济整合	3	趋势	3	中国台湾	3
海上丝绸之路	3	"九二共识"	3	全要素生产率	3	中小企业	3
韩国	3	科技园区	3	社会网络	3	自由经济示范区	3
自由贸易试验区	3	2015 年回顾	2	产业政策	2	代理理论	2
非对称性	2	CAFTA	2	产业转移	2	低增长	2
服务贸易竞争力	2	GTAP	2	成效	2	第三方支付	2
服务贸易自由化	2	HLM 效应	2	成因	2	东亚	2
服务业	2	比较分析	2	城镇化	2	动力机制	2
服务业合作	2	比较优势	2	出口竞争力	2	对外投资	2
福建	2	产业集群	2	创新型人才	2	多层次资本市场	2
港澳台	2	产业技术研究院	2	次贷危机	2	发展历程	2
高技术产品	2	产业结构	2	大陆居民	2	发展趋势	2
工资差距	2	产业内贸易	2	大陆游客	2	房地产市场	2
公司绩效	2	货币替代	2	经济周期	2	陆资	2
股权结构	2	货币一体化	2	经验借鉴	2	旅游规划	2
国际多角化经营绩效	2	加工贸易	2	经营绩效	2	贸易结构	2
国家技术能力	2	价值链	2	竞争优势	2	贸易条件冲击	2
国家战略	2	监管	2	跨境经济合作区	2	贸易余额	2
海峡两岸贸易	2	结构式向量自我回归	2	劳动力成本	2	美国	2
合作路径	2	金融合作	2	两岸次区域合作	2	民营银行	2
合作前景	2	经济持续增长	2	两岸服务贸易协议	2	模式	2
互联网金融	2	经济融合	2	两岸经贸关系	2	模式与路径	2

关键词	频次	关键词	频次	关键词	频次	关键词	频次
回顾	2	经济新常态	2	两岸政治	2	农地改革	2
偏离份额分析法	2	人民币离岸市场	2	锁模	2	碳减排	2
企业价值	2	日本	2	台湾服务业	2	特点	2
区位熵分析	2	融合发展	2	台湾工业技术研究院	2	投资	2
区位选择	2	社会福利	2	台湾海峡	2	土地金融	2
区域合作	2	世界经济	2	台湾居民	2	土地流转	2
区域经济一体化	2	市场化	2	台湾民众	2	土地征收	2
驱动因素	2	市地重划	2	台湾农业技术	2	问题	2
全面深化改革	2	收入再分配	2	台湾青年	2	物流业	2
人民币	2	税制改革	2	台湾中南部	2	先行先试	2
人民币国际化	2	思路	2	台资	2	新南向政策	2
兴柜市场	2	预测	2	制约因素	2	中国梦	2
亚太经济	2	战略构想	2	制造业	2	资本市场	2
亚太经济一体化	2	政策协调	2	制造业集聚	2	自贸区	2
一体化	2	政经	2	中国经济增长	2	自由经济区	2
最优货币区	2	RCEP	1	区域经济合作	1	2018 年展望	1
2019 年展望	1	FTA	1	R&D 补贴机制设计	1	被套牢	1
21 世纪	1	GTAP 模拟	1	R&D 投入	1	比较优势理论	1
7 大区域	1	GTAP 模型	1	RCEP	1	边界	1
ARIMA 模型	1	HOV 模型	1	RCEP 与 TPP	1	变迁	1
BCA 法	1	HybridDEA 模型	1	Redux 模型	1	并购	1
BP 滤波	1	Kernel 密度	1	SBIR 计划	1	并购效率	1
CGE	1	LED 产业	1	SDA 方法	1	波动规律	1
CMS	1	Logistic 模型	1	S 模型	1	波动溢出效应	1
Copula 函数	1	Malmquist - Luenberger 指数	1	VAR	1	波幅	1
Cox 模型	1	Malmquist 指数	1	VEC	1	补偿	1
DEA	1	Malmquist 指数法	1	θ 指数分析	1	不动产	1
DEA 模型	1	MCS 检验	1	澳门	1	不动产市场因子	1
ECFA 货物贸易谈判	1	Metafrontier 方法	1	保护合作	1	不动产证券化	1

续表

关键词	频次	关键词	频次	关键词	频次	关键词	频次
FDI	1	MRIO 模型	1	保理业务	1	不对称性	1
FDI 挤占	1	Put – CallParity	1	贝叶斯分析	1	不同收入家庭	1
财富管理	1	层次分析法	1	产业结构转型	1	成长率	1
财税政策	1	层次分析因子分析	1	产业竞争力	1	城市家庭	1
财税支撑策略	1	差异	1	产业联动	1	城市经济质量	1
财政补偿体制	1	差异化	1	产业链	1	城市土地用途管制	1
财政经费	1	差异性分析	1	产业融合	1	城市引力模型	1
财政收支	1	差异性政策诉求	1	产业生命周期	1	城乡生态文明一体化	1
财政税收	1	差异政策	1	产业梯度	1	城乡统筹	1
采用行为	1	产品质量	1	产业要素	1	城乡统筹发展	1
蔡英文当局	1	产学合作机制	1	产业园区聚集	1	城乡一体	1
参与区域经济整合	1	产业对接	1	超额报酬	1	城乡一体化	1
策略措施	1	产业分工	1	超额储蓄	1	城乡治理	1
策略联盟	1	产业化	1	朝日新闻	1	城镇组团	1
策略性措施	1	产业集聚	1	成果	1	城镇组团簇群	1
策略选择	1	产业结构高级化	1	成果回顾	1	持续创新能力	1
层次分析	1	产业结构升级	1	成效评估	1	持续高速增长时限	1
筹资制度	1	发展特点	1	共享价值	1	集成方法	1
出境旅游	1	发展现状	1	供应链	1	集合竞价	1
出口	1	发展型国家	1	购买力平价	1	集聚程度	1
出口变动	1	发展型国家理论	1	古典经济学	1	集体土地	1
出口产品	1	法人化改革	1	谷歌趋势	1	挤出效应	1
出口加工区	1	方案设计	1	股票交易策略	1	挤入效应	1
出口价格指数	1	方差分解	1	股权溢价	1	计量偏误	1
出口模式	1	方向选择	1	股市	1	技术创新	1
出口相似度	1	防空识别区	1	股市恐慌	1	技术创新与模仿	1
出口隐含碳	1	房地产	1	股灾	1	技术分析	1
出口隐含碳排放	1	房地产公司	1	股指期权	1	技术进步	1
出口增加值	1	房地产税	1	管理	1	技术商业化	1
出游空间变化	1	房地产投资	1	管理创新服务	1	技术效率	1
出租车合作社	1	房地产危机	1	广东	1	技术溢出	1

续表

关键词	频次	关键词	频次	关键词	频次	关键词	频次
传播政策	1	房地产业	1	广义脉冲响应函数	1	季节调整	1
传导机制	1	房屋价值	1	广义帕累托分布	1	绩效	1
传染效应	1	纺织品贸易	1	广义谱检验	1	绩效审计	1
船只组织	1	非参数估计	1	广州	1	加值	1
创新	1	非参数核密度估计	1	规定	1	一家亲	1
创新前瞻科技	1	非对称效应	1	规模化经营	1	假合作社	1
创新驱动	1	非合作博弈	1	规制政策	1	假牙	1
创新业绩	1	非射线效率	1	硅谷	1	价格发现	1
创业扶持	1	非线性单位根	1	国际比较	1	价格水平	1
创业就业	1	分裂势力	1	国际比较项目	1	监管体系	1
创意农业合作	1	分配	1	国际费雪效应	1	柬埔寨	1
垂直分工体系	1	分配状态	1	国际分工	1	检验功效	1
垂直与水平分工	1	分税制	1	国际经济	1	减步法	1
次区域经济合作	1	分位数回归	1	国际经济关系	1	建立者	1
存款保险公司	1	分析	1	国际经济空间	1	建议	1
存款保险制度	1	风电产业	1	国际旅游期刊	1	健康保险	1
措施	1	风险分配	1	国际税收	1	渐进式升级	1
搭桥专案	1	风险共担	1	国际政治经济学	1	奖助保障	1
大陆赴台旅游	1	风险管理	1	国际资本流动	1	交流合作	1
大陆经济	1	风险控制	1	国家创新体系	1	交通基础设施	1
大陆经贸政策	1	服贸协议	1	国家旅游局	1	交易纪律	1
大陆就业创业	1	服务含量	1	国家统一委员会	1	角色转变	1
大陆农产品	1	服务贸易自由化进程	1	国民经济行业分类	1	结构变动	1
大陆企业	1	服务贸易总额	1	国民年金	1	结构方程模型	1
大陆市场	1	服务业竞争力	1	国泰世华银行	1	结构分解	1
大陆台商	1	服务业就业	1	海盗	1	结构调整	1
大陆台资企业	1	服务业领域	1	海基会董事长	1	结构位置	1
大陆与台湾地区	1	服务业全要素生产率增长	1	海商	1	结构向量自回归	1
大中华	1	服务引导	1	海上贸易	1	结构性难题施	1
大中华区股市	1	福建自贸试验区	1	海外贸易	1	结构性演进	1

续表

关键词	频次	关键词	频次	关键词	频次	关键词	频次
代表省区	1	辅导政策	1	海西经济区	1	结构演变	1
代际收入弹性	1	辅导政策体系	1	海峡股权交易中心	1	捷运	1
贷款成本	1	附加值贸易	1	海峡经济区	1	解放思想	1
单位名义	1	赴台投资	1	海峡两岸暨香港	1	借鉴	1
单位洗钱规模	1	复杂自适应性系统	1	海峡两岸经济合作框架协议	1	借鉴作用	1
单一窗口	1	傅立叶函数	1	海峡两岸经贸	1	金门	1
当地农民增收效应	1	改革创新	1	海峡两岸农业	1	金融包容性增长	1
导游管理体制	1	改革理念	1	海峡两岸农业合作试验区	1	金融辐射力	1
德国	1	改革路径	1	行业结构	1	金融改革	1
等方差检验	1	改善途径	1	行业类型	1	金融管制	1
邓小平	1	概率积分变换	1	行业协会	1	金融机构	1
低速增长	1	感知	1	行政革新	1	金融基础设施	1
地方税	1	高附加值产业	1	行政管制	1	金融监管	1
地理信息系统	1	高阶矩方法	1	行政院	1	金融竞争力	1
地区分布	1	高科技产业	1	合作对策	1	金融开放	1
地区旅游业	1	高科技企业	1	合作绩效	1	金融排斥	1
地域文化	1	高雄市	1	合作经营	1	金融生态	1
地政学派	1	隔绝状态	1	合作空间	1	金融市场	1
第三次世界大战	1	个人旅游	1	合作现状	1	金融体制改革	1
电子发票	1	个人所得税	1	和睦共处	1	金融消费者	1
电子口岸	1	个人特征	1	和平统一	1	金融自由化	1
电子商务	1	跟随客户发	1	荷兰	1	金砖国家	1
电子信息产业	1	工业化进程	1	横向一体化 vs. 纵向一体化	1	进口	1
顶层设计	1	公共管理	1	宏观经济	1	进口价格指数	1
定制服务	1	公共投资	1	宏观经济政策	1	进口隐含碳	1
东海	1	公共问责	1	宏观调控	1	京津冀地区	1
东金澎	1	公共养老机制	1	互联互通	1	经济冲击	1
东盟	1	公共养老制度	1	护税	1	经济发展方式转换	1
东盟国家	1	公共治理	1	环境产品贸易	1	经济分析	1

关键词	频次	关键词	频次	关键词	频次	关键词	频次
东南亚诸国	1	公立医院	1	环境库兹涅茨效应	1	经济概况	1
东山岛	1	公平	1	环境责任行为	1	经济合作机制	1
东亚共同体	1	公私合作（PPP）	1	灰色关联度	1	经济绩效	1
东亚体系演化	1	公营事业	1	灰色关联分析	1	经济困境	1
东亚一体化	1	功能定位	1	恢复力规划	1	经济目标	1
东亚增长模式	1	共建共享	1	回测检验	1	经济前瞻	1
动力转换	1	共同经济周期	1	汇率	1	经济全球化	1
动量效应	1	救市措施	1	汇率升值	1	经济衰退	1
动态 SBM 方法	1	救市行动	1	汇率失调	1	经济思想	1
动态比较优势	1	就业	1	汇率政策	1	经济条件	1
动态分布	1	就业创业	1	会计审计	1	经济效益	1
动态联动性	1	就业服务	1	会计师	1	经济效应	1
动态条件相关	1	居民收入占比	1	惠台政策	1	经济依存度	1
动态战略联盟	1	局限性	1	伙伴关系	1	经济展望	1
动因	1	均富	1	货币合作	1	经济折旧	1
都市更新	1	均衡汇率	1	货币需求函数	1	经济转型发展	1
都市乡村化	1	开放	1	霍尔果斯跨境自贸区	1	经贸关系	1
短期资金市场	1	开放式发展机制	1	机构设立	1	经贸合作	1
对策	1	开放式基金	1	机构式养老服务	1	经贸效应	1
对策建议	1	抗战时期	1	机遇与挑战	1	经验验证	1
对策研究	1	考试制度	1	机制转换协整	1	经验做法	1
对等性	1	科技产出	1	积极度	1	经营绩效评价	1
对接合作	1	科技服务	1	基本医疗保险	1	景点景区	1
对台经济合作	1	科技服务业	1	基层民众	1	景观变迁	1
对台利益	1	科技交流合作	1	基金费用	1	景气复苏	1
对外反倾销	1	科技接受度	1	基金申购赎回费	1	景气循环	1
对外经济关系	1	科技投入	1	基金业绩	1	竞合关系	1
对外经济战略	1	科技项目	1	基尼系数	1	竞争力模型	1
对外直接投资	1	科技研发机构	1	基因表达规划法	1	竞争力评价	1
多区域投入产出模型	1	科研经费	1	激励相容	1	竞争性贬值	1

续表

关键词	频次	关键词	频次	关键词	频次	关键词	频次
多元 GARCH 类模型	1	科研人员	1	两岸服务业合作	1	境内关内	1
多元化合作机制	1	可持续发展	1	两岸高新技术产业	1	境内关外	1
多指标	1	可持续旅游	1	两岸共同市场	1	境内增加值	1
二氧化碳排放	1	可行路径	1	两岸关系民族复兴	1	境外增加值	1
发票管理	1	空间分布	1	两岸价格贸易条件	1	九合一选举	1
发展	1	空间分析	1	两岸经合	1	两岸经济制度化合作成效	1
发展概况	1	空间分异	1	两岸经济合作与交流	1	两岸经贸活动自由化	1
发展阶段	1	空间关联	1	两岸经济交流特点	1	两岸经贸交流合作	1
发展模式	1	空间基尼系数	1	两岸经济融合	1	两岸能源合作	1
发展潜力	1	空间集聚	1	两岸经济融合发展	1	两岸区域	1
流动性	1	空间聚类	1	两岸经济制度化合作	1	两岸区域经济合作	1
流民	1	空间链	1	盲点与困境	1	两岸区域性金融中心	1
六级产业论	1	跨国投入－产出分析	1	贸易的要素含量	1	两岸三地	1
陆资银行	1	跨阶层联盟	1	贸易附加值	1	两岸商业银行	1
路径与模式	1	跨界融合	1	贸易格局	1	两岸深度一体化	1
论文	1	跨界治理	1	贸易国内增加值	1	两岸生产性服务业	1
旅行社开放	1	跨境电子商务	1	贸易和投资	1	两岸投保协议	1
旅游产业融合发展	1	跨境合作	1	贸易互补	1	两岸投资	1
旅游动机	1	跨境人民币	1	贸易开放	1	两阶段生产过程	1
旅游共生理论	1	跨境人民币贷款	1	贸易开放度	1	刘易斯第一拐点	1
旅游管理	1	快速删单	1	贸易利益	1	刘易斯转折	1
旅游经济合作区	1	困境	1	贸易流量	1	刘易斯转折点力	1
旅游流	1	来华旅游	1	贸易逆差	1	贸易自由化	1
旅游体验	1	来源地	1	贸易潜力	1	美国公众	1
旅游业态	1	劳动力就业	1	贸易强度与互补	1	密度预测评估	1

续表

关键词	频次	关键词	频次	关键词	频次	关键词	频次
旅游影响	1	劳动力市场	1	贸易收益	1	民营化	1
旅游政策	1	劳动密集型产业	1	贸易统计	1	民营企业	1
绿能产业	1	劳工阶层	1	贸易投资紧密度	1	民主参与	1
马尔可夫链	1	老年社会学	1	贸易效应	1	民主参与管理	1
麦克阿瑟	1	离岸中心	1	贸易增加值数据	1	民主化合作社	1
脉冲响应	1	里山倡议	1	贸易增长速度	1	民族复兴	1
闽台两岸	1	理论假说	1	贸易主导权	1	民族情	1
闽台旅游	1	理论视角	1	能源安全	1	闽台"南南"合作	1
闽台农业合作	1	理念及启示	1	能源政策	1	闽台产业	1
闽台园区合作	1	利益相关者	1	年金改革	1	闽台出洋商渔船只	1
模仿创新	1	利益协调	1	农产品贸易	1	闽台创意农业	1
模糊综合法	1	联动发展	1	农村分化	1	闽台经济	1
目标	1	联动效应	1	农村家庭承包制	1	闽台经济合作	1
目的地	1	梁漱溟	1	农村建设	1	闽台经贸	1
目的地形象	1	粮食安全	1	农村金融	1	农民合作社	1
纳税成本	1	粮食政策	1	农村土地证券化	1	农业合作	1
南部科学园区	1	粮食自给率	1	农地抵押融资	1	农业经营主体	1
南海	1	两岸比较	1	农地金融	1	农业开发	1
内湖科技园区	1	两岸产业	1	农地开发管制	1	农业生产效率	1
内生性	1	两岸产业合作示范	1	农地制度变迁	1	农业信用保证基金	1
内生性产业发展模型	1	两岸产业链	1	农地制度改革	1	欧债危机	1
内销市场	1	两岸产业政策	1	农地重划	1	判断标准	1
企业并购	1	两岸产业转移	1	农会	1	培育式发展	1
企业创新主体	1	两岸创意农业合作	1	农民	1	澎湖列岛	1
企业规模	1	两岸电子信息制造业	1	启示	1	偏差指数	1
企业集团	1	两岸对接	1	潜力	1	品牌输入	1
企业技术学习	1	区段征收	1	亲诚惠容理念	1	平均地权	1
企业交易成本	1	区域比较优势	1	青年台商	1	平台	1
企业链	1	区域创新能力	1	倾向评分匹配法	1	厦金合作	1
企业生存率	1	区域创新体系建设	1	清代	1	厦金跨境经济合作区	1

续表

关键词	频次	关键词	频次	关键词	频次	关键词	频次
企业总部	1	区域货币	1	情绪	1	厦金同城化	1
神经网络	1	区域间经济合作	1	世界产业结构	1	厦门	1
审计	1	区域经济关联	1	世界投入－产出表	1	厦门与金门	1
审计监督	1	区域经济合作	1	世界遗产	1	厦漳泉同城化	1
生产要素	1	区域经济整合	1	市场机制	1	商贸服务业	1
生存分析	1	区域贸易协定	1	市场开发	1	商贸物流	1
生态绩效	1	区域内贸易	1	市场开放效应	1	商品结构	1
生态旅游	1	区域能源效率	1	市场制度	1	商业性融资	1
生态省	1	区域性银行	1	市价补偿	1	熵值赋权	1
生态文明	1	趋势模型	1	适度规模经营	1	上柜市场	1
省际旅游	1	趋向	1	适宜性	1	上海自贸区	1
石油	1	去行政化	1	收入差距	1	少数政府	1
时变混合 Copula	1	圈子	1	收支平衡	1	奢侈品税	1
时空分异	1	全面经济合作	1	寿险需求	1	奢侈品消费	1
实际汇率	1	全球化	1	输入品结构	1	社会保险	1
实际利率平价	1	全球化战略	1	属地贸易收益	1	社会保障	1
实际偏差指数	1	全球生产网络	1	属权贸易收益	1	社会绩效	1
实际有效汇率	1	全域	1	数据包络分析	1	社会经济	1
实事求是	1	人才流动	1	数据驱动平滑检验	1	社会科学引文索引（SSCI）	1
食品安全	1	人的现代化	1	数据显示	1	社会气质	1
食物缺口	1	人均收入	1	数字融合	1	社会融入	1
食物消费	1	人口变化	1	双边贸易	1	社会－生态恢复力	1
索菲亚·安蒂波利斯	1	人口迁移	1	双轮驱动	1	社会生态生产性景观	1
锁国	1	人力资本	1	双样本工具变量法	1	社区恢复力	1
台韩产品贸易竞争关系	1	人力资源开发	1	水产品	1	深水区	1
台美关系	1	人文旅游基地	1	水务业	1	台湾农地政策	1
台企集聚	1	认识思考	1	税负	1	台湾农民创业园	1
台日渔业谈判	1	认知	1	税负差异	1	台湾农庄建设	1
台商大陆投资	1	日本农政	1	税负公平	1	台湾期权市场	1

续表

关键词	频次	关键词	频次	关键词	频次	关键词	频次
台商投资大陆（TDI）	1	日内风险传染	1	税收	1	台湾企业	1
台湾当局	1	荣誉主席连战	1	税收成本	1	台湾省	1
台湾导游	1	融资体系	1	税收行政	1	台湾土地银行	1
台湾地区本土银行	1	融资战略	1	税收激励政策	1	台湾休闲农业	1
台湾地区出租车业	1	融资租赁公司	1	税收征管	1	台湾学运	1
台湾地区农业 FDI	1	入境旅游	1	税收政策	1	台湾与东盟经济关系	1
台湾地区寿险	1	入境旅游市场	1	税收制度	1	台湾证券柜台买卖中心	1
台湾高铁市场化	1	入境人数	1	税务机关	1	台湾证券柜台市场	1
台湾金融体制	1	入境游客	1	税制比较	1	台湾中小企业	1
台湾经济关系	1	三权财政	1	私利 vs. 公益	1	台湾专利	1
台湾经济回温	1	散点图	1	私有信息	1	台指期权	1
台湾经济增长	1	散户	1	四维框架	1	台州路桥	1
台湾经验	1	散户投资者	1	搜索量	1	台资企业	1
台湾旅游	1	投融资制度	1	所得税	1	台资小微企业	1
台湾民间	1	投入产出	1	所得替代率	1	态度	1
台湾民营银行	1	投入产出模型	1	尾部相关系数	1	谈判	1
土地征用	1	投资待遇	1	尾部相关性	1	碳排放	1
土地制度改革	1	投资导向	1	文化认同	1	碳排放效率	1
推进路径	1	投资和贸易互补	1	我国台湾地区	1	特殊行为体	1
外部环境	1	投资和贸易替代	1	我国远洋渔业	1	特征价格模型	1
外部性	1	投资交流	1	误区	1	体制对接	1
外贸依存度	1	投资税收抵免	1	西部边境地区	1	体制障碍	1
外向型经济	1	投资者情绪	1	吸引惯性指数	1	田园城市	1
外资银行	1	土地产权	1	洗钱规模测度模型	1	挑战与机遇	1
完善建议	1	土地承包经营权	1	系统性洗钱风险	1	调查	1
网络搜索数据	1	土地管理	1	先试先行	1	调查对象	1
网络演化	1	乡村建设	1	显示性比较优势	1	调查时间	1
微观机制	1	乡村旅游创意	1	现代服务业	1	调控政策	1
销售货物	1	乡村再造	1	现代农业	1	通货膨胀	1

续表

关键词	频次	关键词	频次	关键词	频次	关键词	频次
销项税额	1	相关性	1	现状与走势	1	同步化	1
小农场 vs. 大农场	1	相互依存关系	1	限价委托簿	1	同城化	1
"小三通"	1	相互依赖	1	协同创新	1	新趋势	1
小微金融	1	相似性	1	协同演进	1	新台币	1
小微企业融资	1	香港	1	协整理论	1	新形势	1
效率	1	向量误差修正模型	1	协作区	1	新型城镇化	1
协税	1	消费者剩余	1	新公众参与	1	新兴产业	1
协调机制	1	消费者信心指数	1	新股供给	1	新引擎	1
信用保证基金	1	萧铮	1	新结构经济学	1	信息不对称	1
信用担保	1	亚太区域	1	新经济发展模式	1	信息共享	1
信用合作	1	亚太区域合作	1	新路径	1	信息披露	1
形成	1	亚太区域经济一体化安排	1	研发	1	要素禀赋流动	1
形成机理	1	亚太主要经济体	1	研发产业	1	要素流向	1
形象感知	1	亚投行	1	研发服务业	1	一带一路战略	1
修正的沃克重力模型	1	亚洲国家	1	研发合作	1	一国四币	1
训练模型	1	亚洲四小龙	1	研发效率	1	一体化问题	1
银行业	1	有机农业	1	研究综述	1	医疗保险机构	1
隐含风险厌恶	1	有奖发票	1	演变特征	1	依赖程度	1
隐含风险厌恶系数	1	有奖发票制度	1	演化博弈	1	移民	1
隐含碳	1	有利条件	1	演化代	1	移植模型	1
应对策略	1	有限理性	1	演化模式	1	异质性劳动力	1
佣工模式	1	渔业资源	1	演进路径	1	溢出效应	1
优惠关税	1	渔业资源开发与保护	1	养老保险	1	因特网接入	1
优要素	1	预测绩效	1	运动用品	1	银行	1
游客	1	预算	1	运行模式	1	银行改革	1
游客涉入度	1	预算法比较	1	运输技术系数	1	再平衡	1
债务风险	1	原产地证书	1	运营效率	1	在线调查	1
战略新兴产业	1	原因分析	1	运作	1	增长极	1
战略性新兴产业	1	浙江经济	1	政府补助	1	增值税制度	1

续表

关键词	频次	关键词	频次	关键词	频次	关键词	频次
战略性新兴产业集群	1	征地补偿	1	政府行为	1	支付矩阵	1
战略与结构匹配	1	征税范围	1	政府审计	1	知识产权	1
战略重点	1	征信业	1	政府预算	1	知识密集型服务业	1
长记忆性	1	正和博弈	1	政治对话	1	制度安排	1
长江经济带	1	政策建议	1	政治互信	1	制度创新	1
长三角	1	政策启示	1	政治生态	1	制度分析	1
涨跌停板制度	1	政策性融资	1	政治效益	1	制度改革	1
治理	1	中韩 FTA	1	政治制度	1	制度 - 行为 - 效率	1
中部科学园区	1	中韩 FTA 影响	1	政治制度主义	1	制度化	1
中共中央总书记	1	中华自贸区	1	专利	1	制度完善	1
中国大陆经济	1	中小企业融资难	1	专利活动	1	制度性	1
中国大陆寿险	1	中小企业私募债券	1	专门职业及技术人员	1	制度性经济合作	1
中国国民党	1	中小商业银行	1	转板	1	制造业投资	1
中国经济	1	中信证券	1	转口贸易	1	自耕农	1
中国经济竞争力	1	中央日报	1	转型	1	自举抽样法	1
中国旅游研究	1	重复计算	1	转型发展	1	自贸协定	1
中国时报	1	重复征税	1	转移份额分析	1	自贸园区	1
中国台湾地区	1	重游倾向	1	追赶策略	1	自下而上	1
中国香港	1	珠三角地区	1	追涨杀跌	1	自由经贸区	1
中国制造	1	主成分分析	1	资本充足率	1	自由贸易	1
总出口额	1	主计	1	资本密集型产业	1	自由贸易区	1
走向	1	注册制	1	资本因子	1	自由贸易区战略	1
租税奖励	1	最低注册资本	1	资产价格泡沫	1	自由贸易协定	1
组织承诺	1	最优货币区理论	1	资金使用范围	1	自主创新	1
钻石模型	1	综合挑战	1	资源经济	1	综合评价	1
最大熵 GARCH 模型	1	综述	1	综合税负	1	—	—

分报告之七：2014—2016 年大陆涉台历史学文献的计量学研究

一、研究样本与统计方法

2014—2016 年大陆涉台历史学研究知识图谱的建构，立基于 2014—2016 年大陆涉台历史学研究文献的分析。样本文献的筛选极其重要，必须采用科学合理的方法，避免样本缺陷，使样本能最大程度地代表、最为忠实地反映整体。[①] 为达到这一目标，本章研究 CSSCI 来源期刊（2014—2015）[②] 和内地涉台研究专业期刊中发表的涉台研究历史学类论文。关于初选样本的筛选，如前文分报告所述，确定基础数据库之后，以"台湾"或者"两岸"为主题词、时间跨度为"2014 年 1 月 1 日至 2016 年 12 月 31 日"进行检索，最后时间为 2017 年 3 月 18 日。在论文的类型上，剔除初选样本中的会议通知、会议综述、会议讲话稿、人物专访、文献摘编、新闻宣传类短文、书讯、重复文献等文献。在文献的学科定性上，将从知网上获取的每篇文献的"分类号"与《中国图书馆分类法》的"中图分类号"一一匹配，保留属于历史（K0 – K887）学科的文献，最后确定 158 篇有效研究样本。同样，需要特别说明的是，在本次研究中，对台湾问题做广义理解。由于检索缘故，部分入选样本尽管在论题上并未直接体现与"两岸关系""台湾问题"的高度相关性，但在内容中仍与之存在一定相关性，这类研究样本仍然属于本次研究的范畴。

---

① 参见［美］戴维·波普诺：《社会学（第十一版）》，李强等译，中国人民大学出版社 2007 年版，第 49 页。

② CSSCI 来源期刊在 2014 年 1 月 1 日至 2016 年 12 月 31 日期间，只更新一次目录，为《CSSCI（2014—2015）来源期刊目录》，共 533 种。参见《中文社会科学引文索引（CSSCI）简介》，资料来源：http://cssrac.nju.edu.cn/a/cpzx/zwshkxwsy/sjkjj/20160226/1141.html，最后访问日期：2017 年 6 月 5 日。

本次研究在样本文献确定之后，进一步设置了"研究主体基本属性""研究客体基本属性""研究内容基本属性"三个一级指标。在每个一级指标项下，根据一级指标所需，分别设置各类二级指标。"研究主体基本属性"项下囊括了作者信息、地域信息、学术影响等二级指标，"研究客体基本属性"项下则设置了时间段信息、期刊信息、样本文献基本属性等二级指标，而"研究内容基本属性"项下则对样本文献关键词分布情况做了概述并对高频关键词进行共现分析，据此总结大陆涉台研究中历史学学科的研究规律和研究热点等情报。

在各类研究指标基本确定之后，运用 OFFICE 办公软件（EXCEL 软件、SMART ART 软件）和 SPSS 等软件，对从数据库中抓取和筛选之后的样本文献做各类统计和可视化处理。这就避免了单纯样本数据罗列的枯燥，使各类统计结果能够更加清晰可见。样本文献的数据分析沿纵横浅深四大主线展开。（1）纵主线：主要关注样本文献的时间分布情况，把研究议题的关注度变化与时政热点的时间紧密结合，把握大陆涉台历史学研究的发展趋势。（2）横主线：主要关注样本文献的地域分布和研究机构的分布情况，进而判断大陆涉台历史学研究的基本格局。（3）浅主线：主要关注研究主体基本属性所涉及的各类指标，判断大陆涉台历史学研究主体的基本结构及其对大陆涉台历史学研究产生的影响。（4）深主线：主要关注样本文献影响力的关联指标，例如文献被下载量、被引频次等，分析大陆涉台历史学研究的主流群落与文献影响力的变化情况。在样本文献数据分析纵横浅深四大主线的指引下，本次研究涉及的统计学规律包含有普赖斯定律、布拉德福定律、箱线图表法、关键词共现分析法等。

二、研究样本剖析

表1是对158篇样本文献各项基础数据的总体描述，样本文献单篇最大下载量为787次，单篇最大被引频次为5次，其中仅有2篇文献的署名单位是国外机构，样本文献载文期刊的单位自发率为26%，篇均作者数量为1.11人次，篇均关键词数量为4.84个，均属于合理范畴。具体而言，样本的研究主体基本属性、研究客体基本属性、研究内容基本属性，总体呈现如下特征。

表 1　样本描述

变量	样本	均值	标准差	最大值	最小值	定义与描述
下载量	158	121.27	115.23	787	4	连续变量，原始数据
被引量	158	0.35	0.76	5	0	连续变量，原始数据
国家	158	0.99	0.11	1	0	虚拟变量，1 = 中国
单位自发	158	0.26	0.44	1	0	虚拟变量，1 = 自发
作者数量	158	1.11	0.37	2	0	连续变量
关键词数量	158	4.84	2.15	10	2	连续变量

（一）研究主体基本属性

研究主体基本属性项下囊括了作者信息、地域信息、学术影响等二级指标。在统计过程中，为得到科学严谨的数据结论，每篇样本文献均仅统计第一作者信息和各项指标值。

158 篇文献中总共抽取出作者 122 位（只统计第一作者，已经考虑同名不同人情况），从表 2 的数据中可以看出，产文数在 2 篇及以上的作者有 18 人，根据普赖斯定律，同一主题中，高生产能力作者集合的数量约等于全部作者总数的平方根，得出前 11 位（$\sqrt{122} \approx 11$）为高生产能力作者（高生产能力作者只考虑第一作者）。如表 2 所示，在本次研究样本中，高生产能力作者第 11 位是产文量为 2 篇的 11 人。18 位高生产能力作者总计发文 51 篇，占全部研究样本的比重为 32.3%。对 18 位高生产能力作者逐一排查，发现高生产能力作者之间的合作文献篇数为 0，高生产能力作者之间的整体合作网较为单一。由此可知，在大陆涉台历史学研究领域的高生产能力作者均是能够独挡一面的专家学者，其研究能力是值得肯定的。但这一现象的弊端主要体现在学者相互之间的交流合作程度不够，学术协同创新程度相对较低。[①] 随着学科交叉化程度的不断提高，科学研究难度的不断加大，越来越多的复杂问题需要不同领域、不同学科的学者共同解决，发挥团队优势，以产生最大的科研效益。[②] 因此，大陆涉台历史学研究领域要想取得长远发展，有必要进一步加强学者间的科研合作，提高科研合作率。

---

① 参见杜宴林：《从文化视角看社科研究的协同创新》，载《中国高等教育》2013 年第 8 期。
② 邱均平、陈木佩：《我国计量学领域作者合作关系研究》，载《情报理论与实践》2012 年第 11 期。

表2 研究主体基本属性

2-1 作者信息

作者	产文数	排序	作者	下载量	排序	作者	被引量	排序
李细珠	6	1	李细珠	922	1	刘江永	5	1
冯 琳	5	2	徐 泓	787	2	李细珠	5	1
陈忠纯	4	3	尤淑君	703	3	肖如平	3	3
陈小冲	4	3	王瑞成	601	4	朱从兵	2	4
陈 思	4	3	冯 琳	595	5	郑海麟	2	4
何卓恩	3	6	陈小冲	586	6	尤淑君	2	4
程朝云	3	6	赵学功	528	7	杨彦杰	2	4
周雪香	2	8	贾小叶	510	8	吴义雄	2	4
尤淑君	2	8	吴义雄	467	9	王跃生	2	4
杨彦杰	2	8	陈红民	421	10	马 戎	2	4
肖如平	2	8	刘江永	379	11	吕俊昌	2	4
贾小叶	2	8	桑 兵	319	12	贾小叶	2	4
黄俊凌	2	8	程朝云	305	13	冯 琳	2	4
郭卫东	2	8	何卓恩	304	14	褚静涛	2	4
傅 敏	2	8	丁晓蕾	293	15	程朝云	2	4
褚静涛	2	8	—	—	—	陈 思	2	4
陈舒劼	2	8	—	—	—	—	—	—
陈红民	2	8	—	—	—	—	—	—

2-2 地域信息

省区	产文数	排序	单位名称	产文数	排序
北京	50	1	中国社会科学院	29	1
福建	39	2	厦门大学	28	2
浙江	14	3	浙江大学	9	3
江苏	7	4	北京大学	6	4
湖北	6	5	福建社会科学院	5	5
台湾	6	5	中国第一历史档案馆	4	6
上海	5	7	华中师范大学	4	6
安徽	4	8	中山大学	3	8
广东	4	8	福建师范大学	3	8
河南	3	10	东北师范大学	3	8
湖南	3	10	—	—	—
吉林	3	10	—	—	—

　　从表 2 显示的作者总体下载量和被引频次来看，虽然文献的刊发时间较短，但作者的总体下载量比较乐观，说明他们的研究成果得到较好的继承、连续、发展或评价，但也正是因为文献的刊发时间较短，总体被引量相对比较少。表 2 列出产文量前十的单位及省区。关于研究机构的学术成果数量，经统计，共 68 所机构入围，包含高等院校、科研单位、实务部门、境外研究机构等。关于研究机构的统计，需要说明的是，第一署名单位是"两岸关系和平发展协同创新中心"的文章有 14 篇，因为两岸关系和平发展协同创新中心并不是一个实体性机构，是各个高校的组合体，所以，第一署名单位为"两岸关系和平发展协同创新中心"的 14 篇文献，均将其第二署名单位作为本次研究统计的文献署名单位进行统计。就研究机构学术成果数量而言，如表 2 所示，前 10 名中高等院校占据绝对优势，前 10 名发文总量达 94 篇，占比 59.5%，可以说这 10 所研究机构引导了大陆涉台历史学研究的主流。

　　关于研究机构的分布，不仅要统计每个研究机构的发文数量，还需要观测每个研究机构的省区分布情况，以此挖掘科学研究和地域分布之间的规律，进而判断大陆涉台历史学研究的基本格局，也即前文所述的"横主线"观察法。如表 2 所示，样本文献在地域分布上呈现出"一超多强，冷热不均"的格局，且该格局不仅体现在大陆涉台历史学研究的文献数量上，还体现在研究的质量上。北京以 50 篇文献遥遥领先，福建以 39 篇紧随其后，浙江以 14 篇文献位列第三，江苏、湖北、台湾、上海、安徽、广东、河南、湖南、吉林分列四至十位。需要特别指出的是，在大陆涉台历史学问题的研究中，研究水平与各地区的政治、经济、文化发展水平之间存在高度正相关关系，以湖北为首的中部地区省份入围，实属不易。大陆涉台历史学研究水平与地域综合发展水平存在高度正相关关系的论断可以从样本文献研究机构前 10 名与样本文献省区前 10 名分布的规律中得到印证。

　　关于学术影响力分析，一是关注作者个人影响力，二是体现在单位整体的影响力上。作者个人学术影响力除体现在高生产能力外，更直接体现在发表文章的被引量和被下载量上。为得到科学严谨的数据结论，在统计过程中，样本文献涉及 2 人及以上合著的，均仅统计第一作者。在产文数、被下载量、被引量榜单上同时出现的作者有李细珠、尤淑君、冯琳、贾小叶、程朝云 5 人，能同时位居三项榜单，可见他们的研究极具影响力和学术价值。原因在于，就样本文献被引量而言，论文被引用意味着研究成果得到继承、连续、发展或评价，被引量越高，代表文献所述内容被研究同行的认可程度越高；而样本文献被下载量则与文献作者的知名度以及论文受读者关注度相关。① 从表2的数据中，我们也可以发现，产文数量高并不意味着被下载量和被引量就高，但能同时在论文产量、被下载量、被引量中位居前列，着实能够说明作者的实力和影响力。而单位的整体影响力在表2中一目了然，各项数据足以表明大陆涉台历史学研究水平与地域综合水平的高度正相关关系。

（二）研究客体基本属性

研究客体基本属性项下设置了时间段信息、期刊信息、出版规范等二级指标。从时间段的角度观测样本文献，2014至2016三年间，分别发文48篇（2014年）、57篇（2015年）和53篇（2016年），大陆涉台历史学研究成果数量稳定，历史学学者对台湾问题的关注度基本保持在一个均衡的水平。从样本文献年度分布情况来看，我们可以预判未来大陆涉台历史学研究可能还会出现微弱的波动趋势，伴随着研究队伍的不断壮大，总体上大陆涉台历史学研究的成果数量仍将保持上升趋势，但增速可能放缓。

表3 研究客体基本属性

3－1 时间段信息			3－2 布拉德福定律划分表			
时段	论文数	占比率	分区	论文数	期刊数	载文数
2014—2016	158	100%	核心区	61	7	≥6
2014	48	30.4%	相关区	52	16	5－2
2015	57	36.1%	离散区	45	36	2－1
2016	53	33.5%				

3－3 期刊信息		
期刊名	产文数	排序
台湾研究集刊	19	1
福建论坛（人文社会科学版）	9	2
安徽史学	8	3
历史档案	7	4
史学月刊、抗日战争研究、近代史研究	6	5

---

① 参见陆伟、钱坤、唐祥彬：《文献下载频次与被引频次的相关性研究——以图书情报领域为例》，载《情报科学》2016年第1期。

　　本次研究从样本文献中抽取到的期刊数为 59 种，根据布拉德福定律①来划定大陆涉台历史学研究的核心区期刊、相关区期刊和离散区期刊。将158 篇文献按照刊载研究论文的数量，以递减顺序排列，分成三个区，每个区容纳大约 53 篇文献，划分结果如表 3 所示，得到三个划分区域的期刊数比例为 7∶16∶36 = 1∶2.3∶5.1（2.3 的平方数为 5.29），大约符合 1∶n∶n^2（n的平方）的比例关系，布拉德福离散系数为 2.3。由此，我们可以判定样本文献发文期刊载文数 6 篇及以上的期刊是大陆涉台历史学研究的发文重地，这些期刊如表所示，发文总量 61 篇，占比为 38.6%。当然，用布拉德福定律来界定大陆涉台历史学研究领域的核心区期刊、相关区期刊和离散区期刊，只是为从事大陆涉台历史学研究的专家学者提供一个参考。因为一方面，布拉德福定律不一定完全适用于社会科学研究；另一方面，载文数量除了《台湾研究集刊》一家独大之外，其他期刊尤其是从核心区期刊到相关区期刊的分布和过渡都较为平缓，布拉德福离散系数值的高低也能直接证成这一结论的科学性。②

　　关于出版规范，单位自发率是主要参考标准，对 59 种期刊逐一统计，如表 1 所示，158 篇文献的自发率为 26%，自发率相对较低，说明刊载大陆涉台历史学研究成果的期刊规范度较高、开放性较强。

　　本部分研究客体基本属性中，将样本文献的影响力列为测度指标之一。研究样本影响力关联指标主要是指文献被引量、文献被下载量、绝对高影响力这三项指标。③ 通常而言，样本文献被引量与样本文献被下载量存在很大程度上的相关关系，但又并非都呈现出正相关关系。④ 亦有学者主张，文献被引量、被下载量的数量以及数量背后隐含的特征空间分布模式、随时间演化特性、文献间耦合关系等因子，能定量刻画文献的影响广度、影响强度和

----

　　①　布拉德福定律：如果将科学期刊按其登载某个学科的论文数量的大小，以渐减顺序排列，那么可以把期刊分为专门面向这个学科的核心区和包含着与核心区同等数量论文的几个区，一般分为核心区、相关区和离散区。各个区的文章数量相等，此时核心区、相关区、离散区期刊数量成 1∶n∶（n 的平方）的关系，n 为布拉德福离散系数。参见邱均平：《信息计量学》，武汉大学出版社 2007 年版，第 105 页。

　　②　参见赵玉珍：《运用布拉德福定律研究中国沙棘文献的核心期刊》，载《情报科学》2000 年第 5 期。

　　③　参见徐建中、王名扬：《文献影响力的综合评价指标体系研究》，载《情报理论与实践》2014 年第 5 期。

　　④　参见丁佐奇、郑晓南、吴晓明：《科技论文被引频次与下载频次的相关性分析》，载《中国科技期刊研究》2010 年第 4 期。

影响深度。① 另一方面，被引量和下载量是评价文献质量的重要指标。② 基于此，在本次研究中，将文献被引量和被下载量作为研究样本影响力的关联指标，并依据相关文献计量分析法，计量绝对高影响力文献。表4选取了样本文献单篇高引量前10名文献和样本文献单篇高下载量前10名文献，通过二者关联对比，可以发现二者的重合文献只有3篇。此外，我们还可以发现文献的刊发时间也是制约样本文献单篇被引量和单篇被下载量的一个重要因子。从表4的数据中显示，绝大部分单篇高引量文献和单篇高下载量文献均是在2014年或者2015年上半年发表的，这也是我们通常所说的衡量一个作品的质量如何需要经过时间的检验。③

表4 样本文献基本属性

表4-1 样本文献单篇高引量文献（前10名）分布表

名次	篇名	来源期刊	发表刊次	作者	被引量
1	古贺辰四郎最早开发钓鱼岛伪证之研究——兼论日本政府购买钓鱼岛的非法性	清华大学学报（哲学社会科学版）	2014/04	刘江永	5
2	大陆学界台湾史研究的宏观检讨	台湾研究	2014/05	李细珠	4
3	中国史籍中的钓鱼岛及其相关岛屿考	太平洋学报	2014/09	郑海麟	2
3	"福摩萨情结"与台湾形象建构——《中国丛报》台湾论述解析	近代史研究	2014/04	吴义雄	2
3	论清人对台湾地位认知之变迁（1661—1875）——以官方为中心	近代史研究	2014/04	贾小叶	2
3	清中期民众自发性流迁政策考察	清史研究	2014/01	王跃生	2
3	关于抗战时期舆论动员研究的思考	史学月刊	2015/10	朱从兵	2
3	蒋介石与1945—1952年的外蒙古独立问题	抗日战争研究	2015/01	尤淑君	2
3	台湾青年学生与保钓	安徽史学	2014/02	褚静涛	2
3	清代台湾史研究的新进展	广东社会科学	2014/02	程朝云	2
3	清代前期厦防同知与闽台互动关系初探	社会科学辑刊	2014/01	吕俊昌	2
3	重建与承续：台湾省编译馆与台湾研究	福建论坛（人文社会科学版）	2014/04	杨彦杰	2

① 参见徐建中、王名扬：《文献影响力的综合评价指标体系研究》，载《情报理论与实践》2014年第5期。
② 参见王雪、马胜利、余曾湶、杨波：《科学数据的引用行为及其影响力研究》，载《情报学报》2016年第11期。
③ 参见江国华、韩玉亭：《中国法律解释理论演化路径检视——基于法学类CSSCI来源数据库的分析》，载《法学论坛》2015年第1期。

续表

名次	篇名	来源期刊	发表刊次	作者	被引量
3	1940 年的盛世才与他治理下的新疆——读《盛世才上莫斯科斯大林报告书（1940）》	青海民族研究	2015/01	马 戎	2
3	台湾省主席陈诚与蒋介石的合作与冲突	台湾研究集刊	2014/01	肖如平	2

表4-2　样本文献单篇高下载量文献（前 10 名）分布表

名次	篇名	来源期刊	发表刊次	作者	被下载量
1	"新清史"论争：从何炳棣、罗友枝论战说起	首都师范大学学报（社会科学版）	2016/01	徐 泓	787
2	危机与危机利用：日本侵台事件与李鸿章和淮军的转型	近代史研究	2016/02	王瑞成	601
3	第二次台湾海峡危机与美国核威慑的失败	历史研究	2014/05	赵学功	528
4	蒋介石与1945—1952 年的外蒙古独立问题	抗日战争研究	2015/01	尤淑君	523
5	"福摩萨情结"与台湾形象建构——《中国丛报》台湾论述解析	近代史研究	2014/04	吴义雄	467
6	论清人对台湾地位认知之变迁（1661—1875）——以官方为中心	近代史研究	2014/04	贾小叶	433
7	试论吴国桢案与孙立人案前后蒋介石之心路	近代史研究	2014/06	冯 琳	381
8	古贺辰四郎最早开发钓鱼岛伪证之研究——兼论日本政府购买钓鱼岛的非法性	清华大学学报（哲学社会科学版）	2014/04	刘江永	379
9	两岸辛亥革命与孙中山研究交流的回顾与展望	广东社会科学	2016/03	桑 兵	319
10	从方志记载的辣椒地方名称看辣椒在中国的引种传播	中国历史地理论丛	2015/03	丁晓蕾 胡义尹	293

　　关于绝对高影响力文献的筛选，采取不同的指标组合与权重即会产生多种文献筛选方法和标准，最为简便的是统计学上的箱线图表法。本次研究采用箱线图表法，得出被引量≥5 次且被下载量≥426 次的文献就是绝对高影响力文献。① 没有符合条件的文献，这也说明，发表时长是决定文献影响力

---

　　① 根据箱线图表法，先计算高引频次文献的临界值，在 36 篇有被引记录的样本文献中，最大值 max=5，上四分位数=2，中位数 med=2，下四分位数=1，最小值 min=1，据此计算出极值+3IQR=5，也即被引频次≥5 次的文献被认为是绝对高引频次文献。在 158 篇有被下载记录的样本文献中，最大值 max=787，上四分位数=147，中位数 med=85，下四分位数=54，最小值 min=4，据此计算出极值+3IQR=426，也即被下载频次≥426 次的文献被认为是绝对高下载频次文献。

的重要因子之一。

（三） 研究内容基本属性

研究内容基本属性项下主要是以样本文献关键词分布情况和关键词共现为主要参考指标。158 篇样本文献共提取到关键词 608 个，总词频为 764 次，平均词频为 1.26 次，平均每篇文献 4.84 个关键词。关键词词频最高的是"台湾"，出现 23 次，出现频次为 1 的关键词共有 541 个。关键词词频的标准差为 1.21，与关键词词频均值 1.26 相差较小，这说明关键词在数量上的差距不大。[1] 也正是因为样本容量较小，才导致样本关键词在分布上的零散。表 5 将关键词词频≥2 的 67 个关键词列出。

关于高频关键词的筛选，第一种方法是运用齐普夫第二定律，通过齐普夫第二定律的计算公式 $n = (-1 + \sqrt{1 + 8 \times I_1})/2$，计算高频关键词与低频关键词临界点 n 的值，得到阀值 $n = 32.4$。结果表示关键词词频高于 32.4 的是高频关键词，低于 32.4 的是低频关键词。但是，在本次研究样本的全部关键词中，没有关键词的词频高于 32.4，故而齐普夫第二定律并不适用本次研究。第二种区别高频关键词与低频关键词的方法是：根据研究者的经验，对样本文献的关键词词频划定界线，超过这个界线的关键词为高频关键词。这是学界通用的研究者经验分析法[2]，其科学性有待数据考证。根据第二种方法，本次研究划定关键词词频前 10 名的关键词为高频关键词，得到 10 个关键词（关键词词频≥5），词频数占全部关键词词频数的比重为 10.7%。对这 10 个关键词进行共现计算。需要说明的是，在文献计量学领域，词汇的共现分析主要用于识别某一研究领域的研究主题和研究热点等。[3] 但在本次关键词共现计算中，其结果显示 10 个关键词累计共现仅 11 对，共现频次为 19 次，其中共现频次仅为 1 的有 4 对，共现频次为 2 的有 6 对，共现频次为 3 的有 1 对。

---

① 参见 ［英］堤姆·汉拿根：《统计学》，陈宋生、朱丽译，经济管理出版社 2008 年版，第 115 页。

② 参见肖明、杨楠、李国俊：《基于共词分析的我国用户信息行为研究结构探讨》，载《情报杂志》2010 年第 S2 期。

③ See McCain K. W. Mapping economics through the journal literature：An experiment in journal cocitation analysis. Journal of the American Society for Information Science，1991，（42）：290 – 296.

表5　研究内容基本属性

5 – 1　关键词信息

	N	极小值	极大值	和	均值	标准差	方差
频次	764	1	23	608	1. 26	1. 21	1. 46

5 – 2　关键词（频次≥2）

关键词	频次	关键词	频次	关键词	频次	关键词	频次
台湾	23	敌后战场	3	番地	2	日本侵略者	2
蒋介石	10	钓鱼岛	3	佛教	2	熟番	2
日本	8	二二八事件	3	噶玛兰	2	斯大林	2
台湾光复	7	海防	3	国民党	2	孙中山	2
美国	6	胡适	3	国民政府	2	台湾建省	2
台湾当局	6	蒋廷黻	3	荷兰	2	台湾人	2
台湾史	6	康熙朝	3	近代中国	2	台湾社会	2
郑成功	6	流求	3	抗战时期	2	台湾省编译馆	2
甲午战争	5	马关条约	3	蓝鼎元	2	台湾铁路	2
抗日战争	5	闽浙总督	3	刘铭传	2	吴国桢	2
海峡两岸	4	日本侵台	3	毛泽东	2	雾社事件	2
琉球	4	"原住民"	3	民族复兴	2	正面战场	2
日据时期	4	族群关系	3	南沙群岛	2	郑经	2
施琅	4	陈诚	2	清代	2	中国抗日战争史	2
文化重建	4	陈仪	2	清代台湾	2	中美关系	2
许寿裳	4	大陆学界	2	清末	2	主权	2
中国	4	钓鱼岛问题	2	全民族抗战	2		

5 – 3　关键词共现信息

关键词共现对	频次	关键词共现对	频次
台湾 + 蒋介石	3	台湾当局 + 美国	2
台湾 + 日本	2	日本 + 甲午战争	1
台湾 + 美国	2	日本 + 美国	1
台湾 + 郑成功	2	日本 + 郑成功	1
美国 + 蒋介石	2	台湾 + 抗日战争	1
台湾光复 + 抗日战争	2		

三、中国大陆涉台历史学研究热点追踪

归纳梳理上述研究样本剖析的各项指标可见，当前大陆涉台历史学研究主要涉及以下三类主题：

一是围绕台湾是中国领土固有组成部分这一事实展开的研究。涉及的关键词共现对有："台湾＋郑成功""日本＋甲午战争""日本＋郑成功"。我们能够从这三个关键词共现对中提取到两个重要历史事件，一是郑成功收复台湾，1661 年（清顺治十八年，永历十五年）郑成功率军横渡台湾海峡，翌年击败荷兰东印度公司在台湾大员（今台湾台南市境内）的驻军，收复台湾，开启郑氏在台湾的统治；二是甲午战争，1894 年（光绪二十年）7月 25 日甲午战争爆发，与日本蓄谋已久极不对称的是清朝政府的仓皇迎战，这场战争以中国战败、北洋水师全军覆没告终，中国清朝政府迫于日本军国主义的军事压力，1895 年 4 月 17 日签订了《马关条约》，《马关条约》的主要内容之一是：中国将辽东半岛、台湾岛及其所有附属各岛屿（包括钓鱼岛）、澎湖列岛割让给日本。而这两个历史事件，都毫无疑问地佐证台湾自古以来就是中国领土的固有组成部分。

二是围绕台湾和日本、美国的关系展开的研究。涉及的关键词共现对有："台湾＋日本""台湾＋美国""美国＋蒋介石""台湾当局＋美国""日本＋美国"。大陆涉台历史学的研究，无论是对过往历史的考证还是对当下两岸关系的研磨，必然涉及台湾当局和日本、美国的关系。日本、美国对大陆和台湾关系起着举足轻重的作用，因此，有着相当比重的学者在大陆涉台历史学研究中对台湾和日本、台湾和美国的关系展开研究，从中总结经验教训，为当下处理海峡两岸关系出谋划策。

三是围绕具体历史事件展开的研究。关于这部分的研究，从前文样本文献单篇高引量文献和样本文献单篇高下载量文献的选题中可以得到最直接的验证。如《古贺辰四郎最早开发钓鱼岛伪证之研究——兼论日本政府购买钓鱼岛的非法性》《中国史籍中的钓鱼岛及其相关岛屿考》《台湾青年学生与保钓》等文中均涉及"钓鱼岛事件"的研究；《危机与危机利用：日本侵台事件与李鸿章和淮军的转型》一文中研究的"日本侵台事件"；《第二次台湾海峡危机与美国核威慑的失败》的"第二次台湾海峡危机"；《试论吴国桢案与孙立人案前后蒋介石之心路》当中的"吴国桢案"与"孙立人案"

等等。这些文献的研究主题均是围绕某个或者某些具体历史事件展开,或是以历史事件为索引,或是对历史事件的深入考究。这些均是大陆涉台历史学研究领域中学者们惯用的研究方法和写作技巧,亦值得我们探究和学习。

四、结　论

本部分的研究通过对"台湾"或者"两岸"主题词项下的大陆涉台历史学研究的 158 篇文献的计量统计和可视化处理,以纵横深浅四大主线为纲,得出三个一级指标项下的多个二级指标数据,因而较为深入地剖析了大陆涉台历史学研究的基本发展脉络。在此,基于前文总报告的数据分析,并结合本部分的研究数据,总结出以下几个规律: 1) 就研究主体而言,大陆涉台历史学研究的高产作者、高产机构、高产省区和高影响力作者相对集中,大陆涉台历史学研究的繁荣程度与政治、经济、文化发展水平存在一定的契合关系,多家老牌大学组成的学术共同体成为该议题研究的主要阵地。2) 就研究内容而言,当前大陆涉台历史学的研究主要集中在三个方面:一是围绕台湾是中国领土固有组成部分这一事实展开的研究;二是围绕台湾和日本、美国的关系展开的研究;三是围绕具体历史事件展开的研究。3) 就研究成果的载文期刊而言,大陆涉台历史学研究成果主要集中在《台湾研究集刊》《福建论坛(人文社会科学版)》《安徽史学》等少数几本期刊中,大陆涉台历史学研究的核心区期刊分布较为分散,刊文数量差距较大。4) 就研究的年度分布而言,在 2014 至 2016 三年间,大陆涉台历史学研究的波动性不大,学者从历史学角度出发对台湾问题的关注度基本保持在一个均衡的水平。5) 就研究成果的影响力而言,研究成果的刊发时间是制约其影响力的一个重要因子。

附表 1　关键词分布表

关键词	频次	关键词	频次	关键词	频次	关键词	频次
台湾	23	二林事件	1	鲁之裕	1	台湾人民	1
蒋介石	10	法国	1	论文	1	台湾善后救济分署	1
日本	8	法西斯国家	1	罗友枝	1	台湾史研究谱系	1
台湾光复	7	番目	1	罗宗洛	1	台湾事务	1
美国	6	番俗图	1	吕世宜	1	台湾收复	1

关键词	频次	关键词	频次	关键词	频次	关键词	频次
台湾当局	6	番银	1	麻城县志	1	台湾通史	1
台湾史	6	反对党	1	买办	1	台湾同胞	1
郑成功	6	反割台运动	1	满族中心论	1	台湾文化协进会（文协）	1
甲午战争	5	反攻大陆	1	贸易机制	1	台湾现状	1
抗日战争	5	莺声文坛	1	贸易状况	1	台湾新闻报	1
海峡两岸	4	风格特征	1	蒙古人民共和国	1	台湾形象	1
琉球	4	奉明	1	蒙古学	1	台湾学界	1
日据时期	4	福建	1	缅甸控诉案	1	台湾研究	1
施琅	4	福摩萨情结	1	民国初期	1	"台湾中心史观"	1
文化重建	4	福州	1	民国史	1	台湾总兵关防	1
许寿裳	4	抚臣	1	民间宗教经卷	1	台湾奏折上谕	1
中国	4	府学	1	民族主义	1	汤翼海	1
敌后战场	3	妇女生活	1	闽籍	1	唐通事	1
钓鱼岛	3	傅斯年	1	闽南郊商	1	桃李盈门	1
二二八事件	3	告宝	1	闽台	1	田中角荣	1
海防	3	割台	1	闽台财政改革	1	条约	1
胡适	3	革新	1	闽台亲缘	1	通商条约	1
蒋廷黻	3	隔洋论战	1	闽台商缘	1	统制经济	1
康熙朝	3	公法	1	闽台转运	1	土地	1
流求	3	古贺辰四郎	1	闽西客家	1	土番社学	1
马关条约	3	故宫博物院	1	明朝海商	1	土牛之界	1
闽浙总督	3	顾孟余	1	明洪武	1	屯丁	1
日本侵台	3	关系	1	明人别集	1	外蒙独立运动	1
"原住民"	3	光复	1	明郑政权台湾史	1	晚清	1
族群关系	3	光复初期	1	明治	1	晚清时期	1
陈诚	2	光复台湾	1	牡丹社事件	1	汪荣祖	1
陈仪	2	国共合作	1	幕末维新期	1	汪伪政权	1
大陆学界	2	国共谈判	1	南海小组	1	王国维先生	1
钓鱼岛问题	2	国际联合	1	南海政策	1	王金平	1
番地	2	国际学术讨论会	1	南京国民政府	1	王世杰	1
佛教	2	国家意识	1	南明	1	魍港	1

续表

关键词	频次	关键词	频次	关键词	频次	关键词	频次
噶玛兰	2	国界	1	南雅厅	1	唯物史观	1
国民党	2	国民党政权	1	尼克松	1	伪书	1
国民政府	2	"国史馆"	1	农村金融	1	未名社	1
荷兰	2	国统区	1	农民运动	1	文化机制	1
近代中国	2	海禁	1	农民组合	1	文化记忆	1
抗战时期	2	海军提督	1	奴化教育	1	文化价值	1
蓝鼎元	2	海上丝绸之路	1	欧立德	1	文化交流	1
刘铭传	2	海外贸易	1	澎湖	1	文化认同	1
毛泽东	2	海峡两岸关系	1	偏安	1	文化思潮	1
民族复兴	2	海洋经世思想	1	平售	1	文教基金会	1
南沙群岛	2	海运	1	埔里盆地	1	文教政策	1
清代	2	汉藏	1	埔里社	1	文物迁台	1
清代台湾	2	汉化	1	契约文书	1	文学评论家	1
清末	2	汉族文化	1	遣返	1	无产化	1
全民族抗战	2	耗羡	1	侨汇管控	1	无辜平民	1
日本侵略者	2	何斌	1	侨汇研究	1	吴汤兴	1
熟番	2	何炳	1	窃占	1	武汉保卫战	1
斯大林	2	何炳棣	1	侵华事件	1	武职占垦	1
孙中山	2	和而不同	1	侵略扩张	1	西班牙	1
台湾建省	2	荷据时期	1	亲缘	1	西北民族大学	1
台湾人	2	荷兰殖民者	1	亲缘关系	1	西方之眼	1
台湾社会	2	核威慑	1	青年学生	1	先占原则	1
台湾省编译馆	2	赫尔利使华	1	清初	1	乡土小说	1
台湾铁路	2	后藤新平	1	清华校友通讯	1	心史	1
吴国桢	2	胡德坤	1	清人	1	辛亥革命	1
雾社事件	2	互动关系	1	清日贸易	1	新清史	1
正面战场	2	华阳真人	1	清中期	1	新生报	1
郑经	2	华夷秩序	1	情报	1	新政权	1
中国抗日战争史	2	淮军	1	邱国霖	1	徐骧	1
中美关系	2	缓议案	1	曲解	1	许世瑛	1
主权	2	皇朝经世文编	1	全国教育会议	1	宣传鼓动	1
1949	1	皇国史观	1	全民抗战	1	学科建设	1

续表

关键词	频次	关键词	频次	关键词	频次	关键词	频次
民主潮	1	黄明信	1	燃灯	1	学术论著	1
1940年新疆国际阴谋暴动案	1	黄尾屿	1	人事行政	1	学术史	1
1949年	1	黄信介	1	人物	1	学术文化	1
1949以后	1	基本问题	1	仁贤	1	学术研究	1
20世纪90年代	1	纪念活动	1	认识角度	1	学院制	1
八十四	1	偈颂	1	认同维系	1	训政时期	1
八姓入闽	1	甲午	1	日本军国主义	1	鸦片渐禁政策	1
八姓入闽传说	1	建设	1	日本联合舰队	1	雅尔塔协定	1
白银走私	1	江户幕府	1	日本侨俘	1	研究报告	1
百年校庆	1	蒋陈关系	1	日本一鉴	1	研究阶段	1
板桥林家	1	交往史	1	日本移民	1	研究特点	1
办案组织	1	郊行	1	日本殖民统治	1	研究中心	1
保大	1	教育行政学院	1	日记	1	奄美群岛	1
保卫钓鱼岛	1	教育行政制度	1	日据时期台湾	1	养廉银	1
报国寺	1	教育内容	1	日台和约	1	姚启圣	1
碑刻文献	1	阶级结构	1	日著中译	1	姚莹	1
北台湾	1	阶级流动	1	赛德克族	1	伊泽弥喜太	1
北洋大臣	1	接收改造	1	三起	1	夷洲	1
北洋海军	1	节烈	1	三煞截鬼经	1	移民	1
编纂委员会	1	解放台湾	1	三十六岛	1	移民传说	1
兵政	1	金融保障	1	三位先生	1	移民模式	1
不屈不挠	1	近代范式	1	厦防同知	1	移民史	1
财税	1	近代诗歌	1	商贸网络	1	乙未抗日	1
财政治理	1	近代史研究所	1	邵友濂	1	以德报怨	1
参考读物	1	经济合作	1	社会风气	1	艺术成就	1
藏学	1	景洛	1	社会矛盾	1	因应	1
册封琉球使	1	靖边患	1	社会融合	1	银元	1
册封使录	1	九莲经	1	社会史	1	引种	1
策略变化	1	九州岛	1	社会与观念变迁	1	隐蔽行动	1
曾琦	1	旧金山和约	1	社会转型	1	英国	1
产权	1	救济面粉	1	申报	1	英国东印度公司	1

续表

关键词	频次	关键词	频次	关键词	频次	关键词	频次
朝鲜	1	军机大臣	1	沈葆桢	1	应对	1
朝鲜战争	1	军事背景	1	沈起元	1	远东军事法庭	1
撤退	1	军事比较	1	升科	1	越南	1
陈诚日记	1	军事作战	1	省界	1	恽南田研究	1
陈星聚	1	喀尔吉善	1	盛世才	1	张道藩	1
陈寅恪	1	开罗会议	1	诗史心史	1	张俊宏	1
陈垣	1	开罗会议至战后初期	1	诗文集	1	张玉法	1
成吉思汗	1	开篇	1	施侯租	1	张振鹍	1
承认	1	开山抚番	1	施肩吾	1	章表	1
程曦	1	看见十九世纪台湾	1	时代影响	1	长崎	1
赤尾屿	1	康熙年间	1	时间范围	1	真伪	1
冲绳岛	1	康熙统一台湾	1	史料汇编	1	郑克	1
筹海图编	1	抗法斗争	1	史著	1	郑氏家族	1
出版史	1	抗日	1	市民心声	1	郑思肖	1
出兵	1	抗日斗争	1	式馨堂文集	1	政策	1
出兵决策	1	抗日活动	1	书法	1	知识生产	1
传播	1	抗日救国	1	书画篆刻	1	殖民当局	1
传播过程	1	抗日武装	1	书艺	1	殖民扩张	1
传教士	1	抗日运动	1	水沙连	1	指使者	1
大陈岛	1	抗战	1	水师提督	1	治台方略	1
大后方	1	抗战期间	1	税权	1	治台论	1
大陆政策	1	考古人类学刊	1	顺风相送	1	中国丛报	1
大学区	1	考试院	1	四堡雾阁邹氏	1	中国古代典籍	1
大学杂志	1	科举考试	1	四联总处	1	中国国民党	1
淡水同知	1	科举士人	1	宋代	1	中国红十字会	1
当代国际关系	1	克洛马事件	1	苏联	1	中国近代史	1
档案史料	1	辣椒	1	岁试	1	中国抗战	1
岛夷行	1	来往文书	1	孙立人	1	中国社会科学院	1
邓世昌	1	冷战	1	他者	1	中国史	1
敌强我弱	1	冷战时期	1	台北知府	1	中国史观	1
抵抗运动	1	李春生	1	"'台独'史观"	1	中国突厥斯坦	1
地方官	1	李鸿章	1	台海防御观	1	中国自由党	1

关键词	频次	关键词	频次	关键词	频次	关键词	频次
地方名称	1	李石曾	1	台海危机	1	中华民国大学院	1
地方自治选举	1	李万居	1	台静农	1	中琉关系	1
地位	1	李炎全	1	台民抗日事件	1	中日修好条规	1
帝国主义侵华史	1	李义山无题诗试释	1	台南府	1	中日战争	1
第一次鸦片战争	1	李正武	1	台澎地位	1	中苏友好同盟条约	1
电报建设	1	历史记忆	1	台前幕后	1	中央日报	1
东北地区	1	历史教科书	1	台湾大学	1	中央专项铁路经费	1
东南海疆	1	历史认同	1	台湾大学考古人类学系	1	中英关系	1
东南亚地区	1	历史书写	1	台湾地区	1	重庆大轰炸	1
东南亚战场	1	历史文化学院	1	台湾番人	1	周钟瑄	1
东突厥斯坦	1	历史资料	1	台湾光复初期	1	诸罗县	1
东西文明碰撞	1	连横	1	台湾海峡危机	1	主力部队	1
东亚	1	联合国中国代表权	1	台湾红十字组织	1	主权国家	1
东亚地区	1	两岸关系	1	台湾籍民	1	驻华公使	1
东亚裂变	1	两岸学术交流	1	台湾开发	1	转型正义	1
断代	1	两岸学者	1	台湾考古	1	自发性流迁	1
对日和约	1	邻厚君薄	1	台湾历史课纲	1	自由中国	1
对外关系	1	林献堂	1	台湾民报	1	自治性	1
对外观	1	领导部门	1	台湾民意	1	宗藩体系	1
对外政策	1	琉球针路	1	台湾民主国	1	作者	1
多元逻辑回归	1	龙华机场	1	台湾农民运动	1	中国抗战	1

后　　记

在两岸关系和台湾问题上，武汉大学有着悠久的研究传统。2012年4月，武汉大学以国家重点（培育）学科、湖北省特色学科武汉大学宪法学与行政法学学科的研究人员为骨干，成立武汉大学两岸及港澳法制研究中心。成立之初，中心即以突出的成果获批校级人文社会科学重点研究基地。2014年6月，中心正式获批湖北省人文社科重点研究基地，开启了武汉大学两岸关系法律问题研究的新起点和新篇章。在中心主任周叶中教授的带领下，武汉大学两岸及港澳法制研究中心于2014年组织编写了《海峡两岸协议蓝皮书（2008—2014）》，首次尝试以学者的身份对两岸协议这一两岸关系和平发展的法治化形式加以观察和评述。

此次，我们借助文献计量研究法这一理论工具，对2014—2016年间大陆主要学术期刊发表的涉台学术论文进行量化分析，继而运用一定的技术手段追踪这些文献所反映出的学术热点，正是对这种第三方研究报告形式的进一步尝试。我们组织撰写这份报告的初衷主要体现在两个方面：一是通过完成这份报告，尝试将文献计量这种原本属于图书馆学的研究方法引入台湾问题研究之中，推动台湾问题研究的方法论的多元化；二是借助量化分析的研究方法，绘制涉台研究的知识图谱，向广大台湾研究理论工作者、实务工作者和两岸关系研究爱好者直观展示近年来大陆学术期刊涉台文献的发表情况和主要学术热点。我们相信，通过引入全新的研究方法，能够充分展示近年来大陆涉台学术研究的理论成果，为未来相关学术领域的进一步深化发展奠定基础。

本书是团队合作的成果，由祝捷、段磊共同草拟写作大纲，祝捷、段磊、游志强共同完成前期样本库的设计建模工作，团队全体成员共同完成样本库的取样筛选和基础数据分析工作。全书各部分的执笔分工如下：

导　　言：祝　捷、段　磊

总报告：游志强

分报告之一（2014年）：祝　捷、陈文菊

分报告之二（2015 年）：祝　捷、秦　玲

分报告之三（2016 年）：祝　捷、熊林曼

分报告之四（政治）：祝　捷、宋　静

分报告之五（法律）：段　磊、游志强

分报告之六（经济）：秦　玲、熊林曼

分报告之七（历史）：游志强

全书最终由祝捷、段磊完成统稿。

本书的最终完成，我们必须首先感谢恩师周叶中教授。正是恩师的循循善诱和因材施教，我们才能在学术道路上取得一定的成绩，并且在台湾问题论域内形成自己稳定的研究方向与特色。本书在撰写过程中，部分研究成果先后以论文形式在《台海研究》《现代台湾研究》《"一国两制"研究》等境内外期刊发表，在此我们谨对上述期刊和责任编辑表示诚挚的感谢。感谢九州出版社欣然将本书纳入出版计划，感谢王守兵老师长期以来的支持和责任编辑高美平女士的辛勤劳动。感谢彭莉、陈动、杜力夫、严峻等老师对我们的教导和帮助。感谢易赛键、刘山鹰、王青林、张艳、文潞、朱松岭、陈星、聂鑫、季烨、段皎琳等好友对我们从事相关研究的支持和鼓励。感谢伍华军、黄振、刘文戈、黄明涛、叶正国、张小帅等与我们长期合作展开两岸及港澳法制研究的团队伙伴。在报告初稿完成后，武汉大学台湾研究所林子荣博士、南京大学台湾研究所张萌博士对部分报告的完善提出若干建设性意见，在此一并表示感谢。

运用文献计量研究法绘制两岸关系研究知识图谱，是我们的一项尝试，谬误之处恐以避免，因而我们真诚地期待各位读者的批评与指正。我们坚信：没有大家的批评，我们很难正确认识自己，也不可能真正战胜自己，更不可能超越自己。

祝捷　段磊

于武汉大学珞珈山

二〇一八年二月二十日